O'REILLY®

Das Elternbuch zu WhatsApp YouTube Instagram & Co.

Tobias Albers-Heinemann
Björn Friedrich

Tobias Albers-Heinemann und Björn Friedrich

Lektorat: Alexandra Follenius
Korrektorat: Sibylle Feldmann, www.richtiger-text.de
Satz: III-Satz, www.drei-satz.de
Herstellung: Stefanie Weidner
Umschlaggestaltung: Michael Oréal, www.oreal.de, unter Verwendung eines Fotos von dolgachov/iStock by Getty Images
Druck und Bindung: M.P. Media-Print Informationstechnologie GmbH, 33100 Paderborn

Bibliografische Information der Deutschen Nationalbibliothek
Die Deutsche Nationalbibliothek verzeichnet diese Publikation in der Deutschen Nationalbibliografie; detaillierte bibliografische Daten sind im Internet über http://dnb.d-nb.de abrufbar.

ISBN:
Print 978-3-96009-081-6
PDF 978-3-96010-216-8
ePub 978-3-96010-217-5
mobi 978-3-96010-218-2

Dieses Buch erscheint in Kooperation mit O'Reilly Media, Inc. unter dem Imprint »O'REILLY«. O'REILLY ist ein Markenzeichen und eine eingetragene Marke von O'Reilly Media, Inc. und wird mit Einwilligung des Eigentümers verwendet.

2. Auflage 2018

Wieblinger Weg 17
69123 Heidelberg

5 4 3 2 1 0

ÜBER DIE AUTOREN

Tobias Albers-Heinemann ist Diplom-Medienberater und Diplom-Sozialarbeiter und arbeitet als Referent für Medienpädagogik und Öffentlichkeitsarbeit im Zentrum Bildung der Evangelischen Kirche in Hessen und Nassau. Die Schwerpunkte des zweifachen Familienvaters liegen in den Bereichen Erwachsenen- und Familienbildung, Medienethik und -recht sowie in der aktiven Medienarbeit.

Im Internet ist der Medienpädagoge unter **www.albers-heinemann.de** und **twitter.com/albersheinemann** zu finden.

Björn Friedrich, Medienpädagoge M.A. und ebenfalls Familienvater, arbeitet bei SIN – Studio im Netz in München und beschäftigt sich schwerpunktmäßig mit Social Media, Games, mobilen Anwendungen und medialen Lernarrangements.

Die aktive Medienarbeit mit Kindern und Jugendlichen zählt ebenso zu seinem Betätigungsfeld wie Informations- und Fortbildungsveranstaltungen für Eltern, Lehrer, Studierende und pädagogisch Verantwortliche.

Online ist Björn Friedrich anzutreffen unter **www.björn-friedrich.de** und **twitter.com/bjoernfr**.

Inhaltsverzeichnis

VORWORT

Liebe Leserinnen und Leser, liebe Eltern,

vielen Eltern fällt es nicht leicht, die **Medienaktivitäten** ihrer Kinder richtig einzuordnen und kompetent zu begleiten, besonders wenn sie selbst nicht (oder nur sporadisch) bei diesen Diensten aktiv sind. Zudem wächst die erzieherische Aufgabe, die Kinder auf eine digitale Welt vorzubereiten, in der man sich vielleicht selbst gar nicht so gut auskennt. Die Tatsache, dass durch verschiedenste **Medienberichte** die Angst vor derartigen Angeboten geschürt wird, macht den Umgang damit nicht gerade leichter.

Die technischen Entwicklungen der vergangenen 20 Jahre haben unsere **Gesellschaft grundlegend verändert**. Waren wir es in unserer Kindheit noch gewohnt, mit dem schnurgebundenen Festnetztelefon im Haus innerdeutsche Ferngespräche aus Kostengründen erst ab 18 Uhr zu führen, kommunizieren wir heute zeit- und ortsunabhängig und nutzen dabei eine Vielzahl an digitalen Kanälen. Die Entwicklung neuer Medienangebote schreitet rasend schnell voran: Smartphones gehören heute für Jugendliche und Erwachsene zur Standardausstattung, und stetig wächst die Vielfalt der Angebote wie WhatsApp, Instagram, YouTube, musical.ly & Co.

Sie als Eltern mag es irritieren, wie oft und wie **intensiv** Ihre Kinder Medien nutzen, und im Besonderen verwirrt es Sie vielleicht, wenn die Kinder diverse Dinge am Computer oder Smartphone gleichzeitig tun, wenn sie beispielsweise Hausaufgaben machen, dabei Musik hören und zudem bei WhatsApp mit mehreren Leuten parallel chatten. Ob das dem schulischen Erfolg Ihrer Sprösslinge nützt oder schadet, das sehen Sie an den Noten, dementsprechend müssen Sie möglicherweise handeln.

Was also tun? Smartphones und Angebote wie WhatsApp und YouTube **verbieten**? Das wäre ein Unterfangen, das nur schwer umsetzbar ist und zudem auf wenig Gegenliebe (und somit auf massiven Widerstand) stoßen würde. Oder lassen wir der Entwicklung einfach ihren Lauf – denn letztendlich kennen sich unsere Kinder eh viel besser mit der ganzen Technik aus –, aber was wird dann aus dem Erziehungsauftrag, den wir als Eltern haben?

Gibt es überhaupt eine Möglichkeit, unsere Kinder kompetent in ihrer Mediennutzung zu begleiten, ohne selbst ein Computer- oder Internetexperte zu sein?

Wir sind davon überzeugt, dass es einen solchen Weg gibt, und wollen Sie mit diesem Buch unterstützen und darin bestärken, ihn zu gehen. Als **Medienpädagogen** haben wir bei unserer Arbeit mit Kindern, Jugendlichen, Eltern und Multiplikatoren bereits umfangreiche Erfahrungen zur Thematik »Medien in der Familie« gesammelt, die in dieses Buch eingeflossen sind und die Basis für unsere Ausführungen bilden.

Wir möchten daher versuchen, Ihnen auf den folgenden Seiten einen **Einblick in den jugendlichen Medienalltag** zu geben und Ihnen aufzuzeigen, worin aus Sicht eines Jugendlichen die faszinierenden und attraktiven Aspekte von Angeboten wie WhatsApp bestehen. Dies kann hoffentlich ein Beitrag dazu sein, dass in Ihrer Familie möglichst wenig aneinander vorbeigeredet wird und vielmehr beide Seiten einen »kleinsten gemeinsamen Nenner« finden, auf den sie sich einigen können.

Zugleich möchten wir Ihnen einige **mögliche Stolperfallen und Schattenseiten** aufzeigen, vor denen Sie und Ihre Kinder auf der Hut sein sollten. Allerdings versuchen wir, abseits der weitverbreiteten medialen Panikmache einen unaufgeregten und pragmatischen Blick auf diese negativen Aspekte zu werfen.

Damit wir uns nicht falsch verstehen: Onlineangebote können selbstverständlich nur eine **Ergänzung zum sozialen Umfeld** Ihrer Kinder sein. Natürlich brauchen Jugendliche neben Onlinekontakten auch einen Freundeskreis in der Schule oder der Nachbarschaft, benötigen Hobbys außerhalb von Medienwelten und nutzen Smartphone-Apps möglichst nur als Ergänzung ihres Alltags. Doch verfallen Sie bitte nicht in die Versuchung, die »digitale Welt« und das »echte Leben« gegeneinander auszuspielen, denn diese beiden Aspekte konkurrieren nicht miteinander, sondern ergänzen sich und gehören zusammen.

Warum die Nutzung von WhatsApp, Facebook & Co. unserer Meinung nach unbedenklich ist, wenn sie im richtigen Maße geschieht, das erklären wir Ihnen auf den folgenden Seiten. Was wir jedoch nicht liefern können, sind **Pauschallösungen**: Sie dürfen sich dieses Buch nicht wie ein Kochbuch vorstellen, nach dessen Lektüre Sie eine perfekte Medienerziehung »zubereiten« können. Unser Anliegen ist es, Sie aufzuklären, zum Nachdenken anzuregen und Ihnen Hilfestellungen zu geben, aber es gibt – wie immer in der Pädagogik – keine Musterlösung für eine gelungene Erziehung.

Auch mit konkreten **Vorgaben** wie Alters- und Zeitempfehlungen oder festen Regeln sind wir zurückhaltend, weil wir glauben, dass ein Buch nicht der richtige Rahmen für derartige Empfehlungen ist. Dazu sind Sie als Leserschaft viel zu vielschichtig und unterschiedlich, Sie haben Kinder in unterschiedlichen Altersklassen, und jedes Ihrer Kinder ist ein Individuum. Aus diesem Grund möchten wir keine pauschalen Lösungsvorschläge liefern.

Übrigens haben wir meist eine geschlechtsneutrale Schreibweise verwendet, um Ihnen das Lesen zu erleichtern. Wenn von Nutzern, Usern oder Schülern die Rede ist, sind aber selbstverständlich weibliche wie männliche Personen gemeint.

Wir hoffen, dass Ihnen unser Buch **Informationen und Denkanstöße** liefert, um Sie in Ihrer Medienerziehung zu unterstützen und zu stärken. In diesem Sinne wünschen wir Ihnen viel Spaß beim Lesen und anregende Einblicke in die Welt der digitalen Kommunikation!

Tobias Albers-Heinemann und Björn Friedrich

Nachrichten
Telegram
WhatsApp
Threema
Mail
Email+
Bring!
Social Web
VRM
E-Paper
Feedly
E-Paper Kiosk
OneDrive
ownCloud
Musik
Podcasts
Fotos
Safari
Erinnerungen
Sprachmemos
Google Maps
Einstellungen

KAPITEL 1 | Wie sich Medien und Alltag verändern

Vielleicht denken Sie auch ab und zu, dass Ihr Kind viel zu viel Zeit vorm Computer oder am Handy verbringt? Schnell eine »WhatsApp« oder andere Kurznachrichten am Smartphone getippt, nebenbei eine E-Mail bekommen, ein YouTube-Video angeschaut und zwei Fotos auf Instagram veröffentlicht – es entsteht ein leicht chaotisches Bild, ein Eindruck, als ginge alles drunter und drüber und als seien Jugendliche gar nicht mehr Herr ihrer medialen Lage.

Dazu kommen noch Schlagwörter in Zeitschriften oder Broschüren wie Sexting, Datenschutz, Cybermobbing, Abzocke, Porno usw., die bei uns Erwachsenen das Bedürfnis wecken, präventiv und schützend in den Medienalltag der jüngeren Generation einzugreifen. Dabei lassen wir aber außer Acht, dass Jugendliche in einem ganz anderen medialen Umfeld aufwachsen als wir früher.

Die **Lebenswelt**, also das, was in dem direkten Umfeld einer Person als normal empfunden wird, verändert sich. Und das hat sie schon immer gemacht. Farbfernsehen, mehrere TV-Sender, CDs – das alles war in unserer Jugend völlig normal. Aber auch damals gab es Warnungen vor überhöhtem Medienkonsum und rechteckigen Augen, meistens von Menschen, die mit Schwarz-Weiß-Fernsehen und Wählscheibentelefon aufgewachsen sind.

In den nun folgenden Kapiteln möchten wir mit Ihnen zusammen einen Blick auf die Lebenswelt der jüngeren Generation werfen. Denn nur wenn wir wissen und verstehen, wie unsere Kinder Medien nutzen, sind wir in der Lage, wirkungsvolle Strategien für die **Medienerziehung** zu entwickeln.

»Neue Medien«? Die gibt es heute nicht mehr.

Immer wenn jemand »neue Medien« sagt, falle ich vor Schreck beim Faxen aus der Postkutsche …

Mittlerweile sind sechs Jahre seit unserem ersten »Facebook-Elternbuch« vergangen, in dem wir am Ende einen Blick in die Zukunft geworfen hatten. Bereits damals war absehbar, dass unsere Mediennutzung immer mobiler wird, dass Internet und Alltagsgegenstände immer weiter verschmelzen. Bereits damals war es unser Anliegen, zu zeigen, wie sehr digitale Medien dabei sind, unsere Gesellschaft zu prägen, und inwiefern sich Lebenswelt, Kommunikation und Jugendkultur verändern. In all diesen Jahren gab und gibt es jedoch ein Schlagwort, das immer wieder vorkommt und in unseren Augen viel zu viel Aufmerksamkeit findet: **Neue Medien**.

Gemeint sind hier seit vielen Jahren Medien, die nicht in das Format der klassischen **Bürgermedien** Radio, Fernsehen und Zeitung passen und somit gefühlt gesellschaftliche Begleiterscheinungen darstellen, weil sie sich von dem Bekannten und Gewohnten absetzen. Begleiterscheinungen, die wir ruhig mal beobachten können, aber nicht unbedingt ernst nehmen müssen. Begleiterscheinungen, die uns suggerieren, dass es für uns, für Schulen, Eltern und den Rest der Gesellschaft noch eine Schonfrist für die inhaltliche Auseinandersetzung gibt.

Beobachten wir allerdings, wie sehr digitale Medien in so kurzer Zeit die Gesellschaft verändert haben, wie selbstverständlich es heute ist, über Smartphones zu kommunizieren, wie normal Alltagsgegenstände und Spielsachen mit GPS, Kamera und einer WLAN-Verbindung sind und wie schnell das Alter sinkt, in dem Kinder ihr erstes Smartphone bekommen, sollte klar sein:

Tipp

Neue Medien sind nicht mehr neu. Sie sind elementarer Bestandteil unserer digitalen Gesellschaft und sind – ob wir es wollen oder nicht – Bestandteil unseres Lebens. Gehen wir also das Thema konstruktiv an!

Das Smartphone, ein Video- und Tonstudio für die Hosentasche

Vom Konsumenten zum ProdUSER

Erinnern Sie sich noch daran, wie Ende der Neunziger die ersten Internetseiten aussahen? Oder gehörten Sie vielleicht sogar zu den wenigen, die bereits damals eine eigene Internetseite besaßen und diese auch selbst programmiert hatten? Jedenfalls war es ein enormer Aufwand, eine eigene Homepage zu programmieren, auch wenn man »nur« Texte veröffentlichen wollte. Die meisten Menschen, die in dieser Zeit einen Internetanschluss besaßen, nutzten das Web, um zu konsumieren. Es wurde von einer Seite auf die andere gesurft, um sich Informationen zu besorgen. Viel mehr war gar nicht möglich, zumindest nicht ohne die Kenntnisse einer Programmiersprache.

Diese Hürde wurde durch die ersten **WYSIWYG**-Editoren (**W**hat **Y**ou **S**ee **I**s **W**hat **Y**ou **G**et) beseitigt. In einer grafischen Oberfläche konnten Texte und Bilder wie in einem Word-Dokument erstellt werden. Der Editor wandelte dann diese Informationen in die entsprechende Programmiersprache um. So war es Ende der Neunziger für viele »Laien« erstmals möglich, von der Konsumentenrolle in die des Produzenten zu wechseln.

Die wirklich entscheidende Wende brachte zu Beginn des neuen Jahrtausends das sogenannte **Web 2.0**, das nicht als bessere Version eines bestehenden Internets zu verstehen ist, sondern vielmehr als Überbegriff eines neuen **»Mitmach-Webs«**. Durch neue Programmierstandards war es plötzlich für den Konsumenten möglich, ohne technisches Wissen Inhalte ins Internet zu stellen. Die besten Beispiele hierfür sind Facebook, Wikipedia und YouTube. Texte, Bilder und später auch Videos sowie andere digitale Inhalte konnten ohne großen Aufwand veröffentlicht und anderen Menschen zugänglich gemacht werden. Jeder hatte die Möglichkeit, die digitale Aktion eines anderen zu kommentieren und sich zu beteiligen. Es entstand das, was man später als **Social Web**, also als soziales Netz bezeichnete. Damit veränderte sich auch die Rolle des Surfers, der zuvor entweder als Konsument oder als Benutzer (User) tätig war. Durch die Beteiligungsmöglichkeiten des Web 2.0 entstand eine Mischform aus Produzent und User: der **ProdUSER**.

Smartphones, Apps und digitale Kommunikation gehören für Jugendliche zum Alltag.

Aufwachsen im digitalen Zeitalter

Kinder und Jugendliche wachsen heute unter anderen Gegebenheiten auf als wir damals. Internet, Computer, Smartphones – das alles sind Medien, die einfach da sind, sie gehören für junge Menschen in die normale alltägliche Umgebung wie für uns früher das Telefon oder der Fernseher. Aus diesem Grund reden wir auch bei Menschen, die mit digitalen Medien aufwachsen, von **Digital Natives**, also digitalen Eingeborenen, wobei nicht der Eindruck entstehen soll, dass allein durch das Aufwachsen in einer medialen Umgebung automatisch die hierfür notwendigen Handlungskompetenzen vorhanden sind.

Diese Eingeborenen können also im Prinzip gar nicht wissen, wie es ist, ohne Medien im Alltag auszukommen. Sie werden groß mit medialen Nutzungsformen, die sich in den letzten Jahren bei uns Erwachsenen etabliert haben, also Nachrichten per Smartphone schreiben, Informationen »googeln« und Bilder von der Digitalkamera am Computer verwalten. Dass die Fotos früher einmal in einer Dunkelkammer entwickelt werden mussten, dürfte für einen großen Teil der Kinder und Jugendlichen unbekannt sein.

Die tollen Möglichkeiten, die das Web 2.0 also bietet und an die sich unsere Generation erst gewöhnen musste, stehen jungen Menschen von Anfang an zur Verfügung. Kinder und Jugendliche fangen in ihrer **Mediensozialisation** auf einer ganz anderen Ebene an als Erwachsene und haben dadurch auch ganz andere Möglichkeiten, sich mit der Vielfalt des digitalen Angebots auseinanderzusetzen. **Das jugendliche Bedürfnis nach Kommunikation, Gemeinschaft, Interessenaustausch und sozialer Integration trifft auf die sozialen und interaktiven Möglichkeiten des Internets.**

Tipp

Der Umgang mit Medien ist für Kinder und Jugendliche normal, und auch dass manche Eltern das Gefühl haben, mit der ganzen Entwicklung nicht mithalten zu können, ist kein Grund zur Panik.

Die Veränderung der Kommunikation bringt neue Anforderungen an uns mit.

Kommunikationskultur im Wandel

Diejenigen von uns, die bereits ein Leben vor dem digitalen Zeitalter kennengelernt und gelebt haben, werden auch als **Digital Immigrants** bezeichnet, also digitale Einwanderer. Als Einwanderer sind wir mit einer bestimmten Kultur der Kommunikation aufgewachsen, die sich auch in den für uns traditionellen Medien wie Fernsehen, Zeitung und Radio wiederfindet. Es gab Sender, die von ihnen gesendeten Botschaften und deren Empfänger.

In der sich immer weiter entwickelnden medialen Gesellschaft verändert sich allerdings auch immer mehr dieses klassische Modell der Kommunikation. Die eindimensionalen und eindeutig trennbaren Rollen, beispielsweise **Sender und Empfänger**, **Journalist und Publikum**, **öffentlich und privat**, sowie die damit verbundenen Funktionen verschmelzen zusehends.

Hierdurch entstehen einerseits zahlreiche neue Möglichkeiten der **Zusammenarbeit** und der **Vernetzung**. Menschen können sich über Ländergrenzen hinweg in Echtzeit verständigen und rund um die Uhr informieren. Staatlich regulierte Informationen in Krisengebieten können beispielsweise in ein völlig neues Licht gerückt werden, und durch die Quellenvielfalt ist jeder Mensch in der Lage, sich eigene objektive Bilder zu erstellen. Auf der anderen Seite entsteht durch diese neue Freiheit auch eine nicht zu unterschätzende Herausforderung für die Gesellschaft. **Fake-News** und **Filterblasen** sind hier wesentliche Stichwörter, mit denen wir uns in Kapitel 10 noch intensiv beschäftigen werden.

Der allseits bekannte Spruch »… ich muss es nicht wissen, ich muss nur wissen, wo es steht« hat dank dieser Informationsvielfalt heute keine Gültigkeit mehr, denn wir finden alles, was wir suchen, per Google, YouTube und Facebook. Heute muss es heißen: »… ich muss wissen, wie ich die gefundene Information bewerten kann«.

Die Digitalisierung macht analoge Lebenswelten keineswegs überflüssig!

Das Recht der Eltern auf eine analoge Lebenswelt

Kinder und Jugendliche wachsen in einem anderen medialen Umfeld und einer anderen **Lebenswelt** auf als wir damals, das wissen wir jetzt. Die Frage, die sich einige Eltern vielleicht stellen, ist, ob wir Erwachsenen jetzt alles vergessen müssen, womit wir aufgewachsen sind, nur um unsere Kinder in ihrem medialen Alltag begleiten und unterstützen zu können und um unseren erzieherischen Ansprüchen gerecht zu werden? Sind denn all unsere medialen und analogen Erfahrungen sowie unsere Kommunikationsformen hinfällig geworden und längst überholt?

NEIN!

Gerade wir sind jetzt in der wunderbaren Situation, die Entwicklung der Medien mit anderen Augen betrachten zu können als diejenigen, die das Leben ohne sie nicht kennen. Wir haben gesehen und erlebt, wie schnell sich Medien entwickeln, und können erahnen, dass diese Entwicklung in den nächsten Jahren nicht aufhören wird. Es ist manchmal gar nicht verkehrt, eine Entwicklung mit anderen – skeptischen – Augen zu verfolgen.

Auch wenn wir selbst nicht alles kennen und teilweise auch nicht in der Lage sind, diese Medien zu nutzen, können wir mit Interesse und Engagement unsere Kinder befähigen, Medien kritisch zu betrachten und sie kreativ und zielgerichtet anzuwenden. Wir wissen, wie schnell sich Dinge verändern können.

Tipp

Vielleicht sind wir technisch nicht versiert genug, um in verschiedenen Netzwerken die Freunde unserer Kinder zu sein – aber wir sind sicherlich erfahren genug, um unseren Kindern als Eltern zur Seite zu stehen.

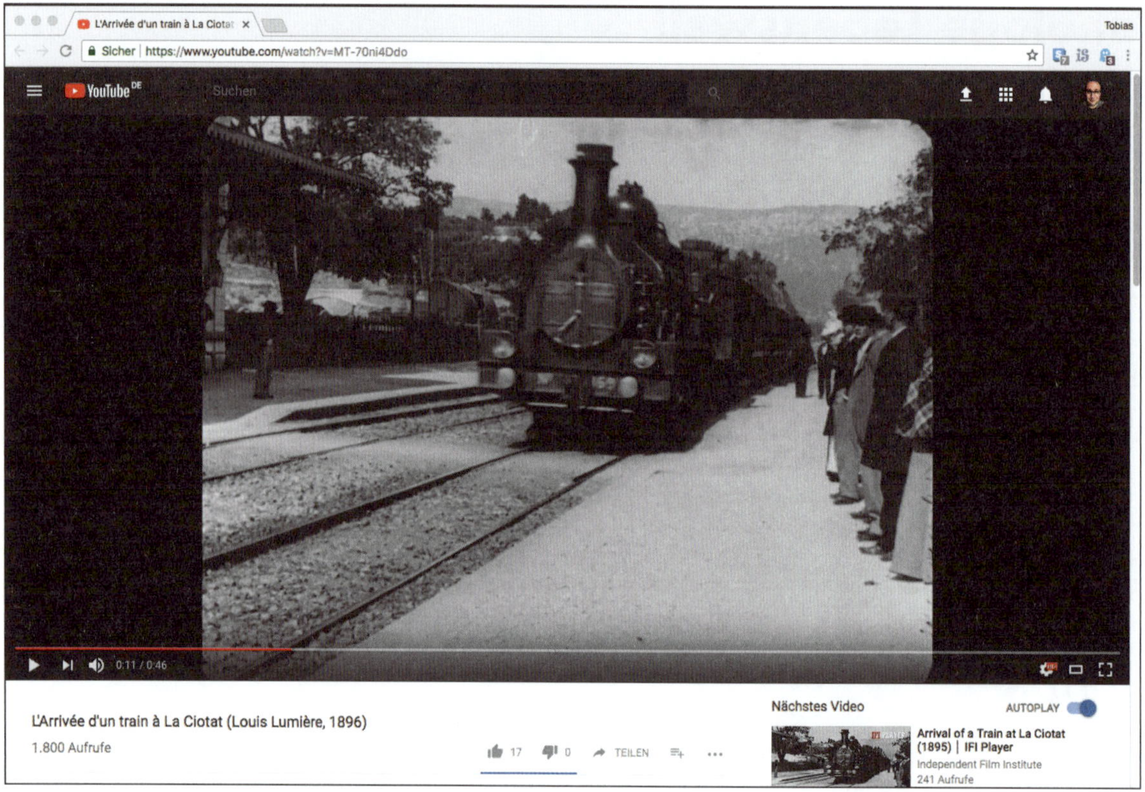

Ein einfahrender Zug sorgte 1896 in einem Kino für eine Massenpanik.

Die Angst vor Veränderungen

Damit wir unsere Kinder unvoreingenommen und konstruktiv unterstützen können, müssen wir uns bewusst machen, was uns selbst in diesem Vorhaben blockieren könnte. Schon immer gab es in der Menschheitsgeschichte Momente, in denen große Veränderungen zunächst mit **Skepsis** oder auch mit **Angst** aufgenommen wurden, was erst einmal nichts Schlimmes ist, gäbe es nicht eine Vielzahl unbewusster **Angstabwehrmechanismen**, wie zum Beispiel Ablehnung, Verdrängung, Vermeidung etc. Die Angst vor einer Veränderung, vor dem Verlust der gewohnten **Lebenswelt** und der eigenen Identität kann sehr leicht auf eine neue kulturtechnologische Entwicklung projiziert werden, deren Potenzial wir vielleicht nur erahnen können.

Eine psychologisch »normale« Reaktion hierauf könnte die komplette Verweigerung oder Vermeidung des Themas sein. Im Jahr 1795 sprach beispielsweise Johann Rudolph Gottlieb Beyer in der »Academie nützlicher Wissenschaften zu Erfurt« über die **Lesesucht**: *»Die erzwungene Lage und der Mangel aller körperlichen Bewegung beim Lesen in Verbindung mit der so gewaltsamen Abwechslung von Vorstellungen und Empfindungen führt zu Schlaffheit, Verschleimung, Blähungen und Verstopfungen in den Eingeweiden, …«*

Dass eine neue Technologie erst einmal in der Gesellschaft ankommen muss, hat auch vor über 120 Jahren der erste Stummfilm im Kino gezeigt, der unter anderem für eine **Massenpanik** sorgte. Im Jahr 1896 zeigten die Gebrüder Lumière, wie ein Zug in den Bahnhof von La Ciotat einfährt. Die Besucher, die eine solche filmische Darstellung überhaupt nicht kannten, verließen fluchtartig den Raum – offensichtlich aus Schrecken angesichts dieser nicht realen und zugleich doch erstaunlich realistischen Abbildung.

Die Geschichte zeigt, dass viele Technologien und Medien, die für uns Eltern zu unserer Kindheit und Jugend selbstverständlich waren, in ihrer Entstehung teilweise mehr als kritisch betrachtet wurden. Selbstverständlich ist nicht alles gut, was neu ist, aber die innere Auseinandersetzung mit einem solchen Thema fällt wesentlich leichter, wenn sie **vorbehaltlos und angstfrei** geschieht.

Rosa Elefanten begleiten uns ständig in unserem Alltag.

Denken Sie bitte nicht an rosa Elefanten

Sie fragen sich an dieser Stelle bestimmt, was ein **rosa Elefant** mit der Mediennutzung zu tun hat? Die Antwort: eine ganze Menge!

Verwirrt? Gut, tun Sie uns dann bitte mal den Gefallen und denken Sie jetzt **nicht** an einen rosa Elefanten. Noch einmal: Denken Sie **nicht** an den rosa Elefanten.

Haben Sie es geschafft? Haben Sie nicht an den rosa Elefanten gedacht? Obwohl wir uns selbst in diesem Moment vornehmen, nicht an diesen rosa Elefanten zu denken, geht uns das Bild jetzt nicht mehr aus dem Kopf.

Allein schon dadurch, dass in den letzten Sätzen sechsmal vom rosa Elefanten die Rede war und Sie auf der Bildseite die Abbildung eines solchen sehen, hat sich das Bild im Kopf festgesetzt, auch wenn die Aufgabe lautete, nicht daran zu denken.

Dies ist ein rein psychologischer Effekt. Allein durch die Nennung der ungewöhnlichen und kontrastierenden Wörter »rosa« und »Elefant« entsteht ein Bild im **Unterbewusstsein**. Diesem ist es übrigens ziemlich egal, ob in dem Satz ein »nicht« oder ein »kein« oder ein »ohne« drinsteht. Es konzentriert sich auf das eigentliche Schlagwort.

Immer also, wenn wir etwas für uns Ungewöhnliches lesen, stellen wir es uns unbewusst vor und erschaffen ein Bild, das dann auch abgespeichert wird. Diese Bilder bleiben zunächst einmal im Unterbewusstsein und erscheinen erst wieder, wenn Sie neue Informationen aufnehmen, die Ihr Gehirn damit verbindet. Vielleicht müssen Sie das nächste Mal, wenn Sie wieder einen rosa Elefanten sehen, an dieses Buch hier denken.

Aber wieso hat das etwas mit der Mediennutzung unserer Kinder zu tun?

ZDF Rubriken A-Z Live-TV Sendung verpasst Suche Mein ZDF

heute

100.000 Teenager betroffen

Süchtig nach Instagram und Co.

01.03.2018 12:00 Uhr

Ständig chatten, posten, liken: Etwa 100.000 Teenager in Deutschland sind laut einer Studie süchtig nach sozialen Medien. Die Forscher sehen ein erhöhtes Risiko für Depressionen.

"Wichtig ist, dass die virtuelle Welt nicht die reale Welt dominieren darf", sagt Andreas Storm, Vorstand der Krankenkasse DAK, über die Social-Media-Abhängigkeit bei Jugendlichen.

5 min | 01.03.2018

Unsachliche Überschriften und Bilder sind nicht förderlich für eine kritische Auseinandersetzung.

Mediennutzung – das Unterbewusstsein beobachtet mit

»WhatsApp, Instagram und Co. – so süchtig macht Social Media« ist der Titel einer **aktuellen Studie**, die Anfang 2018 von der DAK-Versicherung veröffentlicht wurde und für rege Diskussionen sorgte. Wieder einmal wurde festgestellt, dass viele Kinder und Jugendliche süchtig nach sozialen Medien sind. Ohne das wichtige Thema **Medienabhängigkeit** geringschätzen zu wollen, soll es hier aber um die psychologischen Folgen einer solchen einseitigen Berichterstattung gehen.

In ihrer kritischen Auseinandersetzung mit der Studie schreibt Prof. Dr. Angelika Beranek von der Hochschule München: *»Schwierig finde ich solche Studien immer, wenn sie Angst schüren – wobei dies gerade vor allem in den Rezeptionen der Studie in den großen Medien durch unsachliche Überschriften wie ›Viele sind süchtig/können nicht mehr ohne Social Media leben‹ geschieht. Dies führt in der Praxis dazu, dass das Thema in vielen Familien hochkocht, unnötige Konflikte entstehen und die Medienerziehung eher misslingt als gelingt.«*

An dieser Stelle kommt nun unser **rosa Elefant** ins Spiel. Obwohl viele Menschen sich nicht mit der Studie befasst haben, nehmen sie lediglich das Wort »Internetsucht« als Ergebnis wahr. Dieses negative Schlagwort setzt sich im Unterbewusstsein fest und kommt genau dann wieder hervor, wenn wir denken, dass sich unsere Kinder mal wieder zu lange mit dem Smartphone beschäftigen.

Es ist keine böse Absicht der Eltern, die wahrgenommene Mediennutzung der eigenen Kinder mit dem Wort Sucht zu verbinden, sondern eher ein psychologischer Effekt, der aus der erzieherischen Sorge heraus entsteht. Objektiv können Sie sich in Kapitel 9 mit dem Thema Medienabhängigkeit auseinandersetzen.

Wo vor Gefahr gewarnt wird, kann diese nicht weit entfernt sein.

Gefühlte Bedrohungen und mediale Schlagwörter

Das Prinzip des rosa Elefanten gilt für unseren kompletten Sprachgebrauch. Selbst Projekte, Initiativen und Medienkompetenzseiten, die eigentlich zeigen wollen, wie etwas »ohne Risiko« funktioniert, wie z. B. ***www.chatten-ohne-risiko.de***, nutzen solche Schlagwörter, die im Gesamtzusammenhang zwar ihren Sinn ergeben, einzeln im Unterbewusstsein aber einen eher gegenteiligen Effekt auslösen. Denn das, was später im Kopf hängen bleibt, ist nicht das wertneutrale Wort »surfen«, sondern das emotionale Wort »Risiko«.

So werden wir alltäglich vor **Gefahren**, Schattenseiten, Abofallen, Viren, Trojanern, Abzocke, Cybermobbing, Suizidforen, Pornografie, Gewalt usw. gewarnt, was unserem Unterbewusstsein sagt, dass wir sehr vorsichtig sein müssen, wenn wir den Schritt ins Internet wagen. Unabhängig von der Art der Nutzung entsteht bereits im Vorfeld ein negatives Bild, das eine objektive Beurteilung und Beobachtung sehr schwer macht.

Wie gesagt, die Prozesse finden im **Unterbewusstsein** statt, daher fühlt sich vielleicht auch nicht jeder angesprochen. Auch sollen damit nicht die mit dem Internet verbundenen Risikopotenziale geschmälert oder tabuisiert werden. Diese gibt es, ganz klar – genau wie im Straßenverkehr. Aber bleiben Sie zu Hause, weil die Möglichkeit besteht, in einen Unfall verwickelt zu werden?

Unsere Bitte an Sie ist einfach, dass Sie, sofern die Mediennutzung Ihres Kindes Ihnen Bauchschmerzen bereitet, sich den rosa Elefanten ins Bewusstsein rufen und in einer ruhigen Minute überlegen, ob vielleicht doch etwas von dem eben Gelesenen zutreffen könnte.

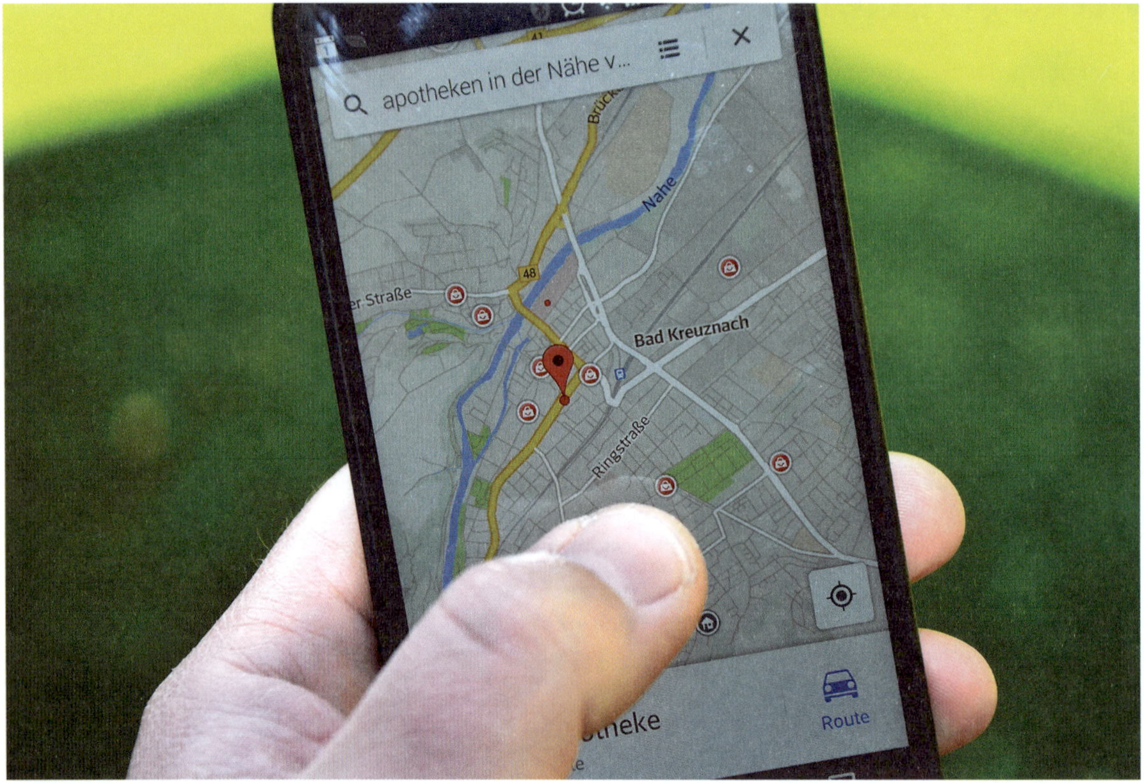

Digitale Inhalte und Kontakte sind keineswegs virtuell.

Das Web ist keine virtuelle Welt neben einer echten ...

Oft lesen und hören wir von einer virtuellen Welt, von unechten Freunden und künstlichen Gegenübern. Machen Sie bitte im Sinne Ihrer Medienerziehung nicht den Fehler, zu denken, dass es sich beim Internet um eine virtuelle Welt neben einer echten handelt. Darüber sind wir lange hinaus, die digitale Welt ist eine mittlerweile überall präsente Ergänzung unserer analogen Umgebung.

Schon lange finden wir »das Netz« nicht nur in einem Kasten auf unserem Schreibtisch. Durch die technische Entwicklung von Smartphones, Tablets, internetfähigen Alltagsgeräten – beispielsweise Fernseher, Haustechnik, Kfz-Technik usw. – sind wir vom Netz umgeben. Es findet eine **Verschmelzung digitaler Inhalte und analoger Wirklichkeiten** statt.

Sind wir beispielsweise in einer fremden Umgebung und suchen eine Apotheke, einen Baumarkt oder einen Geldautomaten, ist es mittlerweile üblich, die Information über das Smartphone abzurufen, das uns direkt die Standorte anzeigt und entsprechende Routen berechnet. Direkt im Anschluss können wir einen Chat oder Videocall über unsere LTE- oder UMTS-Datenverbindung aufbauen und unseren Liebsten sagen, was wir gerade machen. Diese Liebsten sind dann ja auch keine virtuellen und abstrakten Personen, sondern immer noch die Menschen, die wir kennen, mit denen wir über ein digitales Medium kommunizieren.

Ein wichtiger Schluss, der sich aus dieser mittlerweile alltäglichen Verschmelzung ableiten lässt, lautet:

Tipp

Unsere Kinder wachsen in einem digitalen Zeitalter auf und erleben diese Technik als alltäglich und normal. Und daran können wir nichts ändern, wir können unsere Kinder nur vorbereiten und begleiten.

amazon.co.jp
WE
amazon.co.jp
ARE
amazon.co.jp
FAM
amazon.co.jp
ILY

KAPITEL 2 |
Erziehung 4.0 – Medien in der Familie

Ein großer Irrtum ist es, anzunehmen, dass sich **Medienerziehung** lediglich auf die Nutzung von Computern und Smartphones bezieht, inhaltlich nur Kinder und Jugendliche betrifft und dass Eltern sich erst mit dem Thema beschäftigen müssen, wenn die Kinder über eigene Geräte verfügen.

Smartphone-Verbote für Eltern in Kindertagesstätten, vernetzte Spielsachen mit Videoüberwachung, Sprachassistenten, die jedes aufgezeichnete Wort auf amerikanische Server übertragen, und Kinder, die immer früher von ihren Eltern mit Geräten ausgestattet werden – Medien durchdringen unsere Gesellschaft, verändern sie, bereichern sie und stellen uns vor neue Herausforderungen.

Wir Autoren fassen es wie folgt zusammen: *»Als Medienpädagogen hatten wir 2009 überwiegend mit älteren Schülern der Mittelstufe und Oberstufe zum Thema Facebook zu tun, seit 2013 bieten wir regelmäßig Projekte für die sechsten und siebten Klassen zu den Themen Smartphones und WhatsApp an, 2015 kamen die fünften Klassen hinzu, und seit 2017 finden Workshops zum ersten Smartphone in der Grundschule statt.«*

Wir befinden uns inmitten eines gesellschaftlichen Wandels, der sämtliche Lebensbereiche betrifft: Familie, Schule, Arbeit und Freizeit. In den folgenden Kapiteln wollen wir Ihnen zeigen, warum Medienerziehung ein wesentlicher Bestandteil der eigentlichen Erziehung eines Kindes ist, welche Rolle wir als Eltern dabei einnehmen und warum eine kritische Auseinandersetzung mit der eigenen Mediennutzung ungemein hilfreich sein kann.

Nicht selten können Erwachsene auch etwas von Kindern lernen.

Wer lernt eigentlich von wem?

Ganz oft ist es so, dass unsere Kinder technisch wesentlich fitter sind als wir Erwachsenen. Ist ja auch klar, schließlich sind sie die **Digital Natives**, die digitalen Eingeborenen, die eben mit diesen neuen Medien aufwachsen.

Manchmal stellt sich dann aber die Frage, ob unsere Kinder »digital nativ« oder eher »digital naiv« sind, denn etwas anwenden zu können, bedeutet nicht, damit auch verantwortungsbewusst umgehen zu können. Ein Bild ist z. B. schnell irgendwo hochgeladen, doch darf ich das überhaupt? Oder verstoße ich dann gegen irgendwelche Persönlichkeits- und **Urheberrechte**? Oder könnte es sogar für jemanden Dritten unangenehm oder sogar peinlich sein? Darin liegt im Prinzip auch schon der Knackpunkt, der vielen Eltern zu schaffen macht. Wie sollen wir etwas an unsere Kinder vermitteln, worin wir uns selbst nicht wirklich auskennen?

Während wir bei alltäglichen Fragen der Erziehung auf unser gesammeltes Wissen und unsere eigenen Erfahrungen zurückgreifen können, haben wir beim Thema **Medienerziehung** in der Tat teilweise das Problem, dass uns gewisse Grundvoraussetzungen fehlen. Was sollen wir also vermitteln?

Grundsätzlich verhält es sich bei der Medienerziehung genauso wie in anderen erzieherischen Bereichen. Wenn mein Kind Sportler ist und ich gar keinen Bezug zum Sport habe, ist es eine Selbstverständlichkeit, dass ich mich über dieses Thema informiere und mich interessiere. Ich stelle Fragen und lerne natürlich auch etwas von meinen Kindern. Und genau so mache ich es beim Thema »Medien«. Man sagt, das Internet sei der digitale Spiegel der Gesellschaft – das ist gut, denn in dieser kennen wir uns aus. Wir können also qualifizierte und **aufmerksame Gesprächspartner und Begleiter** sein. Das klingt banal – ist aber sehr wichtig. Darüber hinaus können Sie sich externe Informationen einholen – so wie Sie es gerade mit diesem Buch machen. Sie sind also auf einem guten Weg ...

Oftmals kritisieren wir bei Kindern unser eigenes Verhalten.

Eltern und ihre Vorbildfunktion

»Unser Sohn hängt den ganzen Tag vor seinem Smartphone und chattet ständig mit seinen Freunden völlig belangloses Zeug.« – Ein Satz, der in sehr vielen Beratungssituationen von besorgten Eltern zu hören ist. Beratungen, die eigentlich störungsfrei und in Ruhe ablaufen sollten, wären da nicht diese wichtigen **WhatsApp**-Nachrichten, die von den Eltern mit großer Selbstverständlichkeit beantwortet werden. Irgendwie ist es ja auch normal und in Ordnung, persönliche Gespräche zu unterbrechen, um schnell auf die Fragen und Nöte des Bekanntenkreises reagieren zu können. Also bei Erwachsenen zumindest ...

Sie sehen die Ironie, die sich hier abspielt, obwohl diese Beratungssituation keineswegs erfunden ist. Oftmals haben wir als Eltern Verhaltensanforderungen an unsere Kinder, die wir selbst nicht bereit oder in der Lage sind, zu erfüllen. Oder wir merken es einfach nicht. Oftmals geht es ja auch gar nicht um die Kommunikation oder die Nutzung der Medien, sondern um **Verhaltensmuster**, die wir im Laufe unseres Lebens erlernt haben. Um dies zu realisieren, hilft es, sich klarzumachen, wie Lernen funktioniert, und vor allem: wie Kinder lernen.

Kinder lernen in erster Linie durch Beobachtungen, Imitationen und Erfahrungen. Sie beobachten ihre Umgebung und ihr Umfeld, wie sich Menschen verhalten, was sie machen und wie andere darauf reagieren. Diese Beobachtungen werden imitiert, also nachgemacht, und die Reaktion des Umfelds wird als Erfahrung abgespeichert, also adaptiert. So entwickelt sich ein beobachtetes Verhalten zu einem eigenen.

Tipp

Beobachten Kinder von klein auf, dass es völlig normal ist, wenn die Eltern beim Essen ihre Smartphones benutzen, alles und jeden fotografieren und die Fotos auf Facebook und Instagram posten, müssen wir uns nicht wundern, wenn das Kind dieses Verhaltensmuster als normal wahrnimmt und entsprechend übernimmt.

Quelle: AVG Digital Diaries 2015, *https://now.avg.com/wp-content/uploads/2015/06/dd_2015_executive_summary_ final.pdf*

Viele Kinder denken, dass ihre Eltern zu oft am Smartphone hängen.

Medien machen einsam?

Eine Bitte an Sie: Wenn Sie das nächste Mal an einem Park oder an einem Spielplatz vorbeigehen, beobachten Sie doch mal, ob und wie Eltern dort mit ihren Kindern interagieren. Nicht selten ist zu sehen, dass auf der einen Seite die Kinder auf dem Spielplatz sich in irgendeiner Form beschäftigen und auf der anderen Seite vereinzelt Elternteile mit ihren Smartphones auf den Bänken sitzen.

Das Problem an diesem Bild ist nicht die **Smartphone-Nutzung** der Eltern an sich, sondern die **fehlende Interaktion mit dem Kind**. Natürlich brauchen Kinder Freiräume und müssen nicht den ganzen Tag ihre Eltern um sich haben, dennoch benötigen gerade die Kleinsten unsere Aufmerksamkeit, visuelle Rückmeldungen und das Gefühl, dass sich die Eltern kümmernd in der Nähe befinden. Kinder benötigen nicht nur eine soziale Sicherheit, sondern auch eine emotionale.

Und genau hier liegt eine große Herausforderung für uns Eltern, die Balance zu finden zwischen unserer eigenen Mediennutzung und der wahrnehmbaren Aufmerksamkeit, die wir unseren Kindern zukommen lassen. Die AVG Digital Diaries Studie aus dem Jahr 2015 zeigt eindrucksvoll, dass 54 % der befragten Kinder finden, dass ihre Eltern zu viel Zeit vor dem Smartphone verbringen, **32 % der Kinder fühlen sich sogar unwichtig und emotional vernachlässigt**, wenn Eltern durch ihr Smartphone abgelenkt sind.

Dies ist eine besorgniserregende Entwicklung, denn hier geht es in erster Linie um die emotionale Gesundheit unserer Kinder. Es ist unsere Aufgabe, bereits an dieser Stelle durch unser eigenes Verhalten den Grundstein für ein vertrauensvolles Verhältnis zu unseren Kindern zu legen. Denn nur so gelingt später auch die konstruktive Auseinandersetzung mit der Mediennutzung unserer Kinder.

Für das erste Smartphone gibt es keine allgemeingültige Altersempfehlung.

Das erste Smartphone

Smartphones sind unheimlich praktisch und vor allem eins: multifunktional. Anstelle eines MP3-Players, eines Fotoapparats und einer Spielkonsole bietet es sich allein aus wirtschaftlicher Sicht schon förmlich an, dass alte **Smartphone** aus der Schublade zu holen und es für den Sohn oder die Tochter einzurichten. Ein Gedanke, der logisch erscheint und den – wenn man sich so die Medienausstattung von Grundschulkindern ansieht – viele Eltern haben. Der Schritt, den Funktionsumfang des Smartphones durch einen **Datentarif** zu erhöhen, ist dann gar nicht mehr groß, wobei vielen Eltern nicht bewusst ist, dass sie ihren Kindern ein internetfähiges Gerät zur Verfügung stellen, mit dem auch für Kinder ungeeignete Inhalte aufs Gerät kommen können.

Sollten Sie sich in diesem Buch eine konkrete **Altersempfehlung** erhoffen, ab wann Ihr Kind reif genug für das erste Smartphone ist, müssen wir Sie leider enttäuschen – allgemeingültige Regeln gibt es hier nicht, dafür sind unsere Kinder und ihre Lebensumstände zu unterschiedlich. Wenn ein Kind mit sieben Jahren auf öffentliche Verkehrsmittel angewiesen ist, mehrmals umsteigen muss, und das vielleicht in einem ländlichen Raum, in dem nur alle 60 Minuten ein Bus fährt, ist der Wunsch nach einem Notfalltelefon verständlich. Dem sehr verbreiteten Wunsch nach der ständigen Erreichbarkeit des Kindes steht allerdings entgegen, dass es in jedem Schulsekretariat eine gut besetzte Kontaktmöglichkeit gibt und die Geräte im Unterricht ausgeschaltet sein müssen.

Was wir Ihnen in den nun folgenden Kapiteln mit auf den Weg geben können, sind Impulse dazu, was auf Sie und Ihre Kinder zukommen wird, mit welchen Thematiken Sie sich auseinandersetzen müssen, wie und wo Ihre Kinder Ihre Unterstützung und Begleitung benötigen und welche Auswirkungen bestimmte mediale Formate auf die Entwicklung Ihres Kindes haben.

Digitale Kommunikation muss erlernt werden – von uns und natürlich auch von unseren Kindern. Hier möchten wir Sie gerne mit diesem Buch unterstützen!

DER TAGESSPIEGEL

MENÜ SUCHE

Braucht Scripted Reality ein Warnschild?

18.11.2013 09:14 Uhr

Achtung: Alles erfunden

Die Nachmittags- und Vorabendprogramme sind voll mit Scripted-Reality-Formaten wie "Berlin Tag & Nacht" und Co. Doch wissen alle Zuschauer, dass dort alles nur erfunden ist? Die Landesmedienanstalten fordern eine bessere Kennzeichnung. Die Sender sind von der Idee gar nicht begeistert. VON SONJA ÁLVAREZ

27

Spiel mit der Realität. Bei Scripted-Reality-Serien wie "Köln 50667" soll die Handlung wirken wie auch dem echten Leben. Dafür... FOTO: RTL2

Auch der Fernseher ist ein Medium

Wenn wir uns fragen, warum so viele Kinder und Jugendliche beleidigende oder diffamierende Inhalte in den öffentlichen Raum stellen, warum es so normal geworden ist, Personen im Netz an einen öffentlichen Pranger zu stellen, müssen wir unter anderem das von den Kindern erlernte Kommunikationsverhalten betrachten, das sich sehr stark im Kleinkindalter entwickelt. Kinder kommen nicht mit einer ausgeprägten Kommunikationsstruktur auf die Welt, sie erlernen diese, indem sie zuschauen, das Gesehene übernehmen und mit eigenen Erfahrungen verbinden.

Aktuelle **TV-Formate** wie beispielsweise **Reality-Dokus** oder **Castingshows** sind mit mehr oder weniger originellen Verhaltensmustern gefüllt. Kinder »lernen« durch Serien wie »Familien im Brennpunkt«, »Frauentausch«, »DSDS« oder »Topmodel«, dass ein persönliches Versagen oder eine peinliche Situation eines anderen von öffentlichem Interesse ist, dass es in Ordnung ist, darüber zu lästern und herzuziehen, und vor allem, dass im Leid des einen ein Unterhaltungswert für den anderen liegt. Diese Fernsehformate bedienen sich der **Sensationsgier**, dem Voyeurismus und der niederen Instinkte des Menschen und haben sehr viel Erfolg. Eine kritische Auseinandersetzung findet nicht statt, die Masse und die Vielfalt dieser Formate lassen auf eine gesellschaftliche Akzeptanz schließen. Kinder sind auf keinen Fall in der Lage, sich differenziert mit solchen Angeboten auseinanderzusetzen. Den ganzen Tag über werden auf allen Kanälen vergleichbare Formate ausgestrahlt. Kinder verstehen nicht, dass die Inhalte gestellt und gespielt sind, sie halten sie für echt, orientieren sich daran, genauso wie sie sich an Personen in ihrem Umfeld orientieren, und übernehmen Teile des Verhaltens und der Sprache in das eigene Kommunikationsmuster. Genau an dieser Stelle entsteht die erzieherische Aufgabe.

Als Eltern müssen wir keine digitalen Experten sein, um unsere Kinder in diesen Punkten zu begleiten. Wir müssen lediglich unseren Blickwinkel auf die für uns etwas alltäglicheren Medien erweitern.

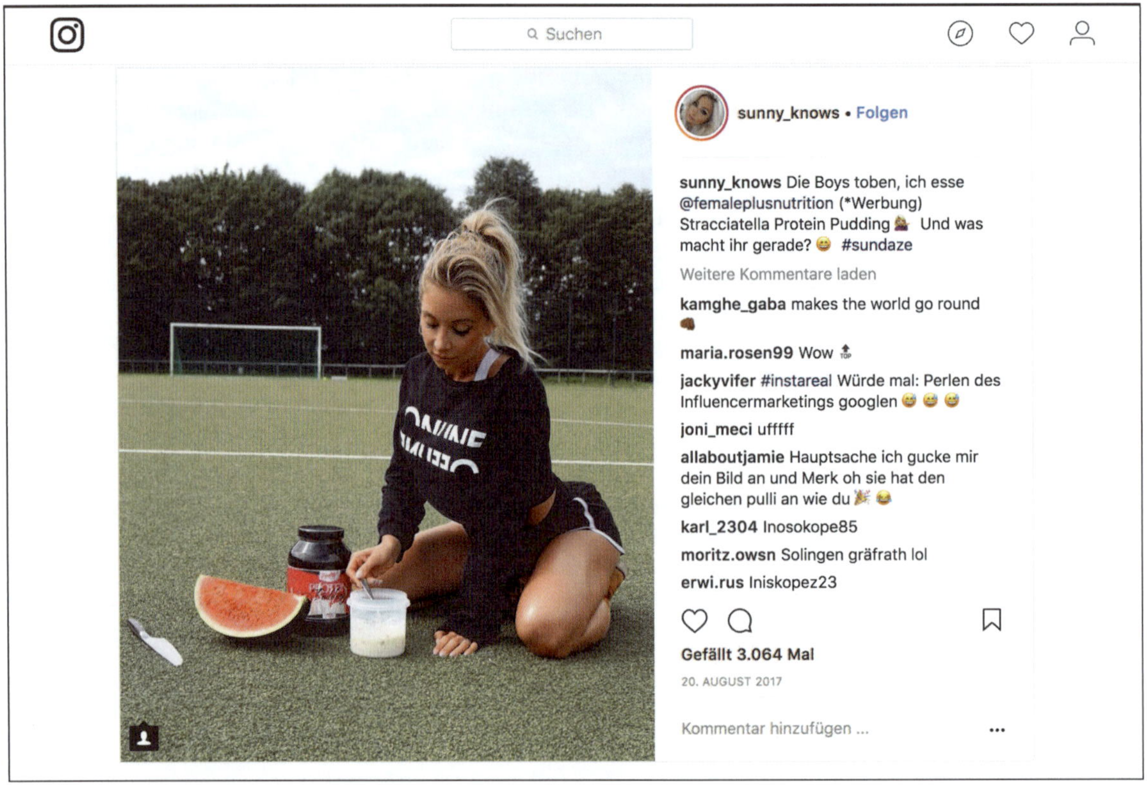
Suchen
sunny_knows • Folgen
sunny_knows Die Boys toben, ich esse @femaleplusnutrition (*Werbung) Stracciatella Protein Pudding Und was macht ihr gerade? #sundaze
Weitere Kommentare laden
kamghe_gaba makes the world go round
maria.rosen99 Wow
jackyvifer #instareal Würde mal: Perlen des Influencermarketings googlen
joni_meci ufffff
allaboutjamie Hauptsache ich gucke mir dein Bild an und Merk oh sie hat den gleichen pulli an wie du
karl_2304 Inosokope85
moritz.owsn Solingen gräfrath lol
erwi.rus Iniskopez23
Gefällt 3.064 Mal
20. AUGUST 2017
Kommentar hinzufügen ...

Influencer – Idole in einer Scheinwelt

Es sind aber nicht nur kommunikative Verhaltensmuster, die unsere Kinder durch mediale Formate lernen. Großen Einfluss haben vor allem die sogenannten Influencer, Menschen, die ihr hohes Ansehen und ihre Berühmtheit nutzen, um gezielt über Social-Media-Plattformen wie YouTube oder Instagram für diverse Produkte zu werben.

Diese Art der **Werbung** ist aus mehreren Gründen kritisch zu sehen. Viele Kanäle und Formate sind so aufgebaut, dass eine persönliche Bindung suggeriert wird. Die Jugendlichen sind keine Zuschauer, sondern Freunde und werden auch als solche angesprochen. Über diese Ebene sind viele junge Menschen besonders empfänglich für bestimmte Produkte und Marken ihrer Stars, vor allem in einem pubertären Alter, in dem es eigentlich nur darum geht, sich selbst zu definieren und sich vom Elternhaus abzugrenzen.

Ein anderer großer Aspekt ist das Lebensumfeld und das **Rollenverständnis**, das durch Influencer vermittelt wird. Immer gut gelaunt, lächelnd, fit und sexy präsentieren sich die digitalen Werber seit Jahren in einer Scheinwelt – völlig fremdgesteuert und von Werbeprofis inszeniert. Täglich umgeben von dauergutgelaunten Fitness- und Grinse-Ikonen kann man schon ein schlechtes Gewissen bekommen, wenn man mal schlechte Laune hat oder lieber richtige Vollmilch trinkt als einen lactosefreien, fettreduzierten Bio-Wellness-Fitness-Shake. Und wie mag es nur Menschen gehen, die erst gar nicht in das medial vermittelte Schönheitsideal von Heidi Klum, BibisBeautyPalace und Konsorten passen? Wenn Sie sich also das nächste Mal fragen, warum bei jungen Menschen das Bedürfnis der **Selbstinszenierung** so stark ausgeprägt ist: Sie haben es so gelernt.

Von Influencer-Marketing und bestimmten Formaten werden wir immer umgeben sein. Unser Ziel sollte es also nicht sein, diese zu verbieten, sondern unsere Kinder zu selbstbewussten und kritischen Menschen zu erziehen.

Als Eltern müssen wir dafür Sorge tragen, dass unsere Kinder nicht an ungeeignete Inhalte gelangen.

Einstellungen für den Kinder- und Jugendschutz

Vollkommen egal, welche Geräte Sie Ihren Kindern zur Verfügung stellen, bitte erkundigen Sie sich über die systemeigenen Jugendschutzmöglichkeiten. In Kapitel 3 setzen wir uns näher mit den Möglichkeiten von Smartphones auseinander, weiterführende Hilfen auch zu anderen Geräten finden Sie in Kapitel 13.

Aktuelle Spiele finden zum Beispiel nicht mehr ausschließlich auf der **Spielkonsole** statt, sondern über einen Onlinemodus mit vielen anderen unbekannten Menschen auf der ganzen Welt. Hier ist es auf jeden Fall sinnvoll, den Kindern auf der Spielkonsole ein **eingeschränktes Benutzerkonto** einzurichten. Nur so können Sie sichergehen, dass keine Spiele gespielt werden, die nicht der Altersgruppe entsprechen. Sie können Spielzeiten festlegen und bestimmen, wie Ihr Kind online sichtbar ist und wer Kontakt aufnehmen darf.

Auch bei **Smart-TVs** und **Set-Top-Boxen** wie beispielsweise dem Amazon Fire TV, der Apple TV oder dem Chromecast ergeben Jugendschutzeinstellungen Sinn, weil – sofern die Box mit Ihrem Account verbunden ist – mit wenigen Klicks Filme und Serien abrufbar sind, die nicht für Kinder geeignet sind. Die meisten Geräte verfügen mittlerweile über die Möglichkeit einer **PIN-Sperre**, wobei viele Anbieter ein sehr ungeschicktes Eingabesystem nutzen, bei dem die Zahlen der PIN auf dem Bildschirm für alle Anwesenden sichtbar sind. Wie Sie sich auch letztendlich entscheiden, eins muss Ihnen klar sein:

Tipp

Technische Jugendschutzprogramme und -filter sind in bestimmten Situationen sehr hilfreich – sofern sie richtig eingerichtet wurden, auf gar keinen Fall ersetzen sie aber die elterliche Fürsorgepflicht oder Begleitung.

Das Smartphone als mobiler Mini-Computer ist heute ein ständiger Begeleiter.

KAPITEL 3 | Medien sind allgegenwärtig

Es ist die **Gretchenfrage** der heutigen Zeit: »Sag, wie hältst du's mit dem **Handy**?« Gehen Sie kurz in sich und suchen Sie eine ehrliche Antwort: Wie lange können bzw. möchten Sie auf Ihr Smartphone verzichten? Natürlich ist es testweise möglich, das Gerät für einige Tage oder Wochen zur Seite zu legen, und gerade im Urlaub oder an Wochenenden ist das sicherlich ein lobenswertes Experiment.

Doch im Alltag zwischen Familie, Beruf und Hobby ist das Smartphone für die meisten von uns längst zur unentbehrlichen digitalen Assistenz geworden. Hier wird kommuniziert, organisiert, es werden Termine verwaltet und Kontakte gepflegt, Fotos und Videos aufgenommen und angesehen, Wettervorhersagen und Kochrezepte gesucht, Fahrpläne und Preise verglichen u. v. m. Es ist für uns längst zur Selbstverständlichkeit geworden, diverse Medienangebote (on- und offline) nicht nur zu Hause am Rechner zu nutzen, sondern auch auf mobilen Geräten wie **Smartphones und Tablets**.

Heute haben wir also **Mini-Computer für die Hosentasche**, und es lässt sich konstatieren, dass das Smartphone wohl das bedeutendste Gerät geworden ist, für Jugendliche ebenso wie für Erwachsene. Innerhalb kürzester Zeit eroberte es sich einen festen Platz in unserer Gesellschaft, und das gelang ihm nicht zuletzt deshalb, weil es sämtliche **Medienfunktionen** in sich vereint. Es fungiert nicht nur, wie oben beschrieben, als praktisches Universalhelferlein im Alltag, sondern ist daneben auch Radio- und Fernsehempfänger, Tonbandgerät und Filmprojektor, E-Book- und Newsfeed-Reader sowie mobile Spielkonsole.

Die Entwicklung der mobilen Medien steht dennoch erst am Anfang, weshalb es sich lohnt, sie auf den folgenden Seiten genauer unter die Lupe nehmen.

Das Repertoire an Smartphones-Apps wuchs in den letzten Jahren kontinuierlich.

Smartphones und Apps

Erinnern Sie sich noch an **Telefonzellen**? Oder an die klobigen olivgrünen **Telefone mit Wählscheibe**, die per Kabel an den Telefonanschluss gekettet waren? Derlei Gerätschaften wirken heute wie Relikte längst vergangener Zeiten, dabei waren sie noch vor 25 Jahren durchaus gebräuchlich. Die Nutzung herkömmlicher **Handys** mit kleinen Gimmicks war Ende der Neunzigerjahre der neueste Schrei.

Als erstes massenkompatibles **Smartphone** gilt das **iPhone**, das 2007 auf den Markt kam. Dieses Produkt zeichnete sich vor allem durch eine neuartige Multitouch-Bedienoberfläche aus, und Steve Jobs erwies sich damit als Visionär: Sein Konzern Apple läutete mit dem iPhone eine riesige Erfolgswelle ein. Heute ist das iPhone nach wie vor ein Kultobjekt, das am weitesten verbreitete Betriebssystem auf Smartphones ist jedoch **Android** von Google, das z. B. auf Handys von Samsung, Motorola und HTC läuft.

Mit dem kommerziellen Durchbruch der **Smartphones** erblickte auch eine völlig neue Gattung von Software das Licht der Welt: die sogenannten **Apps**. Eine App ist für das Smartphone das, was ein **Programm** für den Rechner ist: Sie eröffnet Möglichkeiten, die die Benutzer ohne diese App nicht hätten. So gibt es Apps für »Basisfunktionen« wie Notizen, Taschenrechner, Audioaufnahmen oder eine Taschenlampe, aber auch komplexere Anwendungen wie Virenscanner, E-Mail-Zugriff oder Bildbearbeitung. Es gibt nützliche Apps wie Routenplaner und Spritpreisvergleiche und unterhaltsame Apps zum Spielen oder Knobeln.

Natürlich hat auch jeder **Medienanbieter**, der etwas auf sich hält, eine eigene App parat: Vom Lokalradio über die Kochzeitschrift bis zum Social Network gibt es Tausende Apps, die sich installieren lassen. Allerdings sind mit allen Installationen auch »Nebenwirkungen« verbunden, die wir uns im Folgenden näher ansehen.

Foto: »Self Portrait« von Joris Louwes (*https://flic.kr/p/bs2Rqr*), CC BY 2.0-Lizenz

Ob telefonisch, per E-Mail oder Messenger: Dank Smartphones sind wir immer und überall erreichbar.

Immer erreichbar! – Digitaler Stress?

Die Diskussion um den Zwang zur permanenten Erreichbarkeit ist so alt wie die Handytechnik. Durch die **Verbreitung von Smartphones** erreicht sie eine neue Qualität, da sich neue Möglichkeiten ergeben. Für die »älteren Onliner«, also für uns Eltern und Großeltern, ist oft der **E-Mail-Abruf via Smartphone** enorm wichtig: Viele Menschen wollen permanent auf dem Laufenden bleiben und haben daher ihren Mail-Account so eingerichtet, dass sie mittels der sogenannten **Push-Funktion** am Handy unverzüglich über eingehende Mails informiert werden. Andere fühlen sich davon gestört oder abgelenkt und rufen ihre Mails lieber nur einmal täglich am PC ab.

Für die junge Generation stellt sich diese Frage nicht: E-Mails sind kaum mehr relevant, wichtiger sind **Messenger wie WhatsApp oder Snapchat**. Hier können sie nicht mehr einstellen, wie oft neue Nachrichten abgerufen werden sollen, denn dies würde dem Zweck der App widersprechen. Deshalb piepst oder vibriert das Handy permanent, sobald eine Nachricht eingeht. Wenn mehrere Apps installiert sind, können die **Push-Benachrichtigungen** durchaus anstrengend und lästig werden.

Mittlerweile wird viel darüber diskutiert, dass die permanente digitale Erreichbarkeit zum realen Stress wird, der **gesundheitsschädigend** sein könnte. Bei Jugendlichen wird hier oft von »fomo« gesprochen: Dieses Kürzel steht für **fear of missing out**, also die Angst, etwas zu verpassen, wenn man offline ist. Unter Erwachsenen gewinnt die Bewegung des **Digital Detox** Zulauf, bei der es um eine »digitale Entgiftung« geht: In Seminaren werden handyfreie Zeiten definiert und ein bewusstes On- und Offlineverhalten eingeübt.

Zweifellos sollten wir uns alle einen **vernünftigen Umgang** mit dem Smartphone angewöhnen und das Handy auch mal weglegen können, beispielsweise beim gemeinsamen Essen oder mit Freunden im Café. Hier ist die **Vorbildfunktion** der Eltern stets mitzudenken, da Erwachsene oft unvernünftiger sind als Kinder und Jugendliche. Andererseits müssen mit den Sprösslingen oftmals **Offlinezeiten** vereinbart werden, zum Beispiel sollte das Smartphone nachts nicht im Kinderzimmer sein. (Mit der Frage nach angemessenen Nutzungszeiten beschäftigen wir uns in Kapitel 9 noch ausführlicher.)

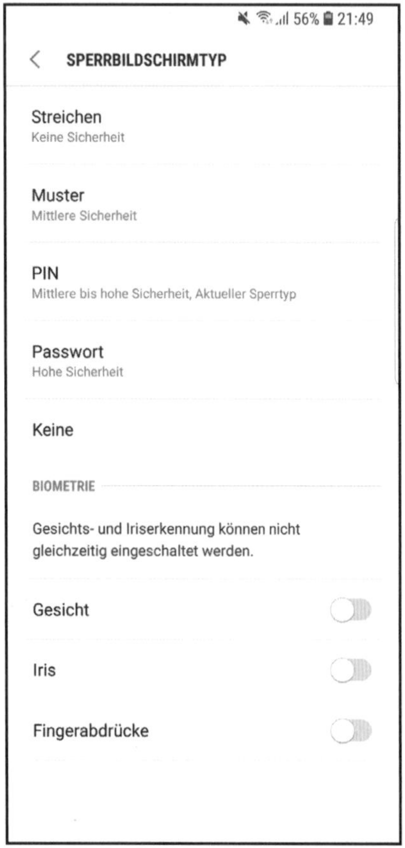

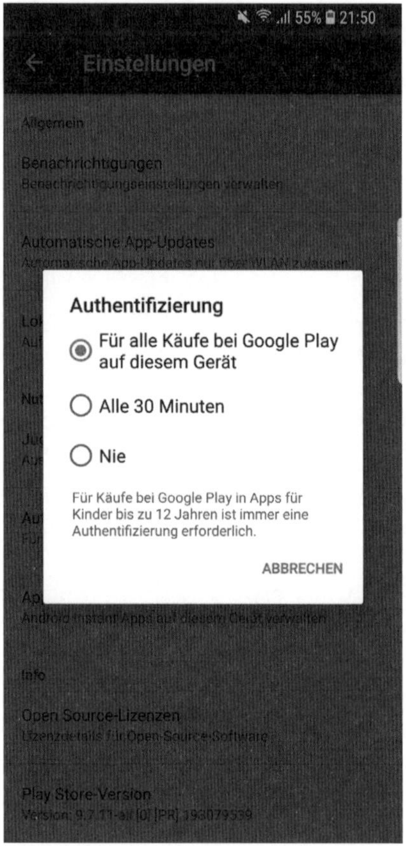

Zwei beispielhafte Einstellungsmöglichkeiten:
der Sperrbildschirm in Android und die Authentifizierung für Käufe im Play-Store

Einstellungen am Handy: Jugendschutz, quo vadis?

Die Nutzung von Medien ist immer eine Frage der Einstellung, und das im doppelten Sinne: Es geht zum einen um die **innere Haltung**, die wir gegenüber Medien haben, und daraus resultierend um die Art und Weise, wie wir sie nutzen. Zum anderen geht es, gerade bei digitalen Medien, auch um **technische Einstellungsmöglichkeiten**, mit denen wir die Geräte und Anwendungen unseren individuellen Vorlieben anpassen oder Schutzmaßnahmen für Kinder einrichten können.

Ebenso wie an Standrechnern ist es heutzutage auf sämtlichen mobilen Geräten möglich, gewisse **Einstellungen** vorzunehmen, die Kinder und Jugendliche **vor unerwünschten Kosten und Inhalten schützen**. Generell empfiehlt es sich, das Smartphone mit einer **Zugriffssperre** zu sichern, denn nur so können Sie bzw. Ihre Kinder entscheiden, wer das Gerät überhaupt nutzen darf. (Hier gilt eine **PIN-Nummer** oder ein **Passwort** als beste Variante. Die Lösung, bei der Punkte zu einem Muster verbunden werden, ist weniger sicher, da die Fingerspuren nachvollziehbar sind. Das Einscannen des Fingerabdrucks oder des Gesichts ist mit der Übertragung biometrischer Daten an kommerzielle Anbieter verbunden – ob Sie das wünschen, müssen Sie selbst entscheiden.)

Eine weitere Option, über die Sie sich als Elternteil Gedanken machen sollten, ist beispielsweise die Erlaubnis, **Apps zu installieren**. Diese sind in den Stores nach Altersstufen eingeteilt, und Sie können für einzelne Geräte festlegen, welche Altersstufen installiert werden dürfen. Für jüngere Kinder empfiehlt es sich, nicht alle Stufen freizugeben. Wichtig ist zudem die Frage nach **kostenpflichtigen Apps und In-App-Käufen**, auch diese Option sollte bewusst gewählt werden.

Diese **Einstellungen** lassen sich teilweise im App-Store, teilweise in den Geräteeinstellungen definieren. Detailliertere **Anleitungen**, die regelmäßig aktualisiert werden, liefern hierfür die medienpädagogischen Internetangebote *www.klicksafe.de* und *www.schau-hin.info*.

Zudem empfehlen wir Ihnen, mit Ihren Kindern zu **besprechen**, welche Einstellungen vorgenommen wurden und warum gewisse Dinge nicht erlaubt sind, denn so werden das **Verständnis** für Verantwortung und ein **kritisches Hinterfragen** der Mediennutzung gefördert.

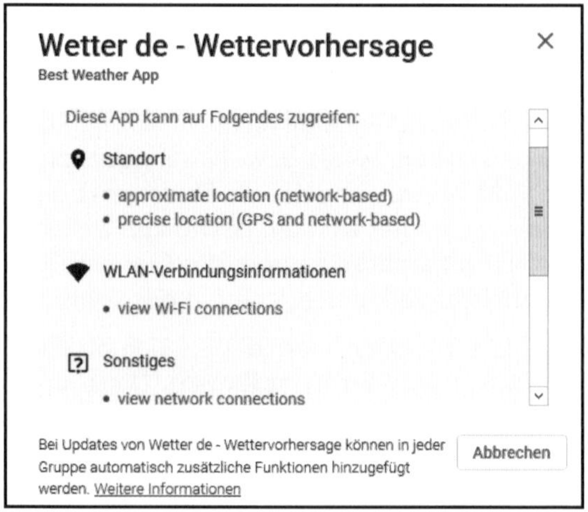

App-Vergleich: Die Berechtigungen der App »Wetter (Privacy Friendly)« sind überschaubar, die Liste der Berechtigungen einer kommerziellen App ist deutlich länger.

Smartphone-Nutzung vs. Privatsphäre

Ein Thema, das besonders in Deutschland mit Blick auf die **Nutzung US-amerikanischer Dienste** für Diskussionen sorgt, ist die Wahrung der Privatsphäre. (Im angelsächsischen Raum herrschen hierzu gänzlich andere Vorstellungen als bei uns, was die Kommunikation zwischen amerikanischen Anbietern und deutschen Datenschützern erschwert.) Wir werden uns auch in Kapitel 10 mit dem Datenschutz beschäftigen, möchten aber hier bereits einige Worte vorausschicken:

Jede App, die Sie auf Smartphones oder Tablets installieren, verschafft sich **Zugriff** auf mehr oder weniger detaillierte Informationen des genutzten Geräts. Manche Apps zeigen sich genügsam, beispielsweise muss eine Foto-App natürlich auf die Kamerafunktion und auf die Fotoablage zugreifen dürfen, auf sämtliche weiteren Informationen hingegen nicht. Andere Apps nutzen hingegen die Chance in unverschämtem Maße aus und greifen Daten ab, die für das **Funktionieren der App nicht nötig** wären. Viele User installieren ihre Apps jedoch, ohne dieses Verhalten zu hinterfragen, und nehmen damit diese unangebrachte Neugierde in Kauf.

Teilweise können derartige **Berechtigungen** auch nachträglich **entzogen** werden. In den Einstellungen der Betriebssysteme Android und iOS lassen sich im Bereich »Apps« die Berechtigungen aller installierten Apps jederzeit anpassen und unerwünschte Zugriffe widerrufen.

Eine andere datenschutzrelevante Frage betrifft die **Veröffentlichung und Nutzung unserer Daten**. Was geben wir (freiwillig und gezwungenermaßen) von uns frei, und wofür werden diese Angaben verwendet? Aufschlussreiche Beispiele hierfür sind **Facebook und Instagram**. Bei Facebook gibt es eine Vielzahl von Einstellungsmöglichkeiten, mit denen wir beispielsweise festlegen können, wer die von uns veröffentlichten Fotos sehen darf. Auch die Verwendung der Daten, die Facebook über uns gesammelt hat und die für **Werbung** analysiert werden, lässt sich (zumindest teilweise) steuern. Bei Instagram stehen hingegen nur reduzierte Optionen zur Verfügung, beispielsweise kann ich lediglich zwischen einem »öffentlichen« und einem »privaten« Konto unterscheiden. Die Datenanalyse für Werbung lässt sich nicht beeinflussen. Es gilt also, gut zu überlegen, was wir nutzen und was wir posten.

Mit der Smartphone-App den aktuellen Aufenthaltsort des Kindes verfolgen – ist das ein sinnvoller Ansatz?

Kinderortung auf Knopfdruck

Welche kuriosen Blüten die heutigen technischen Möglichkeiten treiben, zeigt sich am Beispiel von **Kinder-Tracking-Systemen**: Es gibt beispielsweise Armbanduhren, die harmlos aussehen und in kindgerechtem Stil gestaltet sind, die jedoch viel mehr als herkömmliche Armbanduhren können. Sie haben nämlich einen **GPS-Sender** integriert und sind darüber mit dem elterlichen Smartphone verbunden. Mithilfe der zugehörigen App können die Eltern jederzeit nachverfolgen, wo sich die Kleinen gerade befinden. Die Eltern können auch (je nach System) einen »Geo-Zaun« oder eine »Safe Zone« errichten und werden per **Alarm** informiert, wenn ihre Kinder dieses Gebiet verlassen. Die einzige Option, die noch fehlt, ist der automatische Elektroschock, der das Kind bei Überschreitung der geografischen Grenze betäubt und es wieder in die richtigen Bahnen lenkt.

Aber Scherz beiseite: Natürlich ist es einerseits verständlich, dass Eltern ihre Kinder in **Sicherheit** wissen wollen und daher eine größtmögliche Kontrolle anstreben. Es muss aber die Frage erlaubt sein, ob derartige Lösungen nicht über das Ziel hinausschießen: Ist die **permanente Überwachung** mithilfe einer Ortungs-App wirklich ein geeignetes Mittel, um das Kind zu Eigenständigkeit zu erziehen? Können wir Kindern eine kritische Haltung zum **Datenschutz** vermitteln, wenn wir sie zugleich mit derartigen Systemen tracken? Die elektronische Fußfessel für Straftäter darf in Deutschland nur unter hohen Auflagen eingesetzt werden, aber eine elektronische Handfessel dürfen alle Eltern einsetzen, weil sie es ja »nur gut meinen«?

Sollten Sie, liebe Leser, derartige Systeme nutzen oder planen, diese anzuschaffen, dann wägen Sie bitte alle Argumente gut ab, und besprechen Sie mit Ihrem Kind, welche Funktionen eine derartige Uhr besitzt, denn heimlich sollten Sie Ihr Kind keineswegs überwachen.

Es gibt übrigens auch Apps, die die **Smartphones der ganzen Familie orten** und immer anzeigen, wo sich Mama, Papa und Kinder gerade aufhalten. In diesem Fall wissen alle über alle Bescheid, was nur fair ist. Das könnte aber auch zur Folge haben, dass der Mann seine Frau nicht mehr mit Blumen überrascht, weil sie ihn zuvor schon im Blumenladen orten kann. Schöne neue Welt.

Eine Puppe als Wanze: die umstrittene »Hello Barbie«

Smart Toys: Abhöranlagen im Kinderzimmer

Von der »Hello Barbie« haben Sie vielleicht schön gehört: Sie ist eigentlich eine ganz normale Barbiepuppe, jedoch mit dem entscheidenden Unterschied, dass sie zuhören und reden kann. Über ein **Spracherkennungssystem** und eine **intelligente Software** kann sich Ihr Kind mit der Puppe unterhalten, ihr seine Sorgen und Nöte sowie Geheimnisse anvertrauen. Die »Hello Barbie« behält all das nicht für sich, sondern übermittelt die Sprachaufnahmen der Kinder auf einen **Server**, damit Sie als Eltern später abhören können, was zwischen Kind und Barbie besprochen wurde. Wie finden Sie das: praktisch oder gruselig?

Sollten Sie sich diese Puppe anschaffen wollen, müssen wir sie enttäuschen: Sie ist in Deutschland **nicht erhältlich**, der Hersteller Mattel hat sie hier nie auf den Markt gebracht, vermutlich aus guten Gründen. Andere sogenannte »Smart Toys«, die ähnlich funktionieren, wurden mittlerweile wieder **verboten**, beispielsweise die Puppe »Cayla«, die von der Bundesnetzagentur im Februar 2017 vom Markt genommen wurde. Begründung: Das Spielzeug sei eine **Sendeanlage**, mit der man abhören und ausspionieren kann, und das ist in Deutschland nicht zulässig. Ein entscheidender Punkt ist auch, dass derartige Geräte **nicht abhörsicher** sind. Wenn Fremde über gute IT-Kenntnisse verfügen, können sie sich mit der Puppe verbinden und so mit dem Kind Kontakt aufnehmen. Es wäre dann möglich, das Kind auszufragen oder in eine andere Wohnung zu locken. Dem **Missbrauch** wäre also Tür und Tor geöffnet, im wörtlichen wie übertragenen Sinn.

Es gab übrigens auch GPS-Tracker, die mit einem **Mikrofon** ausgestattet waren, um das Kind nicht nur jederzeit orten, sondern auch abhören zu können. Damit konnten aber beispielsweise auch die Kita und der Schulunterricht **ausspioniert** werden, daher sind diese Funktionen ebenfalls verboten.

Wahrscheinlich werden bald neue Erfindungen auf den Markt drängen, die ähnliche Funktionen beinhalten. Erziehungstechnisch sind derartige Maßnahmen aber vermutlich als **Armutszeugnis** anzusehen, denn Vertrauen ist stets besser als Kontrolle. Und nicht alles, was technisch möglich ist, ist pädagogisch sinnvoll, das gilt für Kinder-Tracker wie für Smart Toys.

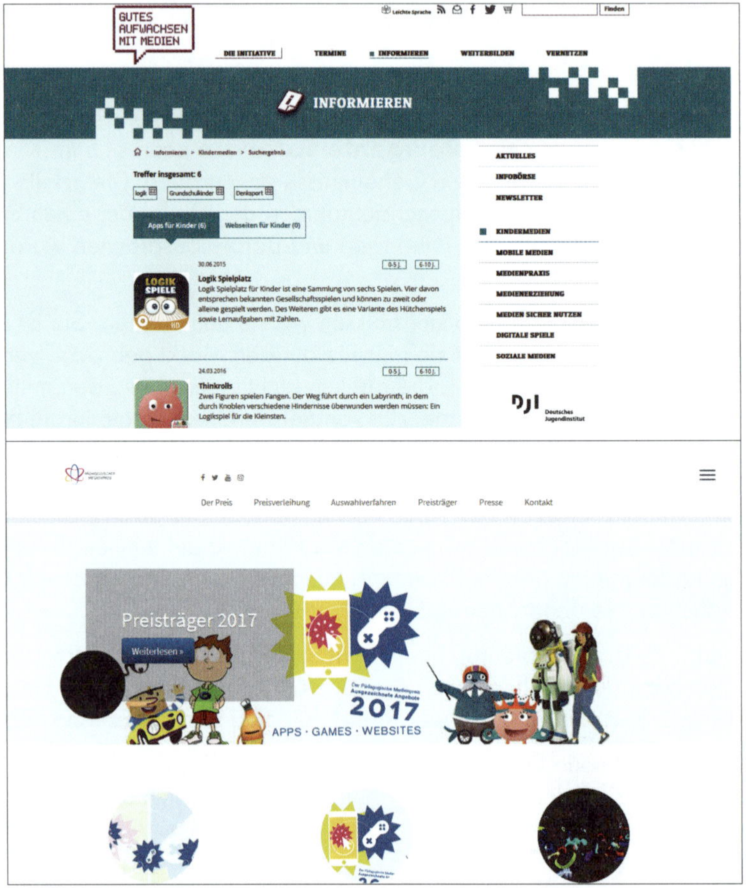

Infos zu empfehlenswerten Kindermedien liefern unter anderem die Datenbank von »Gutes Aufwachsen mit Medien« und der »Pädagogische Medienpreis«.

Empfehlenswerte Medien für Kinder und Jugendliche

Bei der Fülle an medialen Angeboten, die heutzutage erhältlich sind, fällt es Eltern verständlicherweise schwer, den Überblick zu behalten oder gar zu entscheiden, was für Kinder und Jugendliche **empfehlenswert** ist. Es gibt zahlreiche Empfehlungsseiten, die Spiele und Apps »beurteilen«, allerdings sind diese oftmals **nicht objektiv**, da die Hersteller häufig dafür bezahlen müssen, auf solchen Seiten vorgestellt zu werden – dementsprechend positiv fällt das Urteil über alle aufgelisteten Apps aus. Wirklich unabhängige Informationen und **pädagogisch fundierte Einschätzungen** erhalten Sie bei folgenden Quellen:

- Eine Übersicht über kindgerechte Apps und Webseiten liefert die **Datenbank für Kindermedien** der Initiative »Gutes Aufwachsen mit Medien«. Diese ist erreichbar unter *www.gutes-aufwachsen-mit-medien.de/kindermedien*.
- Die Datenbank **»Apps für Kinder«** (*www.datenbank-apps-fuer-kinder.de*) wird vom Deutschen Jugendinstitut betrieben und listet aktuelle und ausführliche App-Bewertungen auf, die von medienpädagogischen Facheinrichtungen verfasst werden.
- Pädagogisch empfehlenswerte Apps, Computerspiele und Websites für Kinder und Jugendliche werden mit dem **Pädagogischen Medienpreis** prämiert (*www.pädagogischer-medienpreis.de*), der jährlich seit 1998 vergeben wird. Ähnlich verhält es sich mit den Auszeichnungen **Giga-Maus** (*www.gigamaus.de*) und **Tommi** (*www.kindersoftwarepreis.de*).
- **Computerspiel-Testseiten** wie *www.spielbar.de* von der Bundeszentrale für politische Bildung oder *www.spieleratgeber-nrw.de* stellen empfehlenswerte Spiele und Spiel-Apps vor.
- Das Bundesministerium für Familie, Senioren, Frauen und Jugend fördert die Publikation **»Spiel- und Lernsoftware – Pädagogisch beurteilt«**, die ebenfalls Spiele und Apps unter die Lupe nimmt und kostenlos zum Download bereitsteht (*www.bmfsfj.de*).

»Durchgehend online«: Dieser aussagekräftige und zugleich selbstironische Song der YouTube-Stars »DieLochis« wurde bereits mehr als 23 Millionen Mal angesehen.

KAPITEL 4 | Kinder und Jugendliche im Netz – was machen die da eigentlich?

Was tun meine Kinder eigentlich die ganze Zeit, wenn sie online sind? Diese Frage werden Sie sich sicher bereits gestellt haben, wenn Sie Kinder haben. Vielleicht haben Sie Ihre Sprösslinge auch schon direkt gefragt, erhielten aber statt einer zufriedenstellenden Antwort nur einen ungläubigen Blick aus großen, fragenden Augen. Wir möchten uns daher in diesem Kapitel mit verschiedenen **Nutzungsgewohnheiten** und mit **populären Internetphänomenen** beschäftigen.

Zunächst ist es wichtig, zwei grundlegende Punkte richtig zu verstehen:

1. Die (oftmals immer noch als **»neue Medien«** bezeichneten) digitalen Angebote sind meist **nichts wirklich Neues**, sondern nur alter Wein in neuen Schläuchen. Same same but different. Menschen möchten nach wie vor mit Freunden quatschen, Musik hören, Filme ansehen, Infos recherchieren und vieles mehr, und all das lässt sich heute online erledigen. Das Internet ist einfach praktisch.
2. Die Jugendlichen »machen« nicht nur Dinge online, **sie »sind« online**. Das Internet ist selbstverständlicher Teil des jugendlichen Alltags, und heute muss man nicht mehr »ins Netz gehen«, wie einst Boris Becker in einem Werbeclip, sondern wir alle sind »durchgehend online«. (So heißt übrigens auch ein Song der YouTube-Stars »Die Lochis« (siehe Screenshot links), der dieses Phänomen selbstironisch aufgreift – durchaus sehenswert!)

Sie als Eltern sollten das Handy und das Internet nicht per se verdammen, sondern versuchen, das Mediennutzungsverhalten Ihrer Kinder zu **verstehen** und einen Einblick in die **Bedürfnisse** der Jugendlichen zu bekommen. Dazu möchten wir in diesem Kapitel beitragen.

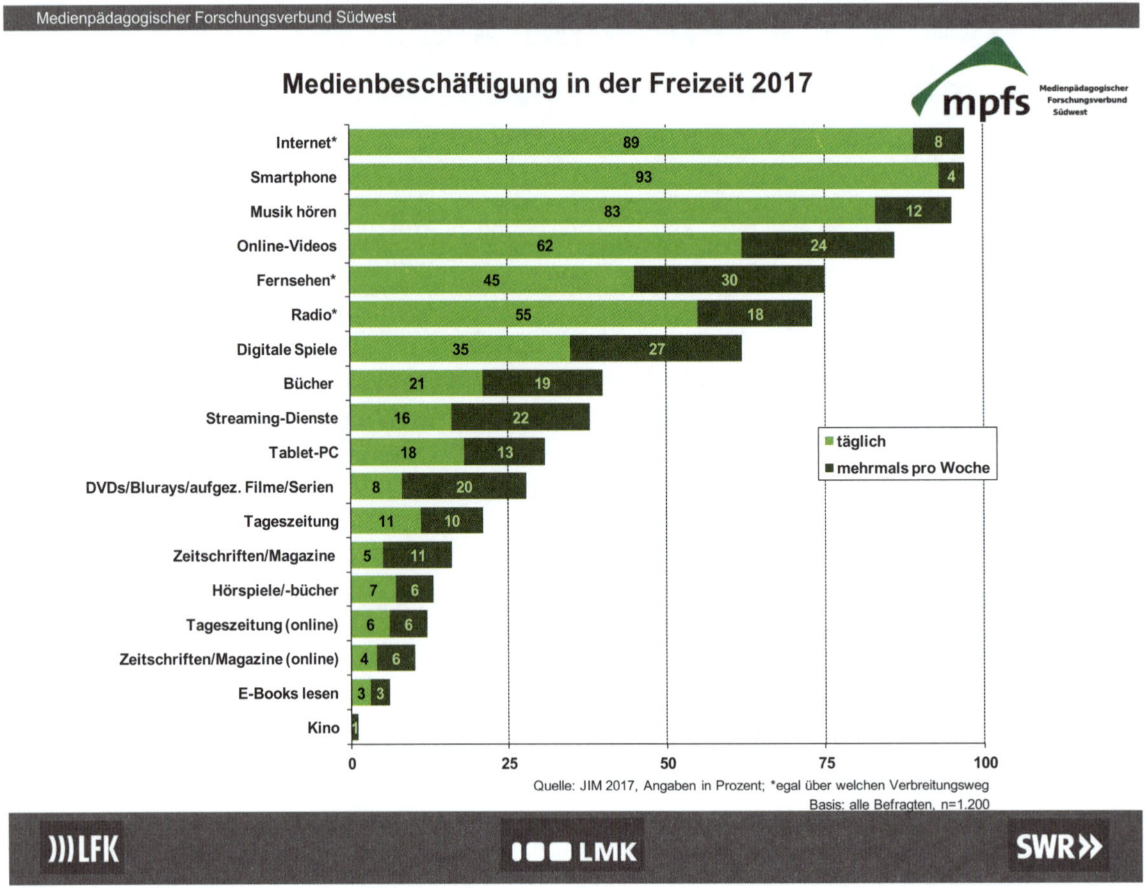

Internet und Smartphone sind laut JIM-Studie 2017 die wichtigsten Medien für deutsche Jugendliche.

So nutzen Jugendliche Medien

Um die Mediennutzung der Jugendlichen kennenzulernen, lohnt sich ein Blick in die **JIM-Studie** (»Jugend, Information, Multimedia«), die jährlich veröffentlicht wird (siehe Grafik links). Der Medienpädagogische Forschungsverbund Südwest befragt dafür mehr als 1.000 Jugendliche aus Deutschland im Alter von 12 bis 19 Jahren.

Einige Ergebnisse aus der JIM-Studie 2017:

- Die Jugendlichen in Deutschland sind medial überaus gut versorgt: Sie besitzen zu 97 % ein eigenes Smartphone, daneben haben 69 % einen eigenen PC bzw. Laptop.
- In 98 % der deutschen Haushalte sind PC/Laptop sowie Internetzugang vorhanden.
- Digitale Spiele nutzen eher Jungs: Eine feste Spielkonsole besitzen 31 % der Mädchen und 69 % der Jungen. Tragbare Konsolen haben hingegen 47 % der weiblichen und 44 % der männlichen Jugendlichen.
- Wie oft werden welche Medien genutzt? Internet und Smartphone werden von 97 % der Jugendlichen täglich oder mehrmals wöchentlich genutzt, sie gehören also zum Standardrepertoire der Freizeitgestaltung, dahinter folgt mit 95 % das Musikhören.
- Fernsehen rangiert mit 75 % erst auf Platz 5 der Rangliste, deutlich mehr Jugendliche (86 %) schauen regelmäßig Onlinevideos. Das beinhaltet sehr viel: YouTube ebenso wie Netflix und Amazon Video. Die Online-Mediatheken der deutschen TV-Sender zählen hingegen in den Bereich »Fernsehen«. Die Zeiten, in denen Kulenkampff und Gottschalk als Straßenfeger galten, sind längst vorbei, das wissen wir spätestens seit dem Ende von »Wetten, dass ...?«. Heute werden TV-Angebote von Jugendlichen zunehmend **online konsumiert**. Sie benötigen zum Fernsehen nicht mehr zwingend einen Fernseher, es reicht auch ein Computer mit Webzugang.

Die JIM-Studie erscheint jährlich und ist in der neuen Version ab Ende November unter *www.mpfs.de* kostenlos abrufbar. Es gibt auch eine Untersuchung zu Kindermedien (**KIM-Studie**), die jedoch nur im Zweijahresrhythmus erscheint und vermutlich Ende 2018 wieder veröffentlicht wird.

Foto: »Minecraft Wobbly Head« von Linus Bohmann (*https://flic.kr/p/bm1Px6*), CC BY 2.0-Lizenz

Das »digitale Ich« – ein Konstrukt aus diversen Komponenten und Bausteinen

Das digitale Ich

Die Gründe für die intensive Internetnutzung sind vielfältig, und mindestens ebenso unterschiedlich sind die **Verhaltensweisen** im Netz. Jugendliche sind dort in der Regel nicht nur »User«, also passive Nutzer, sondern (wie bereits beschrieben) zugleich auch aktive »Producer«. Ob sie eigene Fotos und Videos online stellen oder nur Kommentare und Statusmeldungen posten, ist dabei zunächst nebensächlich, in den allermeisten Fällen sind die jugendlichen User jedenfalls an der Generierung von Inhalten beteiligt.

Welche **Motivation** steckt jedoch dahinter, sich mehr oder weniger ausgiebig im Internet zu präsentieren? Ist es der bloße Gruppenzwang, oder gibt es noch mehr Gründe? Zu dieser Frage gibt es verschiedene Erklärungsmodelle, ein sehr plausibles liefert der Soziologe Dr. Jan-Hinrik Schmidt vom Hans-Bredow-Institut Hamburg. Er unterscheidet folgende drei Komponenten:

- **Identitätsmanagement**: Wer bin ich? Was kann ich? Was sind meine Hobbys? Wie stelle ich mich dar? Was habe ich erlebt? Welche Meinungen und Standpunkte vertrete ich?
- **Beziehungsmanagement**: Wer sind meine Freunde? Was ist meine Position innerhalb meines Umfelds? Welche neuen Leute habe ich kennengelernt? Welche Kontakte möchte ich intensivieren?
- **Informationsmanagement**: Was interessiert mich? Was passiert in meiner Stadt, in meinem Land, auf dieser Welt? Welche Musik höre ich? Welche Filme oder Clips sind interessant?

Diesem Modell zufolge dient das Netz also verschiedensten Interessen und Anliegen, die sich in drei Bereiche bündeln lassen: Jugendliche präsentieren sich, informieren sich und interagieren mit anderen. In diesen Zusammenhängen ist immer auch das Element der Kommunikation bedeutend: Zum einen kommunizieren die Jugendlichen mit anderen, zum anderen kommunizieren sie auch über sich selbst und ihre Interessen.

Smartphone-Messenger sind bei Jugendlichen deutlich beliebter als SMS oder Telefonie.

Message statt Mail: Kommunikation heute

Die Kommunikation ist ein grundlegendes Element menschlichen Daseins, das hat sich in Millionen Jahren nicht geändert. Verändert haben sich nur die **Mittel und Wege** der Kommunikation, und hier bietet das Internet mannigfaltige **neue Kommunikationsmöglichkeiten**. Vielleicht wird heute nicht quantitativ mehr kommuniziert als früher, sondern einfach **anders**. Früher haben die Kids ihre Freunde nach der Schule angerufen, heute quasseln sie eben via WhatsApp oder Facebook miteinander.

Medien im Wandel der Zeit

Für die meisten Erwachsenen ist die **EMail** nach wie vor ein bedeutendes Kommunikationsmittel, für Jugendliche hingegen Schnee von gestern. Auch die SMS ist ein anachronistisches **Auslaufmodell**. Die junge Generation nutzt bereits seit Jahren **andere Kanäle**: Zunächst waren es Instant-Messenger wie ICQ oder MSN und der Videotelefoniedienst Skype, dann kamen Social Networks und machten in kurzer Zeit andere Dienste überflüssig. Den vorerst letzten Schritt dieser Entwicklung stellen Handy-Messenger wie **WhatsApp** dar, die den sozialen Netzwerken Konkurrenz machen. Zwar bieten auch Letztere eigene Smartphone-Lösungen an – so gibt es beispielsweise neben der Facebook-App auch den mobilen **Facebook Messenger** –, dennoch ist die Konkurrenz der neuen Dienste offenbar stark, sogar so stark, dass sich Facebook dazu genötigt sah, WhatsApp aufzukaufen (mehr dazu in Kapitel 5).

Der Status quo

Der Erfolg von **Handy-Messengern** ist kein Zufall, denn ihr Vorteil liegt auf der Hand: Da sich Smartphones und mobile Internetzugänge immer weiter verbreiten, ist das der schnellste und einfachste Weg der Kommunikation. Hier reichen einige **wenige Worte** oder Abkürzungen aus, um das Gegenüber angemessen zu informieren. Die Antwort folgt meist nach wenigen Sekunden oder Minuten, die Geschwindigkeit ist hier von größerer Bedeutung als Grammatik, Form oder Rechtschreibung. Das mag uns Älteren nicht immer gefallen, aber es ist zweifellos **unkompliziert und praktisch** – und es hat sich so sehr etabliert, dass in unserer Gesellschaft auch ein gewisser Gruppenzwang zu verspüren ist.

Foto: »I bims« von Marco Verch (*https://flic.kr/p/21zsSzu*), CC BY 2.0-Lizenz

Der Ausdruck »I bims« statt »Ich bin's« war Kult. Neue Trends werden folgen.

Nur Gelaber?

Im Zusammenhang mit Smartphones hören wir von Eltern oft das Vorurteil, dass die Kommunikation der Kinder »sinnlos« oder »inhaltslos« sei. Aber Hand aufs Herz: Wenn Sie sich mit Freunden und Bekannten unterhalten, hat dann immer alles einen tieferen Sinn und einen höchst anspruchsvollen Inhalt? Dient **Kommunikation** nicht auch einfach dem Austausch und der »Unterhaltung« (ein Wort, das ja durchaus doppeldeutig zu verstehen ist)? Und sind es nicht oftmals die banalen, unterhaltsamen und witzigen Gespräche, die ein Gefühl der Verbundenheit und des Zusammenhalts fördern? Insofern erscheint dieser Vorwurf unfair, die jungen Leute würden bloß leeres Zeug quasseln, denn natürlich tun sie das, aber natürlich ist das auch völlig legitim.

Eng verwoben damit ist der Vorwurf, die Kinder würden mit WhatsApp & Co. viel **Zeit vergeuden**. Fällt es Ihnen in diesem Zusammenhang nicht schwer, »vergeudete Zeit« zu definieren? Ist es vergeudet, wenn man sich mit Freunden und Bekannten unterhält, sich austauscht und amüsiert? Sie als Eltern sollten das nur dann infrage stellen, wenn die zeitlichen Ausmaße besorgniserregend sind (siehe Kapitel 9). Ein kleines Pläuschchen hingegen, egal ob on- oder offline, ist völlig normal.

»I bims« – vom kultigen Netzslang zum abgedroschenen »Jugendwort des Jahres«

Schwer zu ertragen ist für Erwachsene oft der Abstieg in die Untiefen der **Netzsprache**. Hier hat sich in den letzten Jahren ein **eigener Slang** entwickelt, eine Mischung aus **Hochdeutsch** und **Umgangssprache**, die Groß- und Kleinschreibung, Grammatik und Satzbau bewusst missachtet. Hinzu kommen **Abkürzungen** wie lol (laughing out loud), g (grins), cu (see you) oder gn8 (gute Nacht).

Ist das nun der Untergang des Abendlands, das Ende der deutschen Sprache? Oder einfach eine **Modeerscheinung**, eine spielerische Benutzung der Sprache, die ihren Zenit bereits überschritten hat? Ihren bisherigen Höhepunkt erlebte diese Sprachvariante 2017: Formulierungen wie »I bims« und »vong der Niceigkeit her« wurden bewusst inszeniert, es erschien ein **Vong-Wörterbuch** (»Was ist das für 1 Sprache?«), und der Langenscheidt-Verlag kürte »I bims« zum **Jugendwort des Jahres 2017**. Dies ist meist ein sicheres Anzeichen dafür, dass der Kult nicht mehr wirklich kultig ist.

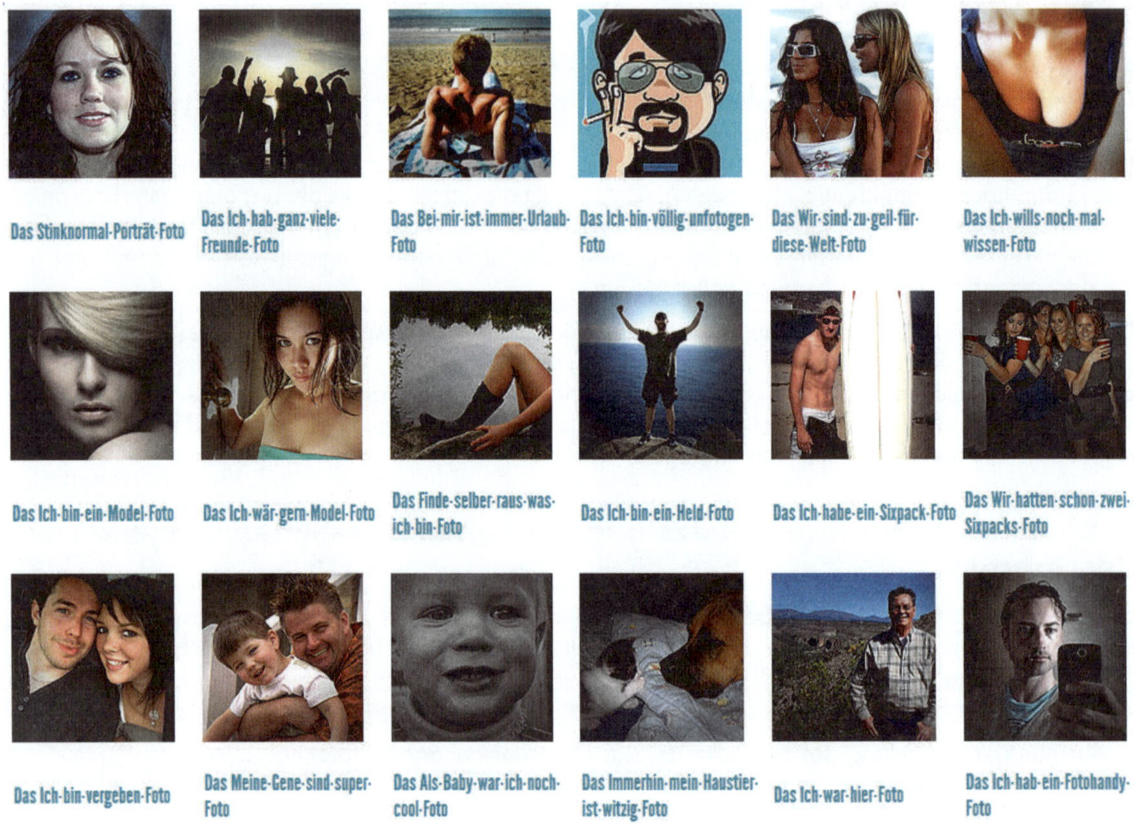

Fotos von *http://www.morguefile.com*, Collage: *http://karrierebibel.de/klick-12-typische-facebook-profilbilder-und-ihre-botschaft/*

Typische Profilfotos und ihre (angeblichen) Botschaften

Postings, Pics und Klicks

Die Volksweisheit »Tue Gutes und rede darüber« könnte heute wohl variiert werden in: **»Egal, was du tust – poste es!«** Denn dank der sozialen Medien erhalten wir **Mitteilungen über sämtliche Aktivitäten** unserer Mitmenschen. Während beispielsweise einige Menschen bei Facebook überwiegend beruflich aktiv sind und Neuigkeiten aus ihrer Branche oder ihrer Firma weiterverbreiten, legen andere den Schwerpunkt ihrer Onlineaktivitäten auf **Geschehnisse aus dem Alltag** und berichten bei Instagram oder im WhatsApp-Status regelmäßig über die neuesten mehr oder minder interessanten Tätigkeiten ihrer Kinder oder Katzen. Gemeinsam ist diesen Zeitgenossen, dass sie sich und ihr Umfeld online präsentieren. Ein Social-Media-Account bietet dafür die optimalen Möglichkeiten: Wo sonst erreiche ich so viele Adressaten aus dem privaten oder beruflichen Umfeld auf einmal?

Die Ich-Show im Internet

Der Aspekt der **Selbstdarstellung** war immer schon bedeutend für uns Menschen, gerade in der Jugend. Neu ist jedoch, dass sich Kinder und Jugendliche heute digital im Social Web präsentieren, sodass das potenzielle Publikum viel größer ist als früher. Online werden News über alles verbreitet, was die Kids **bewegt**: von Games und Musik über Mode, Konzerte und »Foodporn« (Fotos von Mahlzeiten) bis zu Gutenachtgrüßen. Die **Möglichkeiten** sind heute **vielfältig**, und sie werden von vielen Jugendlichen intensiv genutzt, schließlich möchte man dazugehören.

Doch hinterfragen Sie sich bitte auch selbst: Waren Sie früher gerne **uncool**, wollten Sie als langweilig oder gar unattraktiv gelten? Vermutlich nicht, und da es Ihren Kindern ebenso geht, machen sie sich viele Gedanken über ihr (digitales) Selbstbild. Die **Kehrseite** dieser Medaille ist leider, dass durch diese Darstellungsweise ein **gesellschaftlicher Druck** entsteht, mit dem manche Jugendliche weniger gut zurechtkommen als andere. Hier sollten Sie Ihre Kinder aufmerksam **im Auge behalten** und unterstützen, damit die Selbstdarstellung nicht zum Zwang und zum Problem wird.

Teenager in Selfie-Pose

Me, Myself and my Selfie

Sollten eines Tages Instagram, Facebook & Co. verschwunden sein, so haben sie zumindest ein kulturelles Erbe hinterlassen: das **Selfie**. Als Selfies gelten via Smartphone geknipste Selbstporträts, die mittlerweile nicht mehr nur unter Jugendlichen, sondern auch unter Erwachsenen populär sind. Selfies werden entweder **mit ausgestrecktem Arm** und der Smartphone-Gesichtskamera geknipst oder auch mit der Frontkamera und einem **Spiegel**, sodass das Handy mit im Bild ist. Die so entstandenen Porträts werden nicht nur bei Instagram und Snapchat **gepostet**, sondern auch via WhatsApp **verschickt** bzw. im dortigen »Status« (oder in den »Stories« bei Instagram, Facebook und Snapchat) **veröffentlicht**. Auch der permanente oft tägliche Wechsel des eigenen **Profilbilds** bei den diversen Plattformen führt bisweilen dazu, dass ständig neue Selfies veröffentlicht werden. Auf die Spitze getrieben wird diese Entwicklung von der App **musical.ly**, bei der Videoclips überwiegend im Selfie-Stil veröffentlicht werden (mehr dazu in Kapitel 7).

Wieso werden derartige Fotos veröffentlicht?

- Selfies sind in der Regel weder informativ noch bedeutend, aber es geht bei der Selbstdarstellung im Netz natürlich immer auch um eine **Selbstbestätigung**: Wenn die Bilder von einigen Leuten gesehen oder kommentiert werden, ist das eine wohltuende Bestätigung.
- Neu veröffentlichte (Profil-)Fotos werden oft einem **Like-Check** unterzogen: Wenn ein Foto innerhalb einiger Stunden nicht eine gewisse Anzahl von »Likes« erhält, wird es wieder ausgetauscht. Auch anhand der Kommentare oder weiterer Reaktionen lässt sich ablesen, wie attraktiv oder langweilig das neue Foto ist.
- Zudem ist hier mal wieder ein gewisser **Gruppenzwang** zu spüren: Die Onlineselbstdarstellung ist selbstverständlich, und wer dabei nicht mitmacht, verhält sich verdächtig. Es bedeutet also auch einen gewissen **Druck** für die Protagonisten. Letztendlich ist das so inszenierte »digitale Ich« oftmals ein stark verzerrtes Abbild der Person, was wohl leider unausweichlich ist.

Foto: »Titanic Commemorated« von Kate Ter Haar (*https://flic.kr/p/byMcDw*), CC BY 2.0-Lizenz

Sind die Printmedien ein vom Sinken bedrohtes Schiff? Die heutige Jugend erhält Informationen überwiegend aus Onlinemedien.

Wie Nachrichten zum User finden

Wir würden den Jugendlichen Unrecht tun, reduzierten wir sie nur auf eine narzisstische Selbstdarstellung oder auf permanente Kommunikationsfreude. Wesentliche Aspekte bei der Nutzung sozialer Medien sind die Informationssuche und der Austausch von Neuigkeiten: Jugendliche informieren sich und ihre Freunde über Themen, die ihnen und ihrem Umfeld wichtig sind.

Eine im Internet weitverbreitete Aussage ist: **»Wenn eine Nachricht wichtig ist, wird sie mich finden.«** Dieser Spruch, der im Original angeblich von einem amerikanischen Studenten in einer Studie über Medienkonsum stammt, erklärt das Prinzip der Informationsvermittlung im Social Web sehr gut: Die User müssen nicht mehr nach Informationen suchen, stattdessen finden die Informationen ihre Empfänger. Digitale Kanäle wie Instagram, YouTube & Co. sind dabei das entscheidende Bindeglied, da man hier von Freunden oder Nachrichtenportalen, deren Meldungen man verfolgt, mit den **für einen selbst relevanten Informationen** versorgt wird.

Im Prinzip funktioniert dieses Verfahren genau wie bei den herkömmlichen Medien: Auch Sie konsumieren die Nachrichtenquellen, die Ihnen für Sie relevante und interessante Meldungen liefern. Möglicherweise lesen Sie eine Lokalzeitung oder ein Nachrichtenmagazin und verfolgen TV-Reportagen, oder Sie schauen lieber Talkshows, lesen Romane und eine Sportzeitschrift. Jeder Mensch hat individuelle **Mediennutzungsgewohnheiten**, die seinen Bedürfnissen entsprechen. Auf soziale Medien übertragen, bedeutet das, dass ein Jugendlicher beispielsweise von Freunden auf relevante News **hingewiesen** wird und dass er relevante Informationsquellen **verfolgt**, um interessante und spannende Informationen zu erhalten. So finden auch **Randthemen** Beachtung, die es nie in die 20-Uhr-Tagesschau schaffen würden – das ist der grundlegende **Wandel** in der Informationsgesellschaft.

Ein mögliches Risiko dieser Informationsselektion ist die sogenannte **Filterblase**, die uns nur Infos zukommen lässt, die unsere Ansichten bestätigen. Darauf gehen wir in Kapitel 10 näher ein.

Der »Gangnam Style« ist einer der erfolgreichsten Webclips, und auch der Werbespot »Heimkommen« verbreitete sich im Netz.

Virale Infos und Videos

Ein **Virus** ist (auch in der IT-Sprache) eher unerfreulich, darauf gehen wir später noch ein. Die Bezeichnung **viral** hingegen ist durchaus positiv konnotiert, denn damit ist gemeint, dass sich Nachrichten so schnell wie ein Virus **weiterverbreiten**. Wenn wir soziale Medien nutzen, bekommen wir Informationen zugespielt, die unsere Freunde als bedeutend erachten, ob wir das möchten oder nicht. Die **Entscheidung**, welche Nachrichten bedeutend sind, treffen also in zunehmendem Maß befreundete Internetnutzer anstelle von Nachrichtenredakteuren.

Gut zu beobachten ist der virale Effekt nicht nur bei Nachrichten, sondern z. B. auch bei **Videoclips**. Populäre virale Clips waren der »Gangnam Style« oder der »Harlem Shake«: Diese Videos verbreiteten sich nicht nur eigenständig, sondern regten zahlreiche Menschen dazu an, **eigene Versionen** dieser Clips zu produzieren und ins Netz zu stellen, woraus sich jeweils ein richtiger Kult entwickelte.

Von viralem Inhalt zu viralem Marketing

Das Potenzial viraler Inhalte wird natürlich auch **kommerziell genutzt**: Besonders auffällig ist in diesem Zusammenhang eine deutsche Supermarktkette, die mit Onlineclips wie »Supergeil« und »Heimkommen« Erfolge feierte. Diese Clips liefen nicht im TV oder Kino, sondern haben sich online erfolgreich verbreitet und wurden so millionenfach aufgerufen – eine Strategie, die zeigt, wie sich die digitale Transformation auf den Werbemarkt auswirkt.

Interessant zu beobachten ist in diesem Zusammenhang auch das **Verhalten von Künstlern**, gerade bei Liveauftritten: Während ein alternder deutscher Komiker mit Berliner Schnauze die Besucher seiner Liveshow darauf hinwies, dass Handyaufnahmen zu **unterlassen** seien, fordern junge Bands ihre Fans dazu auf, möglichst viele Handyvideos zu machen und online zu veröffentlichen, um das Netz bewusst für **Marketingzwecke** zu nutzen. So ändern sich die Zeiten.

Die virale Verbreitung ist zudem für **politische Kampagnen** von Bedeutung, das beweisen **Petitionsportale** und **Partizipationsangebote**, mit denen sich auch Jugendliche für politische Belange sensibilisieren lassen. Diesem Thema widmen wir uns auf der folgenden Seite.

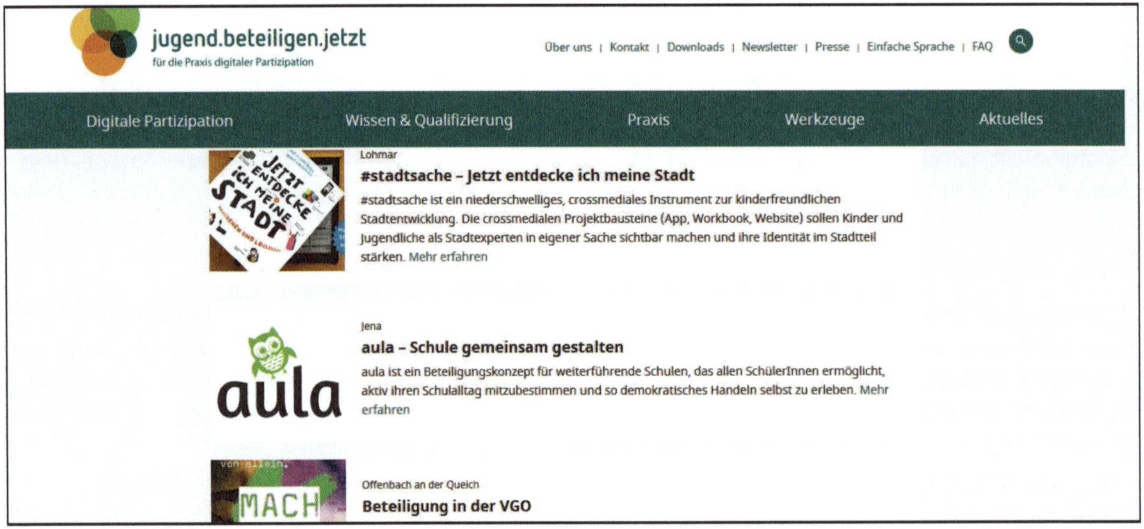

Eine Plattform für digitale Partizipation: jugend.beteiligen.jetzt

E-Partizipation und politische Beteiligung

Im pädagogischen Bereich beschreibt Partizipation die Einbeziehung von Kindern und Jugendlichen in wichtige Ereignisse und Entscheidungsprozesse für das gemeinsame Zusammenleben. Der Begriff der **E-Partizipation** bezeichnet die Beteiligung bzw. Teilhabe von Dritten mithilfe digitaler Kommunikationsmittel. So kann Jugendlichen ein grundlegendes Gespür und Verständnis für Demokratie und gemeinschaftliches Miteinander vermittelt werden.

Gezielt eingesetzte Medien bieten eine **orts- und zeitunabhängige Möglichkeit**, um eigene Beiträge zu bestimmten Prozessen zu leisten. Einige Kommunen, Jugendzentren und auch Schulen nutzen soziale Medien, um die Jugendlichen zu beteiligen. Dabei ist es nicht nur die Geschwindigkeit der Rückmeldung, die E-Partizipation interessant macht, sondern vor allem auch die Option, öffentlich zu etwas **Stellung zu beziehen**. Die Jugendlichen müssen sich hierfür mit einem Thema beschäftigen, sich damit auseinandersetzen, ihre Position erarbeiten, diese formulieren und vertreten. Das alles sind kommunikative Fähigkeiten und Prozesse, die einen **mündigen Menschen** ausmachen.

Beispielhafte E-Partizipationsprojekte und -anlaufstellen:

- Der Verein »Politik zum Anfassen e. V.« konzipierte zum Beispiel das Planspiel **»Pimp your Town«**, das hannoverische Schüler in die Rolle von Ratsmitgliedern schlüpfen lässt.
- Beim Projekt **Laut! Nürnberg** erhalten Jugendliche ebenfalls die Möglichkeit, sich online politisch zu beteiligen. Es wird seit Jahren erfolgreich umgesetzt und um neue Module erweitert.
- Eine Plattform, die Hilfe für die Praxis digitaler Jugendbeteiligung bietet, ist die Seite **www.jugend.beteiligen.jetzt.** Hier werden Onlinetools und Offlineprozesse vorgestellt, Qualifizierungen angeboten und gelungene Jugendbeteiligungsprojekte vorgestellt.

Soziale Medien haben das Potenzial, die Entwicklung von Jugendlichen auf diesem Gebiet positiv zu beeinflussen. Junge Menschen erhalten die Möglichkeit, ihre Meinung öffentlich zu sagen und sich politisch zu engagieren, und dies kann heute leichter umgesetzt werden als je zuvor. Die heutige Jugend ist **nicht per se politikverdrossen** und desinteressiert, sie möchte nur ernst genommen werden.

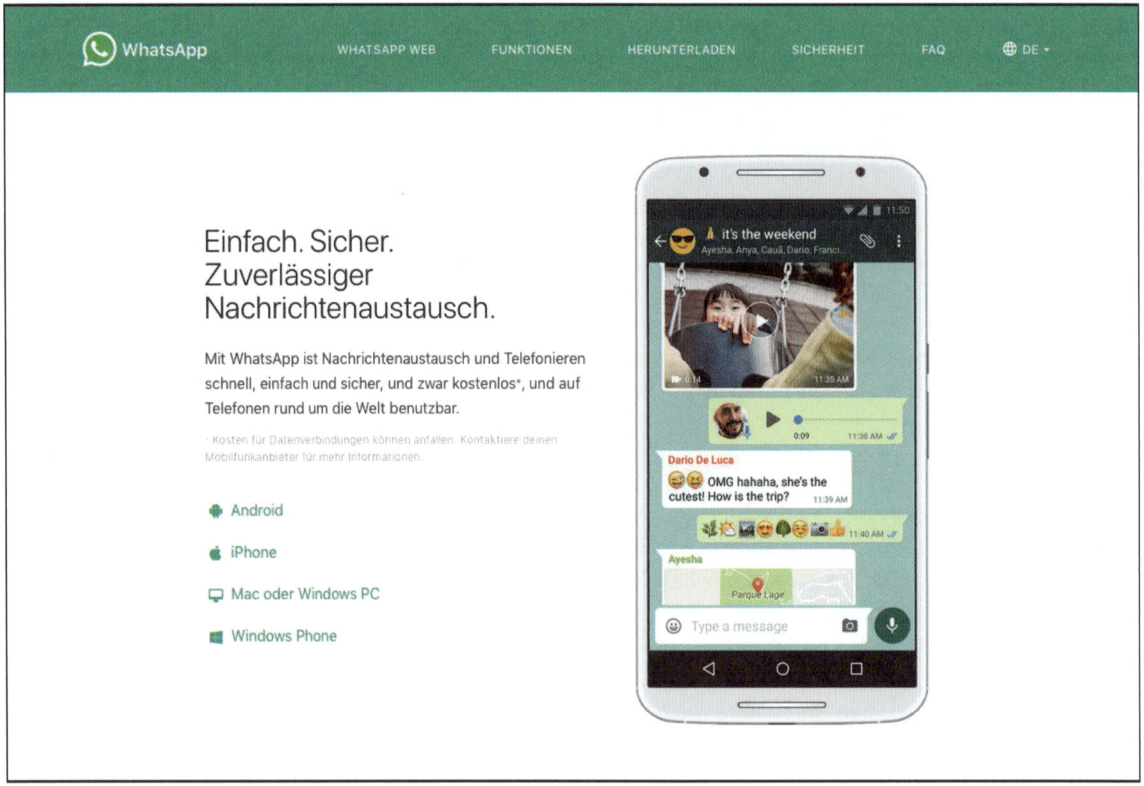
WhatsApp
WHATSAPP WEB
FUNKTIONEN
HERUNTERLADEN
SICHERHEIT
FAQ
DE
Einfach. Sicher. Zuverlässiger Nachrichtenaustausch.
Mit WhatsApp ist Nachrichtenaustausch und Telefonieren schnell, einfach und sicher, und zwar kostenlos*, und auf Telefonen rund um die Welt benutzbar.
* Kosten für Datenverbindungen können anfallen. Kontaktiere deinen Mobilfunkanbieter für mehr Informationen.
Android
iPhone
Mac oder Windows PC
Windows Phone
it's the weekend
Dario De Luca
OMG hahaha, she's the cutest! How is the trip?
Ayesha
Parque Lage
Type a message

KAPITEL 5 | WhatsApp – mobiler Wegbegleiter

Eines der populärsten und auch umstrittensten Angebote im mobilen Zeitalter ist seit vielen Jahren **WhatsApp** mit derzeit über **1,5 Milliarden Nutzern weltweit (Stand Januar 2018)**. Dieser Messenger dient der Kommunikation mit einem oder mehreren Gesprächspartnern und funktioniert ähnlich wie herkömmliche Kommunikationsmedien, z. B. E-Mails oder SMS. Für eine komfortablere Bedienung stehen zudem kostenlose Desktopprogramme sowie eine Browserapplikation zur Verfügung, die es ermöglichen, den mit dem Smartphone verbundenen WhatsApp-Account an einem Computer mit richtiger Tastatur zu benutzen.

Die Beliebtheit von WhatsApp hat im Sprachgebrauch bereits dazu geführt, dass bei vielen Menschen das »Whatsappen« als Synonym für die mobile Kommunikation verwendet wird, ähnlich wie schon länger das neu geschaffene Verb »googeln« für die Recherche im Internet steht.

Im Jahr 2014 erkannte **Facebook**-Gründer Marc Zuckerberg den Wert des 2009 gegründeten Diensts und kaufte ihn für eine Rekordsumme von umgerechnet 14 Milliarden Euro, was vor allem von Datenschützern mit einer großen Skepsis betrachtet wurde – gehören doch seitdem zwei der größten Angebote, in denen personenbezogene Daten gesammelt und ausgewertet werden, nun einer Firma, die davon lebt, diese zu monetisieren (mehr dazu in Kapitel 10 unter **Big Data**).

Nutzen Kinder und Jugendliche WhatsApp, stellt uns das exemplarisch vor neue **Herausforderungen**, da die elterliche Begleitung an einem mobilen Gerät wesentlich komplizierter ist als an einem PC und der Grat zwischen lebensweltbezogener Kommunikation und persönlichem Datenschutz sehr schmal.

Für uns als Eltern gilt es also, neue, für beide Seiten akzeptable Strategien zu finden, um eine Balance zwischen der elterlichen Fürsorge sowie der jugendlichen und informationellen Selbstbestimmung zu schaffen, wofür wir auf den folgenden Seiten eine Grundlage schaffen wollen.

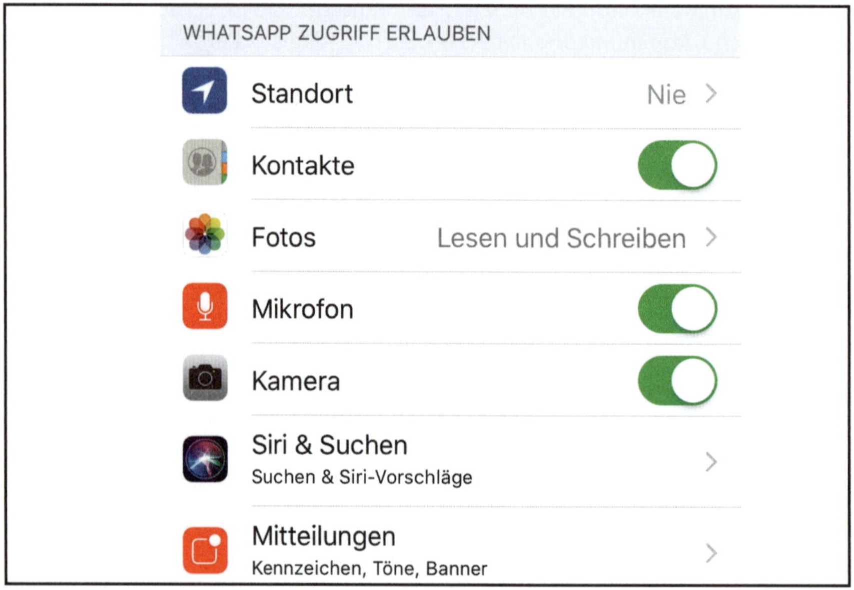

In den Einstellungen von Android und iOS können Zugriffsrechte auch deaktiviert werden.

Privatsphäre und Zugriffsrechte

Kritik an **WhatsApp** bezieht sich häufig auf die Zugriffsrechte, die zur Nutzung des Diensts eingefordert werden. Dazu müssen wir Folgendes wissen:

- WhatsApp fordert direkt nach der Installation und der Verknüpfung des Diensts mit der Telefonnummer **umfassende Zugriffsrechte** auf das **Adressbuch** des Smartphones ein und überträgt in regelmäßigen Abständen sämtliche Kontakte auf die firmeneigenen Server in den USA. Dort wird anhand der gespeicherten Rufnummern überprüft, welche Freunde ebenfalls WhatsApp nutzen. Diese werden dann in der App angezeigt, und wir können eine Unterhaltung mit ihnen starten.
- Ebenso erfordert die WhatsApp-Nutzung auch Zugriff auf das **Mikrofon** für Sprachnachrichten, auf die **Kamera** für Videochats, auf das **GPS-Modul** für das Versenden von Orten und Treffpunkten sowie auf den **Speicher**, um empfangene Medien ablegen zu können.

Zwar haben wir unter iOS und Android in den Einstellungen die Möglichkeit, diese Zugriffe einzuschränken, allerdings mit der Folge, dass WhatsApp dann nur sehr eingeschränkt nutzbar ist. Generell sind Zugriffsrechte also Erfordernisse für bestimmte Funktionen. Wir genießen einen bestimmten Komfort, der WhatsApp zum beliebtesten Messenger weltweit macht, gewähren aber einem Dienst, der durch den Verkauf von personenbezogenen Daten Geld verdient, fast uneingeschränkten Zugriff auf unser Smartphone. Zwar sind sämtliche Unterhaltungen mit einer zuverlässigen **Verschlüsselung** inhaltlich geschützt, dennoch fallen bei jedem Chat **Metadaten** (siehe Kapitel 10) an, die sehr viel über uns und unser kommunikatives Verhalten aussagen: Wer kommuniziert wo und wann mit wem, und zwar wie lange, wie oft, mit welchem Gerät, wie viele Daten werden übertragen, usw.

Diese Daten – in Verbindung mit allen anderen Daten, die mit unserer Rufnummer oder unserem Namen verknüpft werden – sind für die **Werbeindustrie** bares Geld wert. Darüber hinaus nehmen wir mit der regelmäßigen und automatisierten Übertragung unseres Adressbuchs all unseren Kontakten die Möglichkeit, einer Weitergabe der eigenen Rufnummer zu widersprechen.

WhatsApp kann (fast) alles: Chat, Audio, Video, Foto, Gruppen ...

Kommunizieren im Chat, in Gruppen, als Broadcast

Die Kommunikation via WhatsApp ist derzeit auf vier **verschiedenen Wegen** möglich: als Chat, als Gruppenchat, als (Video-)Anruf und über Broadcast-Listen:

- **Chat** steht für die **interpersonelle Kommunikation** unter vier Augen. Ich schreibe einer Person, sie antwortet mir, so geht das hin und her, und da es in Echtzeit funktioniert und auch optisch an die klassische Chatform erinnert, trägt diese Form des Austauschs auch bei WhatsApp den Namen »Chat«. Anders als in einem traditionellen Chat ist es hier zudem möglich, neben Textnachrichten auch Fotos, Videos und Tonaufnahmen zu verschicken.
- Ein **Gruppenchat** ist demzufolge der Austausch unter **mehreren Personen**, vergleichbar mit einer E-Mail-Verteilerliste. Allen Gruppenmitgliedern ist bekannt, wer sich noch in der Gruppe befindet, die Rufnummern sind öffentlich einsehbar, und alle Mitglieder können Nachrichten an alle anderen verschicken. So kann ich beispielsweise in der Gruppe »Klasse 5b« allen Klassenkameraden die Hausaufgaben oder ein witziges Foto schicken, muss mich aber damit abfinden, dass alle meine Nummer kennen. Möchte ich die Gruppe verlassen, kann ich das über die Gruppeneinstellungen tun, muss aber damit rechnen, dass ich von anderen wieder ungefragt hinzugefügt werden kann.
- Mithilfe der Voice-over-IP-Technologie ist es auch möglich, über WhatsApp **Audio- und Videotelefonate** zu führen. Hierfür fallen keine Gebühren an, lediglich eine Internetverbindung wird benötigt.
- Die **Broadcast-Funktion** steht für einen **One-to-many**-Kommunikationsweg, also eine (multimediale) Nachricht, die von einem Sender an mehrere Empfänger verschickt wird. Im Gegensatz zur Gruppe erkennen die Empfänger jedoch nicht, dass die Nachricht über eine Broadcast-Liste verschickt wurde, da sie bei ihnen **im normalen Chatfenster** angezeigt wird, auch ist die Antwort des Empfängers lediglich für den Absender sichtbar. Die Empfänger einer Broadcast-Liste sind nur dem Sender bekannt, der auf diesem Weg beispielsweise Urlaubsgrüße an diverse Bekannte verschicken kann, ohne allen einzeln schreiben zu müssen.

Die WhatsApp-Nutzer werden immer jünger, aber wo ist die Grenze?

WhatsApp für Kinder? Teil 1

Laut den allgemeinen Geschäftsbedingungen von WhatsApp ist ein Mindestalter von 16 Jahren für die Nutzung erforderlich – oder eben das Einverständnis der Eltern, was bedeutet, dass auch **Kinder im Grundschulalter** WhatsApp nutzen dürfen, sofern ihre Eltern damit einverstanden sind.

Vielleicht haben Sie es im Laufe des Buchs schon gemerkt: Wir sind eindeutig keine Freunde pauschaler **Altersgrenzen**, da diese von den Anbietern in der Regel nicht in Hinblick auf die persönliche Reife oder die emotionale Stabilität des Kindes, sondern aufgrund aktueller Datenschutzbestimmungen erstellt werden. So resultierte beispielsweise die Anhebung des Mindestalters Ende April 2018 von 13 auf 16 Jahre aus den Vorgaben der in Kraft tretenden europäischen Datenschutzgrundverordnung (DSGVO). Wir wollen Ihnen daher keine Empfehlung aussprechen, sondern Hinweise dazu geben, womit Sie sich mit Ihrem Kind unserer Erfahrung nach auseinandersetzen müssen:

Kettenbriefe wie »Sende den Brief an 20 deiner Freunde, und du wirst ein glückliches Leben haben« klingen erst einmal harmlos, es gab sie auch in unserer Kindheit. Im Zeitalter von Smartphones und WhatsApp haben wir es vor allem mit digitalen Kettenbriefen zu tun, z. B. Audiodateien, die mit einer verfremdeten und gruseligen Stimme Horrorszenarien ankündigen, sofern diese Datei nicht weitergesendet wird. Es gibt zahlreiche aktuelle Kettenbriefe, und in den meisten wird sehr lebhaft und glaubwürdig erzählt, wie ein Geist oder ein Toter zurückkehren wird, um die Familie des WhatsApp-Nutzers auf grausamste Weise zu verstümmeln und zu töten. An dieser Stelle sind die Fantasie und das Vorstellungsvermögen von Kindern nicht zu unterschätzen, kombiniert mit einer kindlichen Urangst – dem Verlust geliebter Elternteile. Die Autoren mussten feststellen, dass es bei ihren Projekten mit zehn- bis elfjährigen Kindern keine WhatsApp-Nutzer gab, die noch nicht mit einem Kettenbrief in Kontakt gekommen sind.

Wie Sie Ihr Kind darauf am besten vorbereiten können, erfahren Sie in Kapitel 9 unter »Aktive Medienarbeit als Prävention«.

Nicht zu unterschätzen: digitaler Stress durch Gruppen

WhatsApp für Kinder? Teil 2

WhatsApp bietet als Transportmedium die Möglichkeit, Inhalte per Video, Foto oder Audiodatei zu versenden – so natürlich auch **Inhalte, die nicht für Kinder geeignet sind**. Haben wir beim Surfen im Internet durch unser umsichtiges und kompetentes Handeln noch halbwegs die Kontrolle über die angezeigten Bilder, Videos und Texte, sind wir bei WhatsApp völlig hilflos, da wir keinen Einfluss darauf haben, was andere Menschen versenden.

Die Sache mit den Gruppen

Im Durchschnitt gibt es spätestens ab der fünften Klasse mehrere **Klassengruppen**, diverse **Vereinsgruppen** und zahlreiche Gruppen durch die **Freundeskreise**. Je nachdem, wie die Einstellungen gewählt wurden, kann jedes Mitglied neue hinzufügen, auch welche, die vielleicht älter sind, die sich nicht in der Klasse befinden oder auch gar nicht hinzugefügt werden wollen. Sehr oft kommt es dann vor, dass zum Zweck der Provokation, der Selbstdarstellung, als Form eines besonderen Humors oder auch als Mutprobe **pornografische oder gewaltverherrlichende Bilder** und Videos von Kindern in Gruppen gepostet werden – genau so, wie damals in unserer Jugend provokative und »unerlaubte« Zeitschriften auf dem Schulhof die Runde machten. Jedoch haben die Kinder heute im Gegensatz zu damals nicht die Möglichkeit, Inhalte zu verpassen oder sich zu entscheiden, sich diese nicht anzusehen, da bei WhatsApp die Medien direkt abgespielt und auf dem Gerät abgespeichert werden.

Über **digitalen Stress** haben wir bereits in Kapitel 3 geschrieben, sehr deutlich wird er jedoch bei Kindern, die WhatsApp in zahlreichen Gruppen nutzen und bei denen jede noch so scheinbar belanglose Nachricht eine Benachrichtigung verursacht. Vielleicht kennen Sie das ja selbst von Ihren eigenen WhatsApp-Gruppen: Wie oft haben Sie sich schon gewünscht, dass einige Mitglieder der Gruppe »Eltern Klasse 5c« bei schulischen Themen bleiben und nicht vom letzten Wochenende Fotos versenden, die Sie persönlich überhaupt nicht interessieren? In der Praxis hat sich bei den Fünftklässlern jedenfalls gezeigt, dass 200 bis 300 Nachrichten am Tag erst einmal nach einer Menge klingen, aber durchaus keine Seltenheit darstellen.

Gibt es Alternativen zu WhatsApp?

Ist WhatsApp alternativlos?

Eine der im medienpädagogischen Bereich am häufigsten geführten Diskussionen ist die Frage nach **Alternativen** zu **WhatsApp**, eine Frage, die nicht so ohne Weiteres beantwortet werden kann, zumal WhatsApp im Bereich der Messenger eindeutig der beliebteste und bekannteste ist. Und was bringt uns ein unumstritten sicherer und guter Messenger, den niemand sonst nutzt und bei dem keiner da ist, mit dem ich mich unterhalten kann? Immerhin hat WhatsApp in den letzten Jahren äußerst positiv an sich gearbeitet: Es wurde eine sehr zuverlässige **Verschlüsselung** eingebaut, was bedeutet, dass lediglich Absender und Empfänger die Inhalte sehen können, nicht aber die Serverbetreiber. Auch werden die Nachrichten auf den WhatsApp-Servern direkt gelöscht, nachdem sie zugestellt wurden, oder spätestens nach 30 Tagen.

Als Kritik bleibt:

- dass für die Nutzung von WhatsApp zwingend eine Telefonnummer registriert werden muss,
- dass unser Adressbuch ungefragt auf amerikanische Server übertragen wird, ohne dass Nutzer hier eine Widerrufsmöglichkeit haben, und
- dass – je nachdem, wie viele Gruppen genutzt werden – wir und unsere Kinder einem enormen Stress und eventuell ungeeigneten Inhalten ungefiltert ausgesetzt sind.

Das sind Kritikpunkte, die uns bei vielen Diensten begegnen, denn letztendlich haben wir kaum Einfluss darauf, wer uns etwas schickt.

Tipp

Großen Einfluss haben wir darauf, wie unsere Kinder ihre **ersten Schritte** in der digitalen Kommunikation erleben. Schaffen wir durch alternative Apps wie bei **Threema, Signal** oder **Wire** einen geschützten Raum mit einer sehr großen **Privatsphäre**, oder wollen wir den Kindern direkt das große Paket WhatsApp zumuten? Es gibt Dienste, die eine besondere persönliche Reife und eine emotionale Stabilität erfordern, und WhatsApp gehört definitiv dazu – vor allem in Bezug auf die ungefilterten Inhalte, die viel zu hohe Nachrichtenfrequenz und die kaum vorhandenen Möglichkeiten der elterlichen Begleitung.

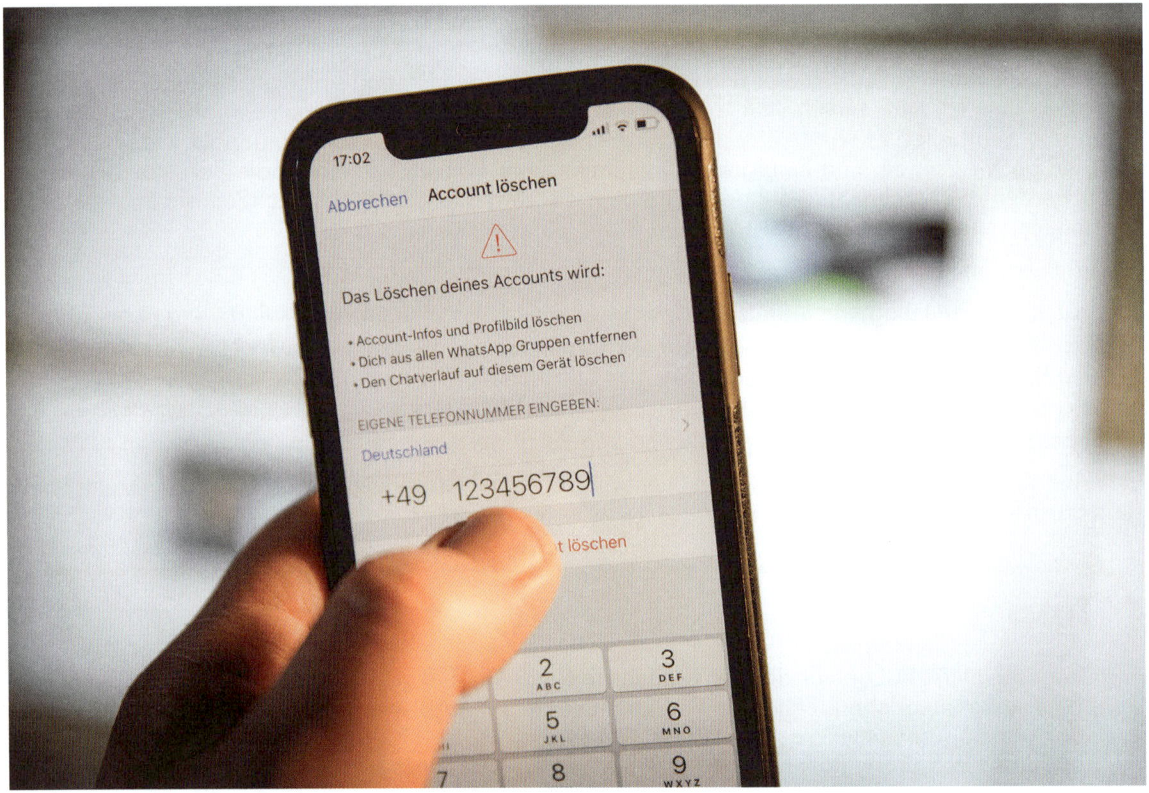

Um WhatsApp zu löschen, muss das Konto gelöscht werden.

Löschen des WhatsApp-Accounts

Wenn Sie nun feststellen, dass WhatsApp doch nicht das ideale Medium für Ihr Kind ist oder dass Sie mit neuen Entwicklungen dieses Diensts nicht einverstanden sind, wie kann man dann den Account wieder löschen?

Es reicht nicht, die App einfach zu **deinstallieren**, denn dann bleibt das **Nutzerkonto erhalten**. Jedoch ist das Löschen eines WhatsApp-Kontos relativ unkompliziert:

- An **Android-Geräten** öffnet man innerhalb der App das Menü, wählt dann **Einstellungen** → **Account** und klickt dort auf **Meinen Account löschen**. Anschließend muss man seine Nummer eingeben, und zwar im internationalen Format, also z. B. +49 176 1234567.
- Am **iPhone** geht man in der App über die **WhatsApp Einstellungen** zu **Account** und wählt dort **Meinen Account löschen**. Anschließend wird man ebenfalls noch zur Eingabe der Nummer aufgefordert.
- In **Windows Phones** öffnet man ebenfalls das App-Menü, klickt auf die **Einstellungen**, dann auf **Account** und schließlich auf **Account löschen**. Dann müssen Sie die Handynummer eingeben und bestätigen.

Wenn diese Schritte durchlaufen sind, kann die App deinstalliert werden, der gelöschte Account wird dann nicht mehr in den Adressbüchern der Kontakte angezeigt.

Eine Frage, die unbeantwortet bleibt, ist, ob WhatsApp auch alle Userdaten von seinen Servern löscht oder ob diese archiviert bleiben. Man muss wohl von Letzterem ausgehen.

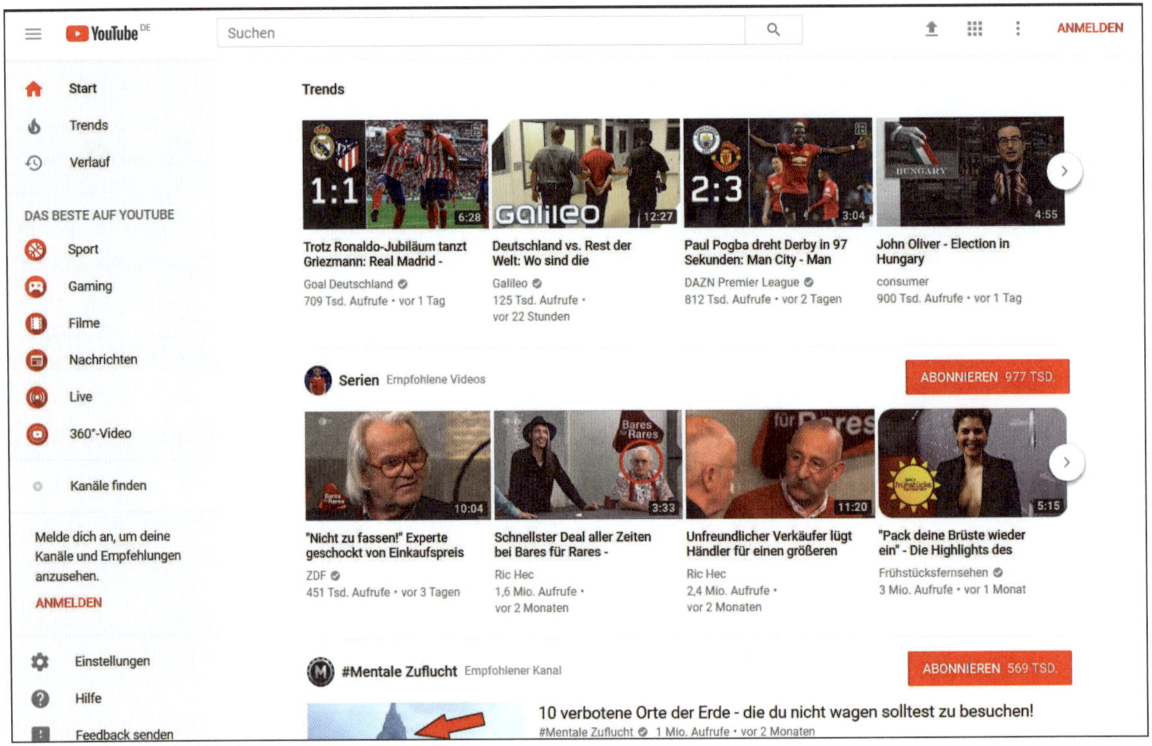

Das große Jugendthema: YouTube

KAPITEL 6 |
YouTube – das neue Leitmedium der Jugend

Das Videoportal **YouTube** ist seit Jahren eine der größten und etabliertesten Anlaufstellen des Internets. Was vielen Erwachsenen jedoch nicht bewusst ist, ist die Rolle, die YouTube unter Jugendlichen spielt. Hier lassen sich **jugendkulturelle Phänomene** beobachten, die außerhalb der aktiven Zielgruppe nur in geringem Maße wahrgenommen werden, die jedoch enormen Einfluss auf die Kinder und Jugendlichen haben. Man kann wohl ohne Übertreibung von der Rolle YouTubes als »neuem **Leitmedium**« für Jugendliche sprechen.

Kleiner Test: Kennen Sie DieLochis? LeFloid, iBlali oder Gronkh? Fragen Sie mal Ihre Kinder, die kennen sie bestimmt, denn es sind ein paar der erfolgreichsten YouTuber aus Deutschland. **DieLochis** sind zwei Brüder, die in erster Linie mit Persiflagen auf aktuelle popkulturelle Phänomene (Songs, Filme, Produkte) von sich reden macht, die aber mittlerweile auch eigene Songs produziert und damit bereits die deutschen Charts gestürmt haben. **Gronkh** hingegen produziert **Let's Play-Videos**, das heißt, er spielt ein neues Game und kommentiert es live. Diese Videos dauern rund eine Stunde, sodass man einen guten Einblick in das Spiel (und in die fachkundige Bewertung von Gronkh) erhält. Diese beiden Kanäle haben rund 3 bzw. 5 Millionen Abonnenten (Stand: Februar 2018), ihre erfolgreichsten Videos erzielen **mehrere Millionen Aufrufe.** Im TV wären sie mit diesen Quoten Superstars, im Web sind sie es auch, nur werden sie vom erwachsenen Teil Deutschlands nicht so wahrgenommen.

Daneben gibt es diverse weitere **YouTube-Topstars**, die Comedy präsentieren (z. B. DieAussenseiter, freshhaltefolie), Schmink- und Schönheitstipps geben (daaruum, Herr Tutorial) oder auch News und Infos (MrWissen2Go, MrTrashpack) vermitteln. Über diese Stars spricht man auf dem Pausenhof, und sie sind Vorbild für Tausende **Jung-YouTuber**, die mit ähnlichen Konzepten eigene Clips produzieren und veröffentlichen.

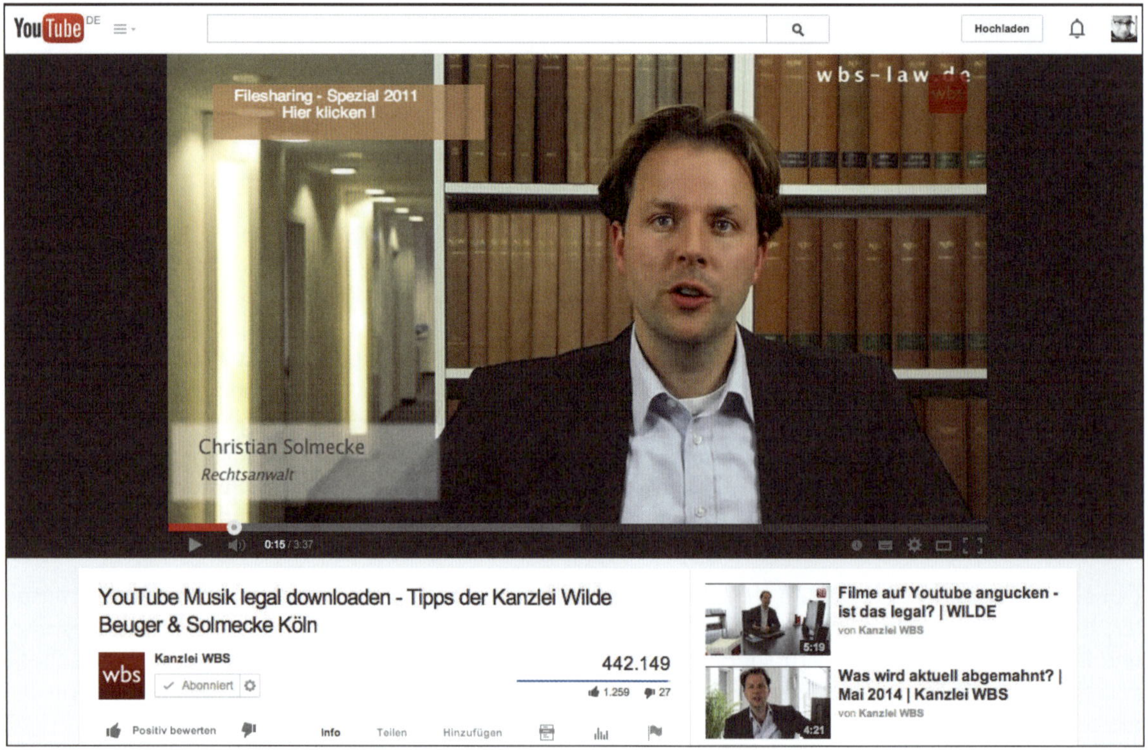

YouTube – die bessere Suchmaschine?

Suchen und informieren

Auf einem **Elternabend** fragte einmal ein interessierter Vater, ob es erlaubt sei, von einem YouTube-Video die Tonspur zu speichern und auf eine CD zu brennen. Auf diese Frage käme er, weil es bei **YouTube** sehr viele hochwertige Musikvideos gäbe – und warum einen Song **kaufen**, wenn man ihn einfach **herunterladen** kann?

Um das Thema anschaulich zu behandeln, wurde der Vater nach vorne gebeten und sollte seine Frage einmal in eine **Suchmaschine** seiner Wahl und einmal in YouTube eingeben. Die Textsuche ergab viele Gesetzestexte und Auslegungen, die allein durch ihren Umfang und die Formulierung abschreckten. Über YouTube kamen wir direkt zu einer Medienrechtskanzlei, die genau diese Frage in einem 3,37-minütigen Video beantwortete (siehe *http://youtu.be/Ucj18naVmqQ*). Zu diesen dreieinhalb Minuten kam noch ein Zeitaufwand von etwa zwei bis drei Minuten, um die **Seriosität** der Quelle zu überprüfen, denn letztendlich geht es ja nicht darum, zu wissen, wo etwas steht, sondern vielmehr um die Bewertung der gefundenen Informationen. (Mehr zum Thema »Herunterladen« finden Sie weiter unten in diesem Kapitel.)

Durch YouTube war es also möglich, mit einem sehr **geringen Zeitaufwand** eine fundierte Antwort auf eine komplexe Frage zu bekommen. Und das ist genau das, was YouTube ausmacht: **In kurzen, verständlichen und prägnanten Videos können Informationen wesentlich schneller transportiert werden als über Texte oder Bilder.** Daher ist YouTube weit mehr als nur eine Videoplattform, es ist vielmehr eine wunderbare Möglichkeit, Informationen zu finden und zu teilen.

Machen Sie einmal den Test. Suchen Sie etwas über YouTube und fragen Sie sich, wie zufrieden Sie mit den Ergebnissen waren, ob Ihre Frage beantwortet wurde und wie lange Sie über Google, Bing oder andere Suchmethoden gebraucht hätten, um diese Informationen zu bekommen.

Unter dem Dach von Google finden sich viele Dienste.

Mit und ohne Benutzerkonto

Anders als andere soziale Netzwerke können Sie **YouTube** auch **ohne Benutzerkonto** nutzen. Suchen und sich informieren, wie wir es bereits beschrieben haben, funktioniert ebenfalls **anonym** und ohne Anmeldung, denn sämtliche Videos stehen Ihnen dort kostenlos auch so zur Verfügung. Sie können ohne Probleme nach Videos suchen, diese ansehen und Links per E-Mail an Freunde weiterschicken

Das volle Potenzial von YouTube werden Sie jedoch erst entdecken, wenn Sie sich **anmelden**. Verfügen Sie bereits aufgrund Ihres Android-Smartphones oder Ihrer @gmail.com-E-Mail-Adresse über ein **Google-Konto**, haben Sie schon Ihre Anmeldedaten parat, denn seit 2006 gehört die Videoplattform zum Suchmaschinengiganten. Ansonsten können Sie direkt über den **Anmelden**-Button auf der YouTube-Seite einen solchen kostenlosen Google-Account einrichten.

Beachten Sie hierbei, dass Ihr **Google-Account** gleichzeitig die Basis für Ihr **Google+**-Profil bildet, Googles Social-Network-Pendant zu Facebook. Auch wenn man so gut wie nichts mehr von Google+ mitbekommt, existiert es noch. Die Tatsache, dass Google+ nach Facebook als zweitgrößtes soziales Netzwerk gilt, ist wohl den zahlreichen YouTube-Nutzern und Android-Besitzern geschuldet.

Achten Sie darauf, welche Daten bei der Anmeldung Pflicht und welche optional sind. Wünschen Sie keine Google+-Mitgliedschaft, müssen Sie das direkt nach der Anmeldung in den **Einstellungen** unter **Google+ deaktivieren** oder manuell unter *http://plus.google.com/downgrade* angeben.

Tipp

Grundsätzlich empfehlen wir Kindern und Jugendlichen – egal welche sozialen Netzwerke sie nutzen –, keine personenbezogenen Angaben zu machen. Das bedeutet, dass weder der Benutzername noch die E-Mail-Adresse oder der Rest des Profils Rückschlüsse auf ihre Identität zulassen sollte.

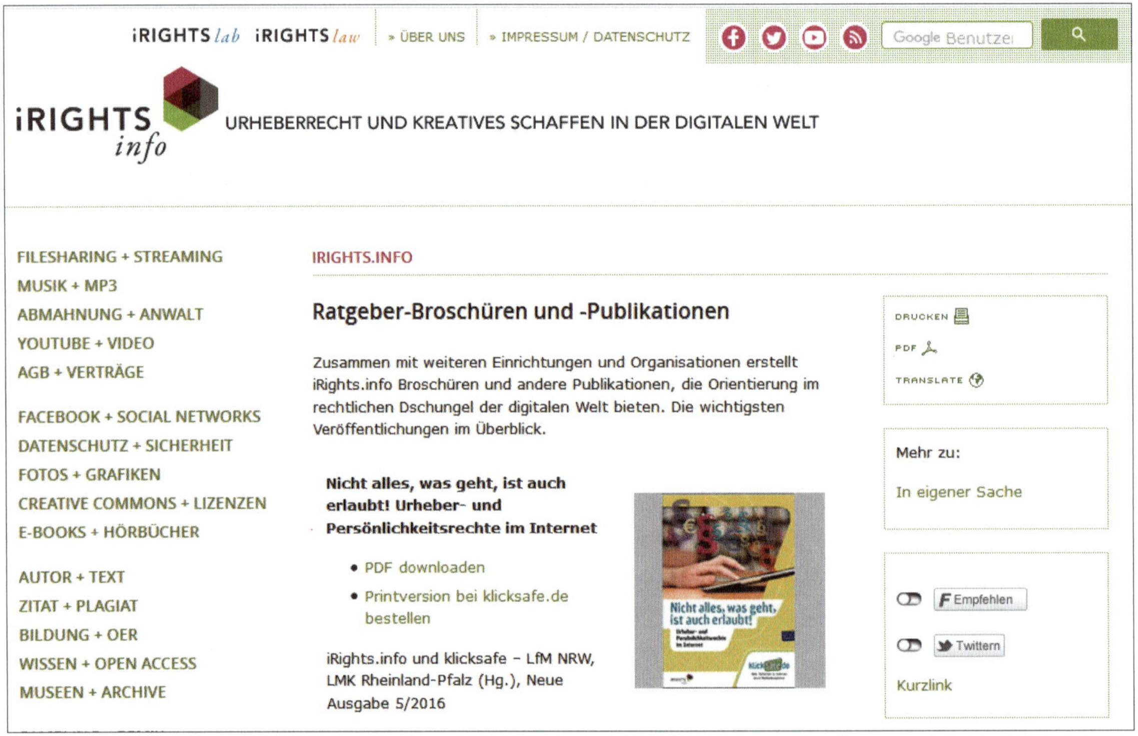

Kostenloses Infomaterial zum Thema Recht und YouTube finden Sie unter *www.irights.info*.

Videos von YouTube downloaden

YouTube ist in erster Linie ein **Videostreaming-Portal**, doch es wird häufig auch als **Download-Quelle** für Musik und Filme genutzt. Die Gründe dafür liegen auf der Hand: Hier finden sich fast alle (älteren und aktuellen) **Hits und Clips**, sie lassen sich **unkompliziert herunterladen** (es gibt dafür diverse Programme, Apps und Onlinetools), und der Download ist – im Gegensatz zu offensichtlich illegalen **Filesharing**-Diensten wie BitTorrent oder eMule – nicht verboten. Oder doch? Darf man hier wirklich hemmungslos downloaden?

Die Gesetzeslage ist komplex, es fehlen eindeutige Urteile, dennoch lässt sich derzeit (im Januar 2018) der Stand der Dinge folgendermaßen zusammenfassen:

- Downloads von offensichtlich rechtswidrigen Quellen sind **nicht zulässig**. Darunter fallen beispielsweise die bereits erwähnten Filesharing-Dienste wie BitTorrent und eMule.
- Die bei YouTube auffindbaren Videos wurden zum Teil von den Künstlern oder deren Verlagen selbst eingestellt, die Quelle ist also nicht per se rechtswidrig. Daher kann ein Download für die rein private Nutzung, eine sogenannte **Privatkopie**, erlaubt sein, eine weitere Veröffentlichung hingegen nicht.
- Die Privatkopie darf ich jedoch nur von Videos erstellen, die von einer legalen Quelle stammen. Dazu sucht man am besten den **offiziellen YouTube-Kanal** eines Künstlers oder einer Plattenfirma auf.
- Apps, die auf YouTube zugreifen, aber nicht verraten, woher genau sie die Musik beziehen, sollten **nicht verwendet** werden, da damit möglicherweise illegale Quellen anzapft werden.
- Ganz anders ist die Lage, wenn ich ein YouTube-Benutzerkonto besitze: Damit hat man den Nutzungsbedingungen zugestimmt, die vorschreiben, dass Inhalte nicht heruntergeladen werden dürfen!

Ausführliche Informationen finden Sie auf der Website *www.irights.info*, die Fragen zum **Urheberrecht in der digitalen Welt** fachkundig und verständlich beschreibt. Hier steht auch eine tolle Broschüre zum kostenlosen Download bereit, die den Titel trägt: »Nicht alles, was geht, ist auch erlaubt!«

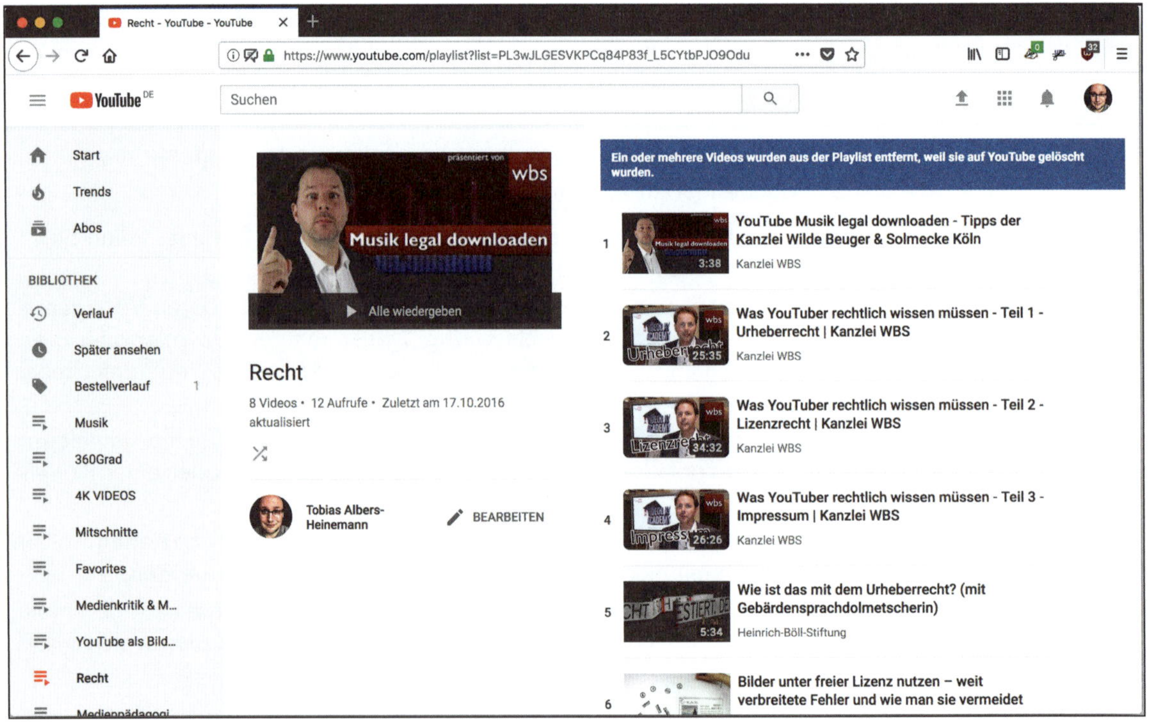

Nach der Anmeldung können Sie Videos abonnieren und in Playlisten verwalten.

Kanäle, Abos und Playlisten

Laut der aktuellen **YouTube-Statistik** werden pro Minute **400 Stunden** Videomaterial hochgeladen. YouTube gibt es in 88 Ländern und 76 Sprachen, und täglich wird eine Wiedergabezeit von einer Milliarde Stunden verzeichnet. Bei der Menge an Videos ist es schwierig, den Überblick zu behalten.

Aus diesem Grund gibt es einige Funktionen, die Ihnen nach einer Anmeldung zur Verfügung stehen. Gehören Sie zu den Produzierenden unter den YouTube-Nutzern, müssen Sie, bevor Sie ein Video veröffentlichen, einen **Kanal** eröffnen. So einen Kanal können Sie ruhig mit einem Fernsehkanal vergleichen, auf dem allerdings nur Sie senden können. Dieser ist kostenlos und unter einer festen **URL** erreichbar. Sie können mehrere Kanäle verwalten, und ein Kanal kann auch von mehreren Personen betrieben werden. Interessiert uns ein Kanal, können wir diesen **abonnieren.** Klicken Sie links oben neben dem YouTube-Logo auf die drei Striche, öffnet sich ein Navigationsbereich, in dem unter **Meine Abos** Ihre **Abonnements** und die Anzahl der neuen Beiträge angezeigt werden.

Eine weitere Möglichkeit, Ordnung in die Welt der Videos zu bringen, ist die Nutzung von **Playlisten**. Unter jedem Video finden Sie die Buttons **Info**, **Teilen** und **Hinzufügen**. Klicken Sie auf **Hinzufügen**, erscheinen Ihre bereits erstellten Playlisten, und das Video wird dort einsortiert. Sie können natürlich jederzeit eine neue Liste einrichten und dieser das Video zuordnen. Diese Playlisten werden in dem linken Navigationsbereich direkt unter Ihren Abos angezeigt. Hier können Sie sie verwalten und in den Einstellungen festlegen, ob eine Playliste für alle Menschen öffentlich sein oder ob sie privat bleiben soll.

Tipp

Kleiner Tipp: Kennen Sie den YouTube-Familienabend? Erstellen Sie mit Ihren Kindern eine gemeinsame Playliste, jeder darf seine Lieblingsvideos hinzufügen. So bekommen Sie einen Einblick in die Welt Ihrer Kinder und können ihnen auch Ihre Lebenswelt zugänglich machen.

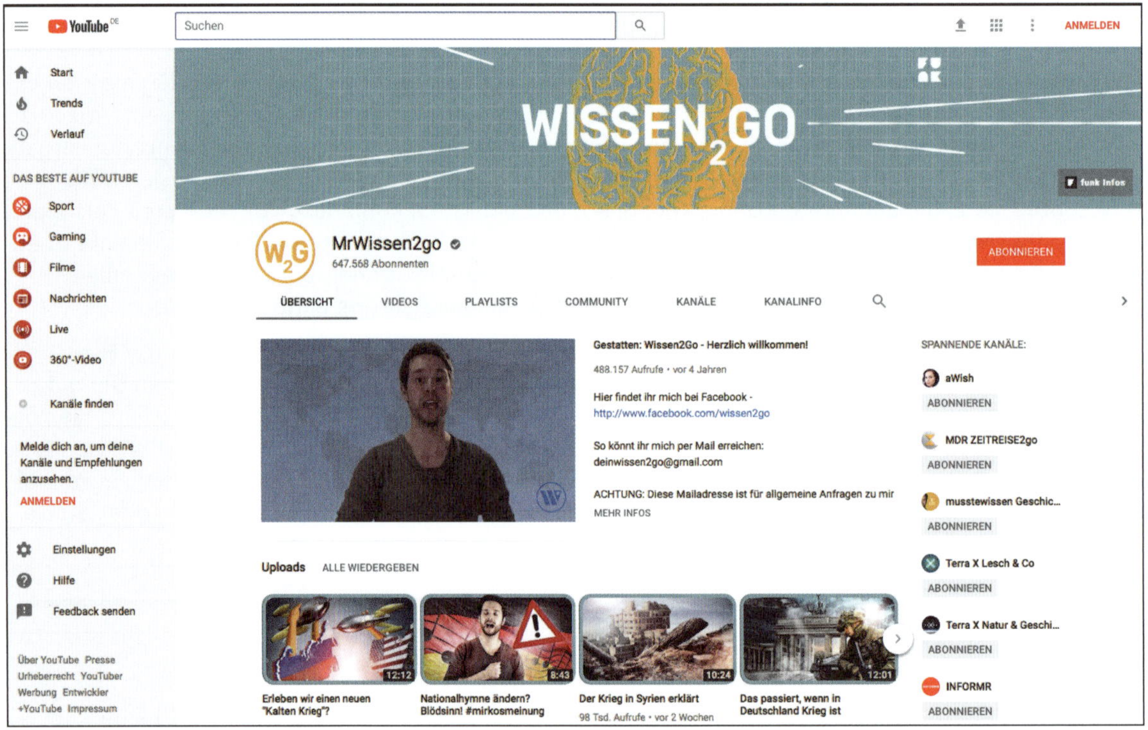

Auch Bildung kann unterhaltsam sein … siehe MrWissen2Go.

Nutzungsmotive: Bildung, Erfahrung, Selbstdarstellung

Für Jugendliche ist **YouTube** nicht nur deshalb so reizvoll, weil es so komfortabel und umfangreich ist, sondern auch, weil es verschiedene **Bedürfnisse** der Persönlichkeitsentwicklung Jugendlicher bedient. Dabei ist das Verlangen nach **Unterhaltung** das offensichtlichste Nutzungsmotiv der Videoplattform, denn egal ob Musik, Comedy, Filmtrailer oder Filmausschnitte, es gibt hier ein unerschöpfliches Unterhaltungsangebot.

Doch YouTube wird durchaus auch als Quelle für **bildungsrelevante Inhalte** genutzt: So gibt es unzählige Anleitungen, **Erklärvideos** und **Tutorials** zu unterschiedlichsten Themen. Ob man Tipps zur Fahrradreparatur benötigt, Gitarre lernen möchte oder mathematische Logarithmen nicht kapiert hat, bei YouTube findet sich garantiert eine Anleitung. Beeindruckendstes Beispiel ist die **Khan Academy**, deren Grundstein gelegt wurde, als der Nachhilfelehrer Salman Khan seine Erklärungen als YouTube-Videos einstellte. So entstand eine nicht kommerzielle Bildungswebsite, die heute mehr als 4.000 Lehrvideos bereitstellt, zum Teil auch in deutscher Sprache, und die durch Spenden finanziert wird.

Daneben ist YouTube auch ein wichtiger **Erfahrungsraum** für Jugendliche: Zum einen können sie sich hier über verschiedenste Themen, die für sie relevant sind, informieren und aktuelle Entwicklungen aus Bereichen wie Musik, Sport, Mode, Games und vielen anderen verfolgen. Zum zweiten, und das ist noch bedeutender, können sie sich über all das **austauschen**: Als registrierter Nutzer kann man nicht nur Videos mit »Daumen hoch« oder »Daumen runter« bewerten, sondern auch in den Kommentarspalten diskutieren oder Videoantworten posten, um in einen Austausch mit dem Videoersteller und anderen Usern einzutreten.

Nicht zuletzt dient YouTube natürlich auch der **Selbstdarstellung**: Es ist eine klassische Web-2.0-Plattform, die dazu einlädt, eigene Videos hochzuladen. Auch wenn die erfolgreichen Videos heute von professionellen YouTubern stammen, so gibt es immer noch zahlreiche unbekannte Jugendliche, die eigene Clips produzieren und dort einstellen.

Bejubelt wie ein Popstar: der 17-jährige YouTuber Kirkity aus Bad Kreuznach

YouTube-Star werden

Ist es also ein erfolgversprechendes **Berufsziel, YouTuber zu werden**? Schließlich ist es kinderleicht, eigene Videos hochzuladen, und offensichtlich kann man damit zig Millionen Aufrufe (und entsprechend hohe Werbeeinnahmen) erzielen.

Leider ist es in der **Realität** natürlich nicht ganz so einfach: Die Nachwuchs-YouTuber, die ich kenne, freuen sich schon, wenn sie 10 Abonnenten und 100 Videoaufrufe verbuchen können, und für einen durchschnittlichen YouTube-Clip sind das auch durchaus realistische Zahlen – bei der Masse an verfügbaren Videos ist es schwer, herauszustechen und Leute außerhalb seines Bekanntenkreises als Zuschauer oder Abonnenten zu gewinnen. (Dies gilt übrigens auch für unsere medienpädagogischen Videos.)

Im Prinzip ist die Frage **»Wie werde ich ein Star?«** von jeher so zu beantworten: Es gibt eben einige wenige, die durch eine Kombination aus Talent, Glück und richtigem Riecher **berühmt** werden. Während man früher einen guten Agenten benötigte, der Filmauftritte oder einen Plattenvertrag an Land zog, so benötigt man heute eine der zahlreichen **Agenturen**, die sich um die Vermarktung von YouTube-Clips kümmern. Die erfolgreichste Agentur in Deutschland ist derzeit **Mediakraft Networks**, die mit dem gänzlich unbescheidenen Slogan werben, der »größte Online-TV-Sender in Mitteleuropa« zu sein. Falsch ist das vermutlich nicht, schließlich gehören rund 500 YouTube-Kanäle zu diesem Netzwerk, das dafür sorgt, dass die beteiligten Kanäle besser promotet werden und mehr Klicks erzielen.

Um als noch unbekannter YouTuber erfolgreich zu werden, kann man sich natürlich bei Mediakraft oder anderen Agenturen bewerben – ob man allerdings unter deren Fittiche genommen wird, ist genauso fraglich, wie es vor 30 Jahren für eine Schülerband fraglich war, einen Plattenvertrag zu bekommen.

Reich werden durch YouTube – ein Kinderspiel?

Geld verdienen mit YouTube

Wie lässt sich eigentlich auf einem kostenlosen Videoportal Geld verdienen? Und wie bekommt man gleich so viel Geld zusammen, dass man davon leben kann? Des Rätsels Lösung ist natürlich die **Werbung**, die nach wie vor die bedeutendste Einnahmequelle des Internets ist. Allerdings ist es nicht ganz einfach, auf diesem Weg zu Geld zu kommen.

Prinzipiell kann sich jeder YouTube-Kanal dem sogenannten **Partnerprogramm** von YouTube anschließen. Das bedeutet, dass YouTube den Videos Werbeclips voranstellt oder Links in die Videos einblendet. Die Klickzahlen auf diese Clips und Links werden dann ausgewertet, und wenn der Grenzwert von 70 Euro Werbeeinnahmen überschritten ist, bekommt man das Geld auf sein Konto überwiesen. Doch wie viel Geld man pro Klick verdient und wie rasch diese 70-Euro-Hürde überschritten ist, lässt sich schwer sagen, hier sind verschiedene Aspekte zu beachten.

Prinzipiell verdient man wie gesagt Geld durch **Werbevideos** am Anfang eines Clips oder durch eingeblendete **Links**. Dann kommt es jedoch darauf an, ob ein Link oder ein Werbevideo auch angeklickt oder nur angesehen wird. So errechnet sich irgendwann der Verdienst, allerdings muss das Geld noch in relativ kurzer Zeit zusammenkommen, sonst zahlt YouTube nichts aus.

Das **Geschäft ist also undurchsichtig**, zumal YouTube keine Zahlen veröffentlicht – und die Partner keine Summen veröffentlichen dürfen.

Eines der wenigen bekannten Beispiele ist der Clip zu **Gangnam Style**: Daran wurden insgesamt 8 Millionen Dollar verdient, also rund 6 Millionen Euro, die sich YouTube und der Künstler Psy teilten (in welchem Verhältnis, ist nicht bekannt). Allerdings konnte der Clip auch 1,2 Milliarden Aufrufe verzeichnen! Rechnet man das herunter, gab es pro Klick einen **halben Cent**. Nehmen wir an, der Künstler bekommt davon die Hälfte, benötigt man 28.000 Klicks, um auf 70 Euro zu kommen. Um wirklich Geld zu verdienen, bräuchte man somit Millionen Klicks im Monat – ein relativ schwieriges Unterfangen!

YouTube ist mehr als nur eine Videoplattform.

YouTube als Social Network

Die große Mehrheit der YouTube-User verfolgt jedoch sowieso nicht das Ziel, mit eigenen Videos bekannt zu werden, die wenigsten laden überhaupt eigene Videos hoch. Dennoch haben viele Jugendliche ein Konto bei YouTube, und somit gilt dieses **Videoportal** durchaus auch als **eines der größten sozialen Netzwerke**.

Wie wir bereits beschrieben haben, können Sie mit einem eigenen **Account** andere Kanäle abonnieren, **Playlisten** mit Lieblingsvideos anlegen und Videos kommentieren. Sie können zudem Ihren **Verlauf** nachverfolgen, also die bislang angesehenen Videos, und Sie können über die Option **später ansehen** interessante Videos **vormerken**, für die Sie derzeit keine Zeit haben.

Zudem gibt es im Register **Kanalinfo** die Option **Nachricht senden**, über die Sie dem Kanalbetreiber eine private, **nicht öffentliche Nachricht** schicken können. Somit gibt es neben den öffentlichen Austauschmöglichkeiten auch einen geschlossenen Bereich, über den man Kontakt aufnehmen kann. Diese Möglichkeit gibt es nicht nur bei aktiven Kanälen, sondern auch bei Usern, die keine eigenen Videos hochgeladen haben. Es bestehen also diverse Möglichkeiten, mit anderen YouTube-Usern zu kommunizieren.

Insgesamt betrachtet, hat YouTube sicherlich nicht das gleiche **Networking-Potenzial** wie beispielsweise Facebook, aber das muss es auch nicht, denn in erster Linie ist und bleibt YouTube ein Videoportal. Dennoch ist es interessant, zu sehen, wie viele weitere Funktionen dieses Portal seinen Nutzern bietet – und somit wird es auch verständlich, wieso dieses Angebot so rege genutzt wird.

Die quietschbunte Welt von YouTube-Kids (Screenshots aus der Android-App)

YouTube Kids: Video-App für Kleine

Für **Jugendliche** ist YouTube schon lange wichtig, aber auch für **Kinder** gewinnt es zunehmend an Bedeutung. Unter Eltern hat sich längst herumgesprochen, dass sich hier zahlreiche kindgerechte Inhalte finden, und auch Kinder haben mittlerweile kapiert, dass dieses Portal eine faszinierende Fundgrube darstellt. Es war nur eine Frage der Zeit, bis YouTube darauf mit einem neuen Angebot reagiert: **YouTube Kids** wurde 2015 in den USA als kostenlose App für Android und iOS veröffentlicht, im September 2017 wurde die App auch für den deutschsprachigen Markt veröffentlicht. Was bietet YouTube Kids?

- Eine **reduzierte Auswahl** an Videos: Es sind nur kindgerechte Inhalte zu finden (bzw. solche, die von YouTube als »kindgerecht« zugelassen werden).
- Umfangreiche **Einstellungsmöglichkeiten**: Beispielsweise ist auswählbar, ob die Startinhalte für Kinder im Vorschul- oder Schulalter (oder für beide) angezeigt werden sollen, eine feinere Justierung ist jedoch nicht möglich. Die Suchfunktion ist zudem komplett deaktivierbar.
- Einen passwortgeschützten **Timer**: Eltern können ihn nutzen, um die Webvideozeit zu begrenzen.
- Ein **kindgerechtes Design**: Die App bietet derzeit auf dem quietschbunten Startbildschirm vier Kategorien: **Spielen**, **Musik**, **Lernen** und **Erkunden**.

Das sollten Sie aber wissen: Die App ist **werbefinanziert**, zudem sind in manchen Videos Produktplatzierungen zu sehen. Die Einstellungen können **keinen 100%igen Schutz** bieten, mit unangemessenen Inhalten ist zu rechnen. Diese lassen sich sperren und melden, doch dann haben die Kinder sie womöglich schon gesehen.

Tipp

Lassen Sie Ihre Kinder nicht allein im Angebot der App stöbern, sondern werfen Sie einen kritischen Blick über die Schulter. Für ältere Kinder ist dieses Angebot sowieso nicht attraktiv, sie werden lieber das »richtige« YouTube nutzen wollen.

Mit einem Smartphone können wir uns (oben) in 360-Grad-Videos umsehen, ein Klick auf das Brillensymbol im roten Kreis aktiviert die Ansicht für eine Cardboard- oder VR-Brille (unten).

360-Grad-Videos und Virtual Reality

Seit wenigen Jahren gibt es zu den herkömmlichen Videos auf YouTube eine sehr innovative Weiterentwicklung: die Darstellung von **360-Grad-Videos**.

Hierbei handelt es sich um Videos, die mithilfe eines Kugelpanoramas für den Zuschauer den Eindruck erwecken, sich mitten im Film und nicht nur vor dem Monitor zu befinden. Dieses sphärische **Panoramabild** gibt sämtliche Blickwinkel wieder und ist vom Kamerastandpunkt aus einsehbar. Das bedeutet konkret, dass sich der Betrachter beim Ansehen eines solchen Videos durch die Bewegung der Maus am PC oder durch die Bewegungssensoren eines Smartphones im Bild umsehen kann und einen räumlichen 360-Grad-Einblick erhält. Auf diese Weise sind wir nicht mehr auf den vom Kameramann gewählten Bildausschnitt festgelegt, sondern können aus der Perspektive der Kamera das gesamte Geschehen überblicken.

Diese noch recht neue Technologie, die vor allem im Bereich der **virtuellen Realität** (VR, Virtual Reality) verwendet wird, ermöglicht es zum Beispiel, mithilfe einer **VR-Brille** für Smartphones unabhängig von Zeit und Raum an Konzerten, Vorträgen oder Expeditionen teilzunehmen. So können wir mit dieser Technologie sehr eindrucksvoll die zerstörten Straßen von Allepo erfahren, Haie hautnah im Ozean erleben oder mit Robbie Williams oder den Fantastischen Vier gemeinsam auf einer Bühne stehen. Neben den zahlreichen 360-Grad-Videos von YouTube-Nutzern gibt es hier auch einen offiziellen VR-Kanal von Google.

Für unseren Konsumentenalltag steht diese Technologie noch ganz am Anfang, jedoch ist es absehbar, dass einerseits die Anwendungsmöglichkeiten der VR bei Spielkonsolen stetig zunehmen und dass es auf der anderen Seite immer mehr Zubehör für Smartphones und bezahlbare 360-Grad-Kameras gibt.

Wir dürfen jedenfalls voller Spannung auf ein relativ neues Unterhaltungs- und Bildungsfeld blicken und können uns bereits jetzt mit dem Thema beschäftigen.

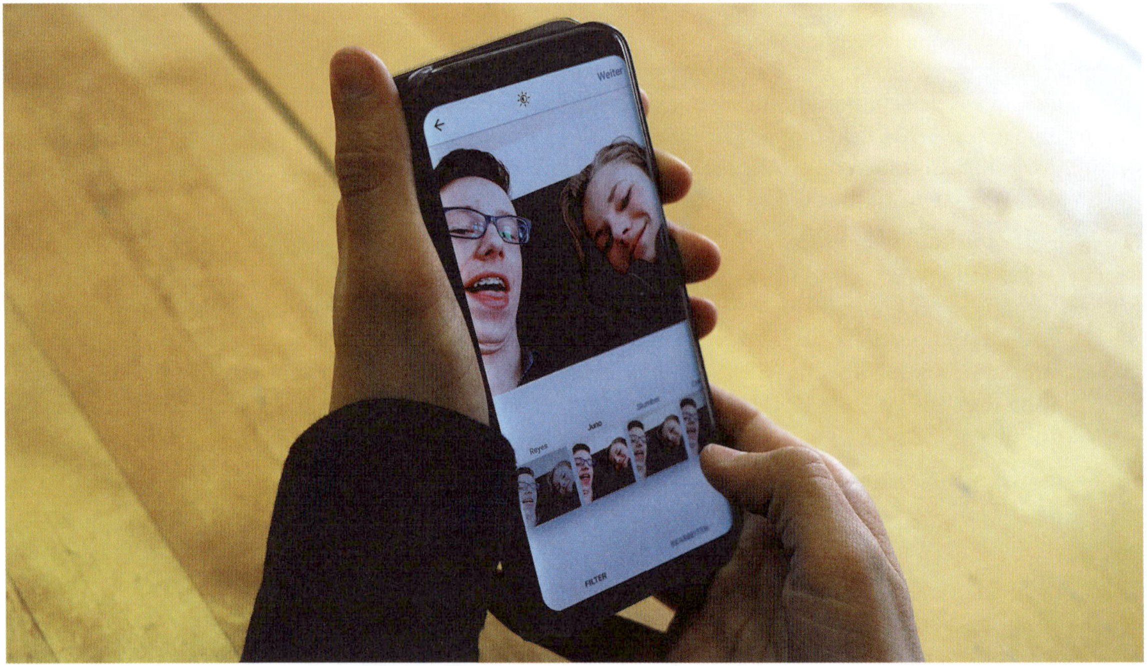

Foto knipsen, mit Filter versehen und dann posten – so funktioniert heute die digitale Selbstdarstellung.

KAPITEL 7 |

Instagram, Snapchat, musical.ly & Co.

Die beiden derzeit beliebtesten Onlineangebote haben wir uns nun ausführlich angesehen, doch wie Sie vermutlich bei Ihren eigenen Kindern festgestellt haben, ist das Mediennutzungsverhalten der jungen Generation überaus facettenreich. Wir stellen Ihnen daher einige weitere Tools vor:

- **Instagram** ist eine Onlinecommunity, die ähnlich wie Facebook, jedoch überwiegend visuell funktioniert: Hier können keine Textnachrichten oder Links gepostet werden, sondern ausschließlich eigene Fotos oder Videos. Die Inhalte können nur via Handy oder Tablet (nicht vom PC) veröffentlicht werden.
- **Snapchat** ist ebenfalls ein rein mobiles Angebot, dessen Inhalte (im Gegensatz zu Instagram) nicht im WWW abrufbar sind. Snapchat wurde für flüchtige Informationen konzipiert: Alle Veröffentlichungen sind nach spätestens 24 Stunden wieder verschwunden.
- **musical.ly** ist eine Plattform für eigene kleine Musikvideos: Mit dieser App können die User zu ihren Lieblingssongs tanzen und diese »Playback-Show« mit Videoeffekten verfeinern. Der fertige Clip kann dann gelikt und kommentiert werden. Auch musical.ly ist ausschließlich als App verfügbar.
- **Facebook** und **Twitter** sind zu den »großen alten Damen« des Social Web geworden: Sie waren einst wegweisend und sind für Erwachsene noch immer bedeutend (wenngleich Facebook deutlich größer ist), werden aber von der jungen Generation kaum genutzt. Wir werfen einen kurzen Blick auf beide Angebote.
- **ask.fm** und **tellonym** sind anonyme Fragecommunitys, die eher ein Nischendasein fristen und doch bedeutend sind.
- Das **Streaming** von Musik, Filmen und Serien hat in den letzten Jahren enorm an Bedeutung gewonnen, Anbieter wie **Spotify, Netflix und Amazon Prime** erleben einen wahren Boom. Daneben sind auch illegale Dienste wie **kinox.to, Kinokiste & Co**. nach wie vor sehr verbreitet und eine Betrachtung wert.

Dieses Kapitel erhebt **keinen Anspruch auf Vollständigkeit**, denn dies wäre angesichts der **Fülle an Angeboten** vermessen. Aber wir möchten Ihnen zumindest ein paar Einblicke liefern.

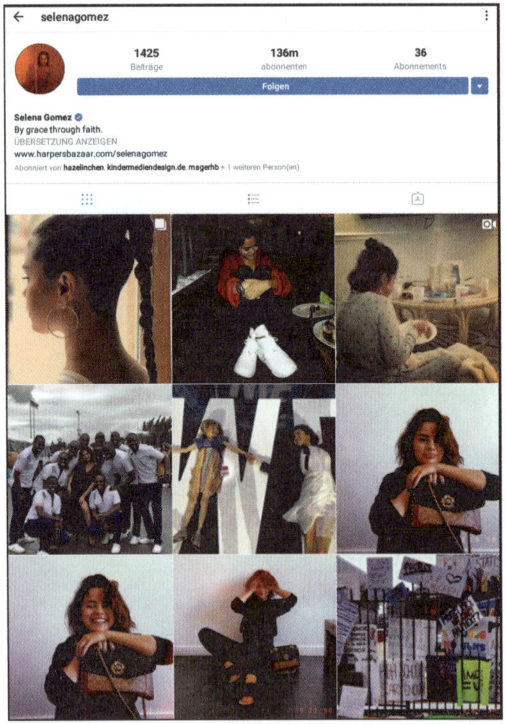

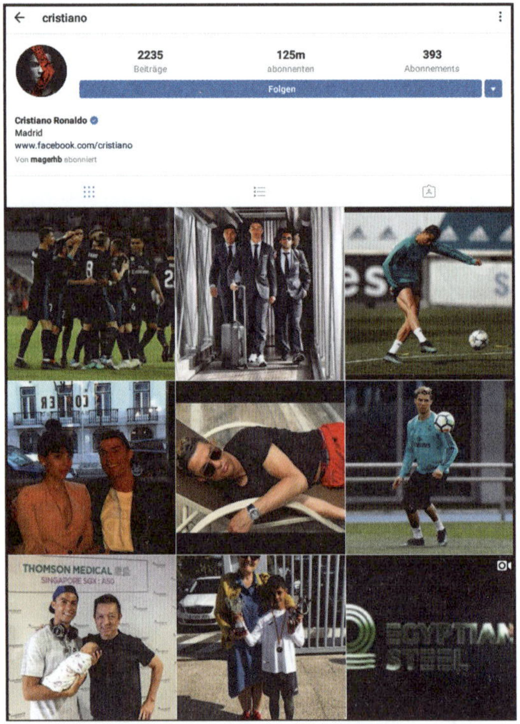

Selena Gomez und Christiano Ronaldo zählen zu den erfolgreichsten Stars auf Instagram.

Instagram: von der Foto-App zur Onlinecommunity

Der Großteil aller **Handyfotos** sieht aus, wie ein Handyfoto nun mal aussieht: Es ist eher ein Schnappschuss, oft verwackelt oder unscharf, und somit in seiner Ästhetik weit entfernt von der Qualität eines (digitalen oder analogen) Spiegelreflexerzeugnisses. Erst als **Smartphones** und dazugehörige Apps den Markt eroberten, erlebten Handyfotos eine Aufwertung und wurden zunehmend als kreative Ausdrucksform verwendet.

Die Anfänge von Instagram

Instagram wurde 2010 in San Francisco entwickelt und zeichnete sich ursprünglich durch zwei witzige Ideen aus: Fotos konnten damit nur quadratisch aufgenommen werden (ähnlich wie das früher bei **Polaroids** der Fall war). Mit vorgefertigten **Filtereffekten** wurde den Handybildern ein ansprechender Look zu verpasst, der meist in Retrooptik gehalten war. So erlangte Instagram schnell **Kultcharakter**.

Weiterentwicklung unter dem Dach von Facebook

Instagram war bald so erfolgreich, dass es Begehrlichkeiten weckte. Nur zwei Jahre nach seiner Gründung wurde der Dienst für die seinerzeit beachtliche Summe von einer Milliarde Dollar **von Facebook aufgekauft**. Von da an erlebte die App einen Wandel und wurde von einer reinen Foto-App zur **Onlinecommunity** umgebaut. Bald waren die Profile der Instagram-User auch im Internet zugänglich, die Möglichkeit des Likens und Kommentierens wurde bedeutender, das rein quadratische Fotoformat wurde aufgegeben, und neben Fotos konnten irgendwann auch **Videos** veröffentlicht werden.

Ein Markt für Influencer-Marketing

Heute verzeichnet Instagram mehr als **eine Milliarde aktive User** weltweit, die Werbemöglichkeiten sind ähnlich umfangreich wie bei Facebook. Zudem gibt es Social-Media-Stars mit mehreren Millionen Instagram-Abonnenten, die als **Influencer** für Werbung und Produktplatzierungen interessant sind.

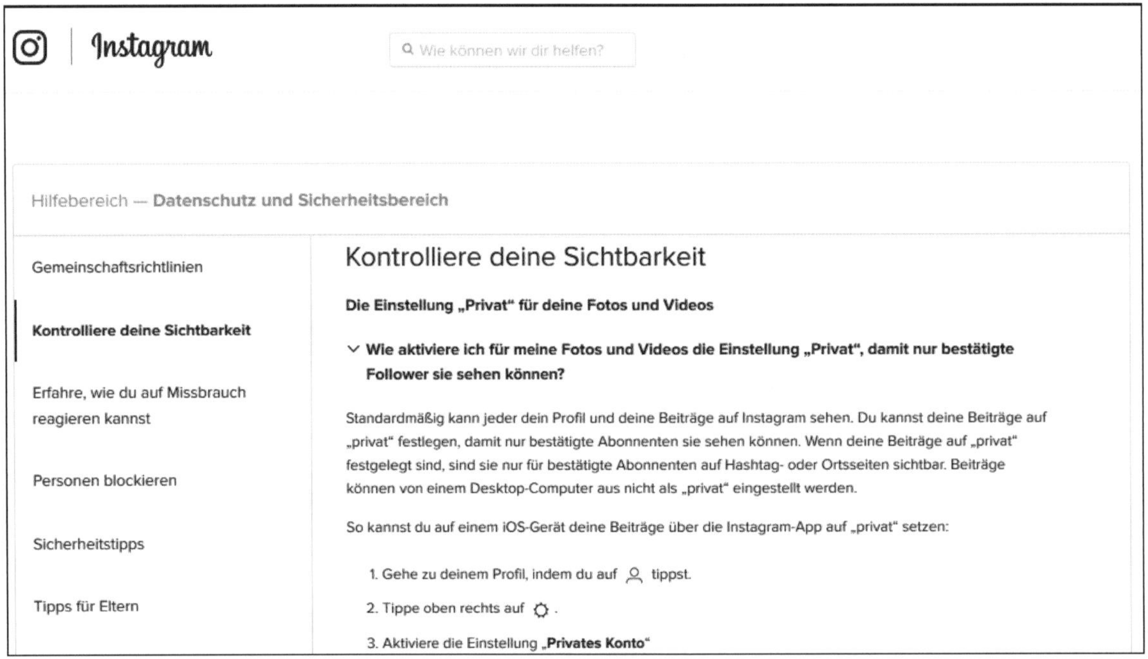

Anleitungen zu Einstellungen gibt es auf der Instagram-Hilfeseite (*help.instagram.com*) sowie bei Infoportalen wie klicksafe.

Instagram-Einstellungen und -Eigenschaften

Wer bei Instagram eigene Fotos und Videos einstellt, kann diese wahlweise nur für seine Freunde oder für die gesamte Onlinewelt **veröffentlichen**. Diese Einstellung ist für Kinder und Jugendliche von besonderer Bedeutung und muss bei Instagram innerhalb der App vorgenommen werden.

Damit die eigenen Inhalte nicht öffentlich angezeigt werden, kann man seinen Account in ein sogenanntes **Privates Konto** umwandeln:

- Diese **Einstellung** findet man in der App in der Ansicht des eigenen Profils.
- Oben rechts befinden sich drei Punkte, die zu den **Optionen** führen.
- Dort lässt sich die Privat-Einstellung **aktivieren**, indem der Schieberegler nach rechts veschoben und damit blau hinterlegt wird.
- Nun können nur noch diejenigen Personen die Inhalte sehen, die dem **eigenen Profil** »folgen«.

Ein **Abonnement** stellt sich je nach Einstellung unterschiedlich dar:

- Ein **öffentliches Instagram-Profil** kann von allen anderen Usern **abonniert** werden, indem diese auf **Folgen** klicken.
- Bei einem **privaten Konto** muss zum Folgen zunächst eine **Anfrage** gestellt und vom Kontoinhaber **bestätigt** werden, bevor die Inhalte zu sehen sind.

Zwei **weitere Funktionen** von Instagram:

- Als User kann ich auch **Stories** veröffentlichen, also eine Aneinanderreihung von Fotos und Videos, die ab Veröffentlichung für 24 Stunden zu sehen sind.
- Außerdem kann ich anderen Usern via **Instagram Direct** eine Direktnachricht senden, also Text, Fotos oder Videos, die von den anderen innerhalb der App abgerufen werden können.

Ein letzter Hinweis: Laut AGB ist Instagram erst **ab 13 Jahren** freigegeben (was sich durch die Datenschutzgrundverordnung DSGVO 2018 noch auf 16 Jahre erhöhen könnte), das heißt, für jüngere User ist das Einverständnis der Eltern nötig.

Bei Snapchat lösen sich die Inhalte wie von Geisterhand in Luft auf.

Snapchat – eine Reaktion auf Bilderflut und Sammelwut

Ein komplett neues Konzept im Umfeld der Social-Media-Angebote hat **Snapchat** entwickelt: Der Dienst kam 2011 mit der Idee auf den Markt, Inhalte **nicht langfristig zu speichern**, sie werden, anders als bei anderen Angeboten, nicht unbegrenzt zur Verfügung gestellt. Snapchat setzt auf die Flüchtigkeit des Augenblicks und löscht die versendeten und erhaltenen Inhalte sofort wieder.

Die Besonderheiten von Snapchat

Snapchat ist eine **Foto- und Video-App**: Die »Snaps«, also die Bild- und Videoaufnahmen, können mit Text, Emojis und Stiften verziert und dann an andere User verschickt werden. Das Besondere ist, dass sich vor dem Versenden einstellen lässt, wie lange die Datei beim Empfänger **angezeigt** werden soll. Die Zeitspanne reicht von 1 bis 10 Sekunden (später wurde die Option **unendlich** hinzugefügt). Der Empfänger kann die Aufnahme dann für die voreingestellte Zeit sehen, danach zerstört sich die Datei.

Eine weitere Möglichkeit ist das Veröffentlichen von **Stories**, also von aneinandergereihten Fotos und Videos, die nach der Veröffentlichung 24 Stunden lang abrufbar sind.

Original und Kopie

Snapchat boomte vor allem 2015/16 und galt eine Zeit lang als das vielversprechendste Tool im Social Web. Dieser Erfolg rief bald große **Investoren** auf den Plan, Gerüchten zufolge war unter anderem der Facebook-Konzern an einer Übernahme interessiert. Snapchat lehnte jedoch die Offerte ab, woraufhin die Snapchat-typischen Funktionen von den Facebook-Diensten schamlos **kopiert** wurden. Daher bieten heute auch Instagram, WhatsApp und Facebook ähnliche Funktionen wie Snapchat an.

Offensichtlich gibt es ein Bedürfnis nach **flüchtiger visueller Kommunikation**, die nicht gespeichert und archiviert wird. Es zählt nur der Augenblick, das Hier und Jetzt.

Wer bei Snapchat anderen Usern folgen will, kann auch einfach den »Snapcode« einscannen (links). Rechts sehen Sie die Einstellungsmöglichkeiten, z. B. die Sichtbarkeit des eigenen Standorts in der SnapMap.

Nutzungs- und Einstellungsmöglichkeiten von Snapchat

Snapchat könnte eine ideale Antwort auf die Datengier großer Konzerne und auf mögliche Vertrauensbrüche von Freunden sein, gäbe es nicht ein paar Haken an der Sache:

- Zunächst ist davon auszugehen, dass die verschickten Fotos zwar **von den Userhandys verschwinden**, aber auf dem **Snapchat-Server gespeichert bleiben**. Der Dienst nutzt das Internet (anstelle des Mobilfunknetzes), und der Anbieter sitzt in Los Angeles, was bedeutet, dass sämtliche Nachrichten über amerikanische Server laufen und dort möglicherweise archiviert werden. Zudem lässt sich das Verschwinden der empfangenen Nachrichten leicht **umgehen**, beispielsweise durch eine der zahllosen »Snapsave«-Apps, die mittlerweile kursieren und die die erhaltenen Fotos und Videos abspeichern.
- Wirklich **geheime** oder gar **intime Abbildungen** sollten über Snapchat keinesfalls verschickt werden, ebenso wenig wie über andere Chattools, da diese durchaus den Weg an die Öffentlichkeit finden können. Den Usern von Snapchat muss bewusst sein, dass der Dienst zwar keine Dateispeicherung vorsieht, dass es Usern jedoch auf Umwegen möglich ist, die Fotos und Videos abzugreifen.
- Unter den **Einstellungen** lassen sich einige Details regeln: Beispielsweise kann ich hier festlegen, wer meine Stories sehen darf, ob mein Standort angezeigt wird und wer mich kontaktieren darf (nur meine Freunde oder alle Snapchat-User). Diese Einstellungen sollten Eltern gegebenenfalls mit ihren Kindern prüfen.
- Eine relativ neue Variante von Snapchat ist die **SnapMap**: Hier lassen sich Stories auf einer **Landkarte verorten**, und je nach Einstellungsmöglichkeit können alle anderen User oder nur meine Freunde diese Stories sehen. Zudem ist die Karte online unter *map.snapchat.com* für die komplette Onlinewelt einsehbar. Ich kann dort also von allen Leuten geortet werden und kann auch **meine Freunde orten**, wenn diese ihren Standort für mich freigeben – ob das hilfreich oder nervig ist, sollte sich jeder selbst fragen.
- Auch Snapchat ist laut AGB erst **ab 13 Jahren** freigegeben. Für jüngere Kinder gab es eine reduzierte Version namens »SnapKidz«, die jedoch nicht mehr unterstützt wird.

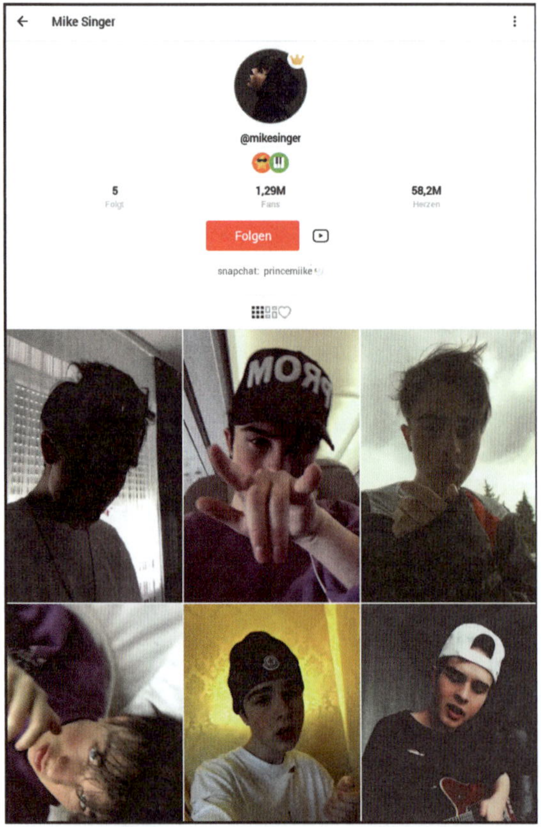

Die Zwillinge Lisa und Lena wurden durch musical.ly berühmt. Mike Singer startete seine Karriere bei Instagram, hat nun auch bei musical.ly Millionen Fans und belegte mit seinem Album Platz 1 der deutschen Charts!

musical.ly: Video Kills the TV-Stars

Wir haben in diesem Buch bereits darauf hingewiesen, dass sich das bisherige Verständnis dessen, was einen »Star« ausmacht, grundlegend verändert hat und die **Sehgewohnheiten** der jungen Generation vom Fernsehen in den **Webvideobereich** wandern. Bei der App **musical.ly** bestätigt sich das noch mal deutlich.

Was ist neu an musical.ly?

Dieser Dienst ist eine Mischung aus **Selfie-Plattform, Musikvideoportal und Onlinecommunity.** Das Grundprinzip ist schnell erklärt: Ich kann zu meinem **Lieblingssong** performen oder einen eigenen Musikclip erstellen und diese für die Community (oder meine Freunde) **veröffentlichen**, wofür ich selbstverständlich Likes und nette Kommentare erwarte. Die Idee ist so einfach wie genial, und so ist es kein Wunder, dass dieser Dienst bei den Kids (überwiegend **weiblichen** Geschlechts) schnell zum Hit wurde. Musik verbindet von jeher, und die Möglichkeit, im Handumdrehen einen eigenen **Kurzclip mit einfallsreichen Effekten** zu produzieren, ist durchaus witzig und verlockend. Die Clips werden meist mit der **Selfie-Kamera** gedreht, sodass die User alleine oder in Gruppen vor der Kamera tanzen können. Gesungen wird dabei nicht, denn die Musik bleibt unverändert, bei musical.ly gibt es quasi eine Neuauflage der **Mini-Playback-Show**. Zudem werden keine kompletten Lieder, sondern nur kurze Sequenzen verwendet. Die Performance muss nicht perfekt, sondern **originell und kurzweilig** sein.

Muser & Stars

Die App musical.ly wurde **2014 veröffentlicht** und erreicht vier Jahre später **rund 200 Millionen »Muser«** (so werden die Nutzer hier bezeichnet). Rasch entstanden neue Stars wie die deutschen Zwillinge **Lisa und Lena**, die zunächst über musical.ly populär wurden und mittlerweile quer durchs Netz als **Influencer** tätig sind (unter anderem bei Instagram, wo sie rund 13 Millionen Abonnenten zählen). Unterdessen wurde die Firma musical.ly verkauft, das chinesische Medienunternehmen **Beijing Bytedance Technology** zahlte 2017 rund **eine Milliarde Dollar** dafür.

#laut #bunt #pop

Tipps zu musical.ly

Wir haben auch zur Nutzung von musical.ly einige Tipps für Sie zusammengestellt. Die Einstellungsmöglichkeiten sind in der App über ein Zahnradsymbol erreichbar und sollten (idealerweise zusammen mit Ihrem Kind) überprüft werden.

- **Bild- und Urheberrechte**: Auf dieses Thema gehen wir in Kapitel 10 noch ausführlich ein, aber es ist hier besonders wichtig. Zum einen muss das Recht am eigenen Bild für alle abgebildeten Personen beachtet werden (wie immer im Internet), zum anderen erlaubt das deutsche Urheberrecht **keine Veröffentlichung** von Musik ohne Einverständnis der Rechteinhaber. Deutsche User dürften musical.ly-Clips also eigentlich nicht veröffentlichen. Bislang gab es jedoch keine Klagen seitens der Musikindustrie.
- **Öffentliches Konto**: Standardmäßig ist jedes Konto öffentlich, das heißt, alle Muser können die Clips sehen. Dies ist nicht nur urheberrechtlich problematisch, sondern sollte auch aus Gründen der Privatsphäre geändert werden. Es gibt einen einfachen Schieberegler, mit dem sich der **private Modus** aktivieren lässt. In diesem Modus sind die Clips nur noch für bestätigte Freunde sichtbar.
- **Altersbeschränkung**: Wie in den meisten anderen Social-Media-Apps liegt die angegebene Altersgrenze auch hier bei 13 Jahren.
- **Fun Fact am Rande:** Die Datenschutz- und Urheberrechtsangaben sind innerhalb der App zwar in deutscher Sprache angekündigt, die Ausführungen liegen jedoch nur englischsprachig vor. Wozu auch übersetzen, da sie sowieso niemand liest …

Doch Sie sollten Ihrem Kind nicht den Spaß an der Freude verderben: Die musical.ly-Clips machen wirklich **Spaß**, und vielleicht dürfen Sie **selbst mitmachen** und zusammen mit Ihrer Tochter oder Ihrem Sohn tanzen? Testen Sie unbedingt auch die **Zeitraffer- und Zeitlupeneffekte** sowie ein paar **Farbfilter**! Der fertige Clip kann übrigens **privat gespeichert** werden und muss nicht zwangsläufig öffentlich (oder für Freunde) sichtbar sein – das wäre für Sie bzw. Ihr Kind vielleicht doch etwas peinlich.

OSNABRÜCKER ZEITUNG

Zeitung | Lokalteil wählen   Anmelden und Registrieren   Suche   Menü

SILVER SURFER STATT TEENAGER

14.02.2018, 17:06 Uhr

Facebook: Von hipper Plattform zum Seniorenheim

Von Waltraud Messmann und Sebastian Moll

Wer kein Facebook nutzt, ist out – diese Regel gilt schon lange nicht mehr. Immer mehr Teenager wenden sich vom sozialen Netzwerk ab. Foto: imago/photothek

Böse Zungen nennen Facebook schon das »Seniorenheim« des Social Web.

Facebook – das erwachsene Netzwerk

Facebook ist als gewisses Paradoxon zu betrachten: Einerseits ist es »**die Mutter der Social Networks**«, die nach wie vor unglaublich erfolgreich ist und im Jahr 2018 mehr als zwei Milliarden aktive monatliche User aus allen Kontinenten dieser Erde vereint. Andererseits ist das Netzwerk etwas **in die Jahre gekommen,** »erwachsen« geworden und für Jugendliche kaum mehr interessant.

Die Entwicklung von Facebook

Die Geschichte begann am **4. Februar 2004** in einem Studentenwohnheim der amerikanischen Eliteuniversität Harvard. Der damals 19-jährige Informatikstudent **Mark Zuckerberg** hatte im Oktober 2003 ein Portal namens »Facemash.com« eröffnet, das bald wieder eingestellt wurde, und startete nun zusammen mit drei Freunden das Portal **thefacebook.com**. Von Harvard aus eroberte das Angebot zunächst andere US-Universitäten und konnte zehn Monate nach dem Start bereits eine Million Studierende begrüßen. So wurden die virtuellen Tore bald auch für Nichtstudierende geöffnet, **seit 2008** ist Facebook auch in Deutschland und anderen Ländern verfügbar.

Facebook Inc. heute

Zuckerberg trieb den **Ausbau seines Unternehmens** geschickt voran und hält bis heute die Fäden fest in der Hand. Das Prinzip der **personalisierten Werbung** wurde von Facebook perfektioniert, damit erzielt der (an sich kostenlose) Dienst den Großteil seiner Einnahmen, zugleich ist das immer wieder Anlass zur Kritik, wie sich im Frühjahr 2018 am Beispiel des Skandals um die Datenanalysefirma **Cambridge Analytica** zeigte. Da sich junge User lieber anderen Diensten zuwendeten, kaufte Facebook zahlreiche Konkurrenten auf: So wurde im Herbst 2012 **Instagram** geschluckt, im Februar 2014 folgte **WhatsApp**. Bei Facebook selbst sind überwiegend Erwachsene aktiv, größte Zuwachsraten erzielt der Dienst bei den sogenannten **Silver Surfern**, also Usern im Seniorenalter, die Facebook neu für sich entdecken.

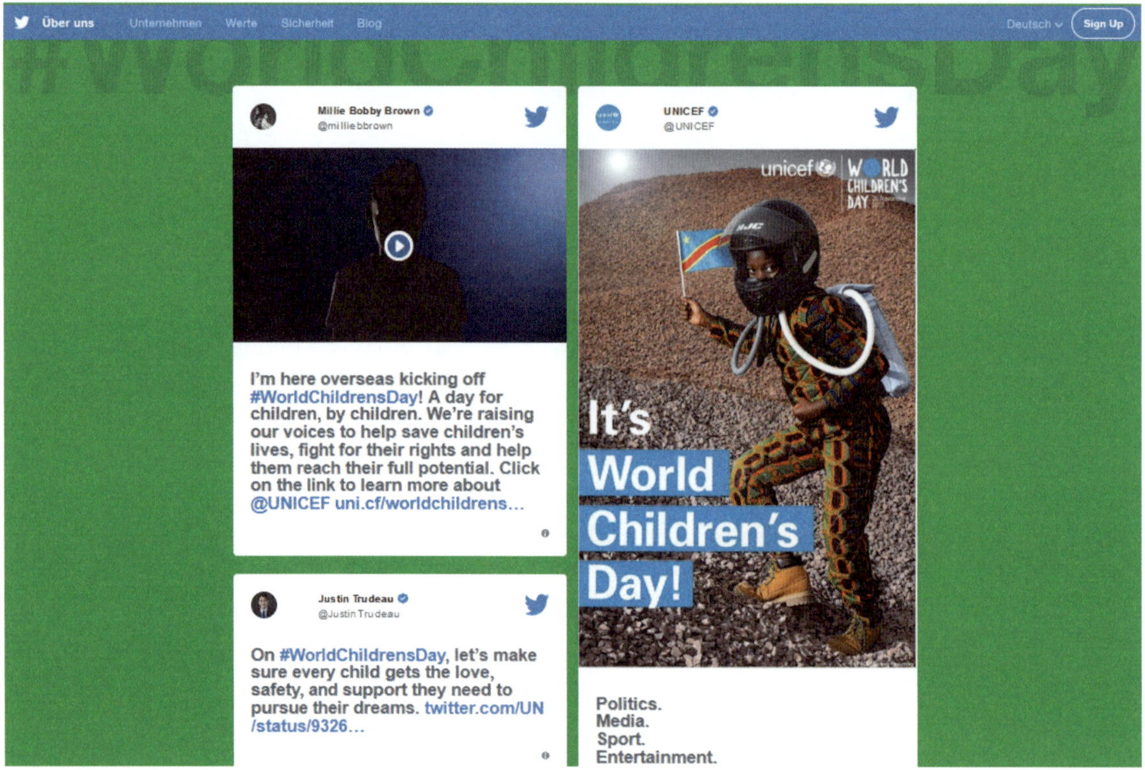

Ein Einblick in Twitter

Twitter – die Welt in 280 Zeichen

Der **Kurznachrichtendienst Twitter** ist (ähnlich wie Facebook) ein eigentümliches Phänomen: Einerseits ist es überaus bekannt, andererseits wird es relativ zurückhaltend genutzt. Weltweit sind rund **250 Millionen Menschen** bei Twitter aktiv (im Vergleich zu anderen Social-Media-Größen eine eher kleine Zahl), aus Deutschland kommen davon nur ca. **2 Millionen**.

Warum ist Twitter eigentlich so bekannt?

Vermutlich liegt das daran, dass sich Twitter global betrachtet zu einem bedeutenden schnellen **Informationsmedium** entwickelt hat. Gerade viele Politiker, Prominente, Stars und Sternchen nutzen den Dienst als »direkten Draht« zu Fans und Interessenten. Ihnen steht mit Twitter ein ungefiltertes Kommunikationsmedium zur Verfügung, denn hier werden die Äußerungen nicht von Presseredaktionen aufgegriffen (und möglicherweise falsch zitiert), sondern direkt an das Publikum gesendet.

So kommt es, dass es viele **passive** Twitter-User gibt, also Personen, die lediglich die Veröffentlichungen anderer Leute verfolgen, aber selbst nichts schreiben. Auch unter Jugendlichen ist dieser Trend zu beobachten: Zwar gibt es vereinzelt jugendliche Twitter-Begeisterte, doch ist der Kurznachrichtendienst ein Randmedium geblieben.

Stargezwitscher

Die Twitter-Postings ihrer **Lieblingsstars und -sternchen** sind für viele **Jugendliche** interessant, und praktischerweise sind diese auch sichtbar, ohne einen eigenen Account anlegen zu müssen. Der Dienst ist und bleibt daher wohl relevant – wenn Sie neugierig sind, können Sie übrigens auch online mitlesen, z. B. bei **Donald Trump**, dem wohl bekanntesten Twitter-User (*twitter.com/realdonaldtrump*), beim deutschen Regierungssprecher **Steffen Seibert** (*twitter.com/regsprecher*) oder bei der **deutschen Fußballnationalmannschaft** (*twitter.com/dfb_team*). Viel Spaß!

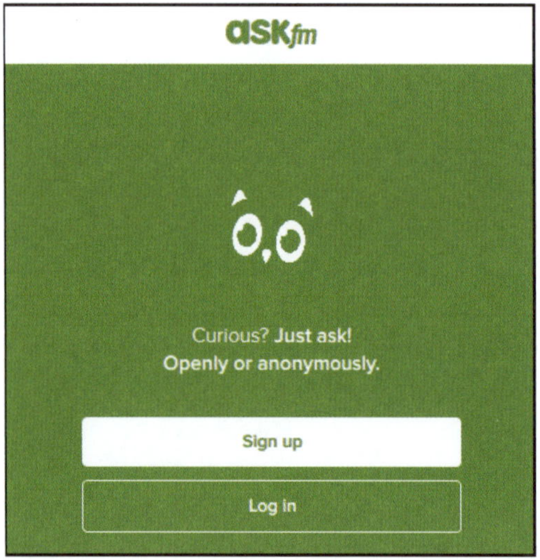

Zwei Tools mit einer ähnlichen Funktion: ask.fm und tellonym

ask.fm & tellonym: anonyme Kommunikation

Das Tool **ask.fm** (2010 in Lettland gegründet) und die App **tellonym** (2016 in Berlin gestartet) sollen dazu dienen, mit anderen Menschen in Kontakt zu kommen, indem man **Nachrichten schreibt** oder **Fragen stellt**. Ein zunächst harmloser Ansatz also, der jedoch problematisch werden kann.

Geeignetes Tool für Cybermobbing

Beide sind nämlich zunächst so eingestellt, dass auch **anonym** mit anderen kommuniziert werden kann. Dadurch entwickelten sich sowohl ask.fm wie auch tellonym in zahlreichen Fällen zu Plattformen für Cybermobbing-Angriffe. Wer die anonyme Kommunikation **zugelassen** hat, kann im Nachhinein nicht mehr herausfinden, wer etwas geschrieben hat. Diese Funktion wird von Mobbing-Tätern ausgenutzt, indem sie ihre Opfer mit **peinlichen und beleidigenden** Fragen oder Aussagen belästigen. Das Opfer kann diese Nachrichten zwar ignorieren oder löschen, in beiden Fällen werden sie nicht öffentlich angezeigt, doch die psychische Verletzung und eine starke seelische Belastung bleiben natürlich.

Anonyme Fragen unterbinden

Die Lösung für das Problem ist denkbar einfach: In den **Einstellungen** beider Tools gibt es die Möglichkeit, **anonyme Nachrichten nicht zuzulassen**. So kann also zumindest anonymes Mobbing unterbunden werden. Sollten die Täter dann unter ihrem Usernamen weitermachen, empfiehlt es sich, den eigenen Account ruhen zu lassen oder sich bei diesem Dienst komplett abzumelden, um zumindest auf diesem Weg Mobbing-Angriffe abzuwehren. Zudem bieten die Portale zahlreiche **Sicherheits-, Blockier- und Meldetools**. (Mehr zu Cybermobbing folgt in Kapitel 11.)

In den meisten Fällen werden ask.fm und tellonym allerdings nur zum **eigentlichen Zweck** genutzt: als jugendliches Kommunikationstool für mehr oder weniger wichtige Themen.

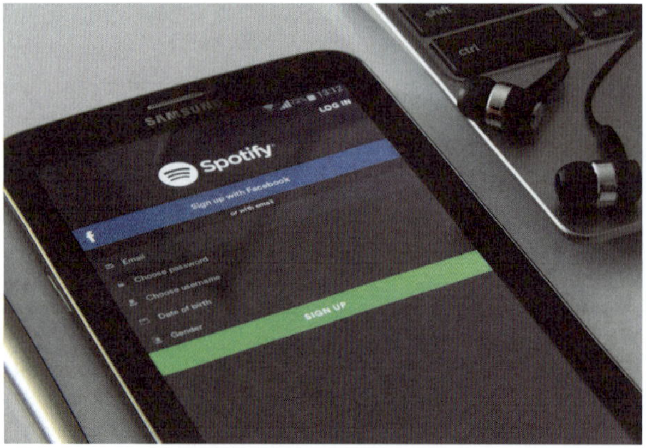

Die Musik kommt dank Spotify aus dem Handy, und statt Fernsehen läuft Netflix.

Mediastreaming via Spotify, Netflix, Amazon & Co.

Die Digitalisierung unserer Lebenswelt hat unseren **Konsum von Filmen, Serien und Musik** enorm verändert und die **Film- und Musikindustrie** massiv beeinflusst. Zunächst waren es illegale **Tauschbörsen** und sogenannte **Schwarzkopien**, die zu Umsatzeinbußen führten, dann folgten **Streaming-Dienste** und mit ihnen eine Beruhigung des Markts, wenngleich auf deutlich geringerem Niveau als früher. Für uns User bedeutet dies, dass wir **weniger kaufen**, sondern mehr Medien »on Demand«, also **auf Abruf**, nutzen.

Digitale Musikbibliotheken

Der Wandel wird oftmals an Datenträgern deutlich: Während **Schallplatten** wieder in sind, hat die **Musikkassette** ausgedient, auch die CD ist ein Auslaufmodell. Einige Jahre boomte der Verkauf von Musikalben in Form von **MP3-Dateien**, heute ist **Streaming** das Zauberwort. Maßgeblich verantwortlich dafür darf wohl der Dienst **Spotify** gemacht werden, der 2006 in Schweden startete und heute der populärste Musikstreaming-Dienst ist. Im Musikpool finden sich über 35 Millionen Songs (von ABBA und den Beatles bis Wolfine und Jay-Z), zudem werden auch Podcasts, Hörspiele und Hörbücher über Spotify vertrieben. Die kostenlose Variante ist **werbefinanziert**, daneben gibt es eine kostenpflichtige, werbefreie Premium-Version. Weitere populäre Musikstreaming-Dienste sind **Apple Music, Amazon Music Unlimited, Deezer und Napster**, auch **YouTube** wird oft zum Musikhören genutzt.

Videothek im Web

Filme, Serien und klassische TV-Inhalte werden ebenfalls zunehmend gestreamt. **Sendezeiten** sind von gestern, das lineare Fernsehen hat ausgedient, und darauf reagieren auch die TV-Anstalten mit ihren **Mediatheken**, die eine zeitunabhängige Onlinenutzung ermöglichen – egal ob an Smart-TV, Computer oder Smartphone. Daneben sind reine **Videostreaming-Dienste** erfolgreich, beispielsweise **Netflix**, das 1997 als Versand-Videothek startete und seit 2007 Onlinevideos on Demand anbietet. Ähnlich funktionieren Dienste wie **Amazon Prime Video, Maxdome und Sky**.

»Frisches aus dem Kino« steht sofort im Netz. Legal ist das aber nicht.

kinox.to, movie4k, Kinokiste & Co.

Während das Streaming über Netflix, Spotify & Co. völlig legal ist, da es über Werbung oder Abo-Gebühren finanziert wird, sind unter Jugendlichen nach wie vor auch illegale Dienste verbreitet. Besonders **Onlineportale für Filme und Serien** werden intensiv genutzt, beispielsweise **kinox.to, movie4k, Burning Series und Kkiste**.

Wie arbeiten diese Dienste?

Diese Portale stellen ein umfangreiches Angebot an Filmen und Serien bereit, darunter auch **aktuelle Kinofilme** oder **Serien**, die sonst nur kostenpflichtig erhältlich sind. Der Vorteil dieser Onlinedienste besteht darin, dass die Inhalte hier zum **kostenlosen Streaming** (und meist auch zum kostenlosen Herunterladen) verfügbar sind. Wie kann das sein? Natürlich geht hier nicht alles mit rechten Dingen zu, stattdessen handelt es sich um hoch umstrittene Portale, die nach deutschem Recht **nicht zulässig** sind. Die Betreiber dieser deutschsprachigen Portale agieren jedoch im **Ausland** (z. B. steht das ».to« hinter kinox für das südpazifische Archipel Tonga), daher kann das deutsche **Urheberrecht** hier nicht einfach durchgesetzt werden. Diese Portale sind also online zugänglich, aber rechtlich problematisch.

Was bedeutet das für uns Nutzer?

- Zunächst gilt, dass das **Hochladen** von Inhalten, an denen man nicht das Urheberrecht besitzt, **streng verboten** ist. Wer also im Kino einen Film mitschneidet oder eine DVD auf Festplatte digitalisiert, darf die Ergebnisse nicht online veröffentlichen. (Genau aus diesen Quellen speisen sich die Portale.)
- Das **Herunterladen** von offensichtlich rechtswidrigen Inhalten ist ebenfalls **nicht zulässig** (siehe das Kapitel 6 zu YouTube). Ein aktueller Gratiskinofilm ist nicht rechtskonform, daher ist das Herunterladen strafbar.
- Das **Streaming**, also das bloße Ansehen von illegalen Vorlagen, ist hingegen **umstritten**. Bislang ist das nicht eindeutig illegal, jedoch gibt es auch keine **eindeutigen Gesetze**. Für aktuelle Informationen sei auf das Portal **irights.info** verwiesen, das sich mit rechtlichen Fragen in der digitalen Welt beschäftigt.

Digitale Spiele üben auf Kinder und Jugendliche eine große Faszination aus.

KAPITEL 8 | Let's Play: Spiele für PCs, Konsolen und Smartphones

Digitale Spiele zählen zu den medienpädagogischen Themen, die Eltern am meisten beschäftigen. Kaum ein Elternabend oder eine Infoveranstaltung vergeht, ohne dass wir auf Fragen zum Gaming eingehen, auch wenn das Thema eigentlich ein ganz anderes ist.

Die digitalen Spielwelten stehen aus vielerlei Gründen im Fokus:

- Sie üben eine **starke Faszination** auf viele Kinder und Jugendliche aus, sodass diese teilweise komplett in Spielwelten versinken, wenn die Eltern nicht eingreifen.
- Die **Nutzungsdauer** ist oft ein Anlass für Auseinandersetzungen zwischen Eltern und ihren Sprösslingen, da die Vorstellungen über den angemessenen Zeitumfang hier oft weit auseinandergehen.
- Die **Inhalte der Spiele** sind nicht immer unproblematisch, oftmals werden in Games rohe Gewaltfantasien ausgelebt, was viele Eltern beunruhigt.
- Allgemein haben die Erwachsenen meist nur **wenig Einblick** in die Spielwelten, und diese Unwissenheit führt oft zu Unverständnis und schließlich zu einer Ablehnung der Spiele.

Fühlen Sie sich von diesen Punkten **angesprochen**? Dann können wir bereits jetzt vorausschicken, dass dies alles **kein Grund zur Beunruhigung** ist und dass Sie sich vermutlich ganz entspannt mit der Thematik auseinandersetzen können. Viele Eltern haben die gleichen Probleme wie Sie, für viele sind digitale Spiele **ein rotes Tuch**, das sie am liebsten verbieten würden. Doch in den meisten Fällen besteht kein ernsthafter Grund zur Sorge, denn erfahrungsgemäß legt sich die exzessive Spiellaune nach einigen Jahren wieder, und die Games werden zur ganz normalen **Freizeitbeschäftigung**. Solange Ihr Kind den sonstigen Alltag, die schulischen Leistungen und das soziale Umfeld nicht vernachlässigt, stellen Games kein wirkliches Problem dar!

Wir werden uns in diesem Kapitel intensiver mit der Thematik beschäftigen. Spielen Sie mit!

Brettspiele sind gesellschaftlich anerkannt, bei digitalen Spielen wird hingegen oft die Nase gerümpft.
Warum eigentlich?

Homo ludens: Spielen ist menschlich

»Der Mensch ist nur da ganz Mensch, wo er spielt« – das schrieb **Friedrich Schiller** bereits im 18. Jahrhundert in seinen Briefen »Über die ästhetische Erziehung des Menschen«, und dieser Aussage würden heute wohl nur die wenigsten Menschen widersprechen. Das Spiel ist ein **bedeutender Teil unseres Lebens**, als Kleinkinder haben wir spielerisch die Welt erkundet, im Kindes- und Jugendalter haben wir viel Zeit mit verschiedenen Spielen verbracht, als Eltern spielen wir mit unseren Kindern, und auch die meisten Erwachsenen legen gerne einen **Spieleabend** ein, sei es mit Monopoly, Risiko oder Mensch ärgere dich nicht. So kann es kaum verwundern, dass der niederländische Kulturhistoriker **Johan Huizinga** das Modell des **Homo ludens** entwickelte, das das Spielen als Grundkategorie menschlichen Verhaltens kennzeichnet.

Die Bedeutung digitaler Spiele

Vor diesem Hintergrund ist es erstaunlich, mit welcher **Vehemenz** oftmals gegen digitale Spiele gewettert wird. In vielen öffentlichen Diskussionen und Publikationen werden Games pauschal **verteufelt** und (zugespitzt formuliert) als Wegbereiter für den Untergang des Abendlands angesehen. Dabei gibt es auch zahlreiche andere Stimmen, die von einer **positiven Auswirkung** der Spiele ausgehen: So wird betont, dass das Gaming die **kognitiven Fähigkeiten** positiv beeinflusse, dass die motorische Kontrolle verbessert werde und die Aufmerksamkeit für unscheinbare Details gefördert werden könne. Diese Effekte seien auf die nicht digitale Welt übertragbar, sagt die Schweizer Neurowissenschaftlerin **Daphne Bavelier** und plädiert daher für den gezielten Einsatz von Spielen, z. B. **Serious Games**.

Zudem wird oft auf den rasanten **Umbruch unserer Lebens- und Arbeitswelt** hingewiesen: Viele Berufe von heute wird es morgen nicht mehr geben, dafür entstehen neue Arbeitsplätze, die meist digitale Kenntnisse und Fertigkeiten voraussetzen. Spieler könnten hier Vorteile haben.

Auf die Spitze getrieben wurde die kontroverse Debatte vom amerikanischen Kulturwissenschaftler **Steven Johnson**. Er beschrieb mögliche positive Effekte moderner Medientechnologien in einem Buch, das im Original einen provokanten Titel trägt: »**Everything Bad Is Good For You**«.

Erinnern Sie sich noch? So sahen Spielkonsolen früher aus.

Von Pong zu Clash Royale: die Evolution digitaler Spiele

Games sind kein neues Phänomen: **Pong**, das erste weltweit populäre Videospiel, erschien bereits 1972, es feiert bald **50. Geburtstag**! Doch Technik, Inhalte und Zielgruppen haben sich verändert.

Aus Spielhallen aufs Smartphone

Ihren Ursprung hatten Videospiele in **Spielhallen**: Da die Technik für Privathaushalte zu teuer war, wurden in den 70er- und 80er-Jahren Spiele wie Pong, Space Invaders und Donkey Kong an sogenannten **Arcade-Automaten** gespielt. Die ersten Spielkonsolen für den Heimgebrauch waren nur mäßig erfolgreich, erst in den 80er-Jahren feierten **Konsolen** von Atari, Sega und Nintendo kommerzielle Erfolge. Der 1989 erschienene **GameBoy** von Nintendo läutete schließlich den Erfolg der tragbaren Spielkonsolen ein und ist bis heute eine der meistverkauften Konsolen. Es ist wohl kein Zufall, dass der GameBoy in der Handhabung als Vorläufer von **Handygames** angesehen werden kann.

Mit der Technik entwickelten sich auch die **Inhalte**: Während Konsolen wie die PlayStation und die Xbox bis heute überwiegend von **Spielefreaks** (meist männlichen Geschlechts) gekauft werden, sind auf Smartphones – ebenso wie auf dem GameBoy – auch **Casual Games** für zwischendurch beliebt.

Spiele für alle

Eine Art **Schneller-höher-weiter-Wettbewerb** hatte dazu geführt, dass die Videospielindustrie jahrelang immer aufwendigere, grafisch und inhaltlich anspruchsvollere Spiele veröffentlichte. Heute feiert auch die gegenteilige Entwicklung Erfolge: Spiele für Smartphones und soziale Netzwerke sind meist **schlicht und unkompliziert**, kommen in einfacher Pixeloptik daher und haben weder eine komplexe Story, noch erfordern sie von den Spielern außergewöhnliche Fertigkeiten. So werden neue Kundengruppen erschlossen, zunehmend spielen **auch Mädchen und Frauen sowie ältere Nutzer**. Für sie gibt es typische, klischeebeladene »Mädchenspiele«, aber auch Spiele für jedermann (wie Quizduell und Wort-Guru) werden millionenfach gespielt. Games sind heute also kein Randgruppenphänomen mehr.

Die meisten Spielgenres sind heute auch als mobile Handygames verfügbar.

Was wird da gespielt? – Eine kleine Genrekunde

Games sind nicht gleich Games: Es gibt zahllose unterschiedliche Spiele, Charaktere, Systeme und Geräte – und es gibt verschiedene Genres von digitalen Spielen. Wir möchten die populärsten und wichtigsten Genres kurz vorstellen, ohne einen Anspruch auf Vollständigkeit zu erheben:

- **Jump'n'Run:** Der Name ist Programm, denn hier geht es primär darum, geschickt zu hüpfen und schnell zu rennen (wobei sich die Geschwindigkeit meist nicht steuern lässt). Dennoch sind diese Spiele nicht einfach, da ein gehöriges Maß an **Reaktionsschnelligkeit, Geschick und Konzentration** erforderlich ist. Klassische Jump'n'Run-Spiele sind die Super-Mario-Reihe und das Handygame Subway Surfers.
- **Strategiespiele:** Von Brettspielen wie Schach, Dame oder Risiko ist dieses Spielprinzip bereits bekannt, bei dem es darum geht, durch **gut durchdachtes Vorgehen** und eine **langfristige Planung** zum Erfolg zu kommen. Digitale Strategiespiele sind Age of Empires und die Anno-Reihe sowie die Handygames Clash of Clans und Clash Royale, die meist online im Mehrspielermodus gespielt werden.
- **Adventures:** Diese interaktiven Abenteuerspiele werden entlang einer vorgegebenen Handlung gespielt, meist im Einzelspielermodus. Vorgegebene **Aufgaben und Rätsel** müssen gelöst werden, um zum Ziel zu kommen. Populär sind Baphomets Fluch, Ankh und Action-Adventures wie Tomb Raider.
- **Shooter:** Umgangssprachlich als »Ballerspiele« bezeichnet, geht es hier nicht nur um wilde Ballerei, sondern auch um **taktisches Vorgehen**. Die Spiele sind entweder aus der Ego-Perspektive oder aus einiger Entfernung (Third-Person-Shooter) erlebbar und naturgemäß gewalthaltig. Erfolgreiche Vertreter dieses Genres sind die Call-of-Duty-Reihe sowie Counter Strike.
- **Simulationen:** Erfolgreich sind auch Simulationsspiele **unterschiedlicher Ausprägung**. Es gibt Managementsimulationen wie den Fußball-Manager, Sportsimulationen wie die FIFA-Reihe, die Alltagssimulation Die Sims sowie Fahr- und Flugsimulationen, die oft eher als unrealistische **Rennspiele** verkauft werden.
- **Edutainment und Serious Games:** Für Eltern und Pädagogen sind natürlich auch Spiele interessant, bei denen **Köpfchen gefordert und Wissen vermittelt** wird. Neben schulisch orientierten Lernspielen zählen dazu Denkspiele wie Tetris und Thinkrolls, unterhaltsame Edutainment-Reihen wie Crazy Machines und Was ist was oder Serious Games wie PeaceMaker und Ludwig.

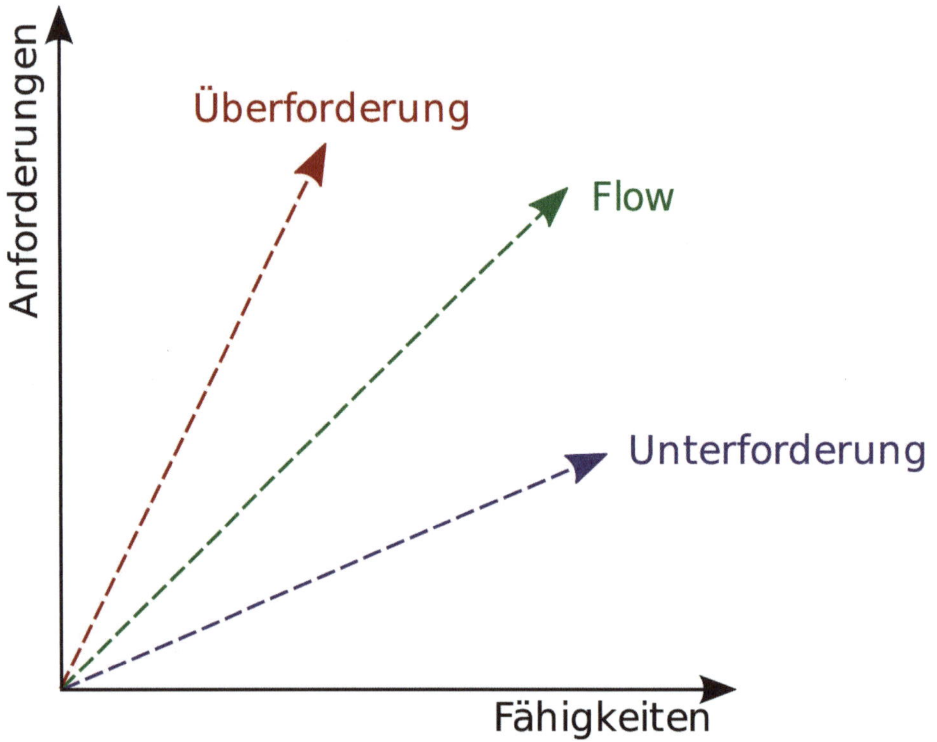

Modellhafte Erklärung des sogenannten Flow-Erlebnisses beim Spielen

Faszination und Flow-Erlebnis

Spieler können oft stundenlang in ein Game eintauchen und die Welt um sich herum völlig vergessen, was für Außenstehende befremdlich wirkt. Diese **faszinierende, fesselnde Wirkung von Spielen** ist für Nichtspieler nur schwer nachvollziehbar, oft liegt hier der beunruhigende Gedanke einer Spielsucht nahe, der aber zu weit führt. Es gibt **verschiedene Erklärungsversuche** für die Faszination von Games, die Seite **spielbar.de** unterscheidet beispielsweise folgende Modelle:

- **Interaktives Erlebnis:** Computer werden nicht nur passiv konsumiert, wie das beispielsweise bei Film und Fernsehen der Fall ist, sondern **aktiv miterlebt**. Die Aktionen der Spieler und die Reaktionen im Spiel führen laut Computerspielforscher Christoph Klimmt zu einem »Selbstwirksamkeitserleben«.
- **Erfolgserlebnis:** Das Streben nach Anerkennung und Erfolg ist dem Menschen inhärent. Nicht jeder Mensch schafft es, im Leben (in der Schule, im Beruf) erfolgreich zu sein, doch in Games lassen sich die eigenen Interessen und Fähigkeiten so einsetzen, dass sich **nach einer gewissen Übungszeit** Erfolg einstellt. Dies ist dem Spielpädagogen Jürgen Fritz zufolge eine entscheidende Motivation.
- **Soziales Erlebnis:** Digitale Spiele führen nicht zwingend zur Vereinsamung der Spieler, sondern werden oft **gemeinsam mit anderen Spielern** gespielt, entweder vor Ort im Kinderzimmer oder bei LAN-Partys oder (was heute immer öfter der Fall ist) online in einer Gruppe, einem Clan oder einer Gilde, die innerhalb des Spiels gebildet werden. Der Kulturpädagoge Martin Geisler betrachtet diese Gruppenbildung als soziales Erlebnis, das den Reiz von Games verstärkt.
- **Flow-Erlebnis:** Ein weiteres Modell, das von analogen auf digitale Spiele übertragen wurde, ist das des Flow-Erlebens. Bereits in den 50er-Jahren beschrieb der Spieltheoretiker Hans Scheuerl damit das Wesen des Spiels, das den Spieler **vom Alltag entrückt** und ihn völlig im Spiel aufgehen lässt. In den 70ern konkretisierte der Psychologe Mihály Csíkszentmihályi den Flow-Begriff: Die Spieler würden in eine Art Rausch versetzt, wenn die Anforderungen des Spiels mit den Fähigkeiten des Spielers in Einklang stünden.

Wie Sie sehen, gibt es mehrere plausible Erklärungen dafür, dass Ihre Kinder stundenlang in Games versinken. Mit den Fragen, welche **Nutzungszeiten** angemessen sind und wann eine **Abhängigkeit** vorliegt, werden wir uns in Kapitel 9 noch ausführlich beschäftigen.

Das Spiel »Fortnite Battle Royale« sorgt seit seinem Erscheinen 2017 für Aufsehen. Doch wie wirken gewalthaltige Spiele eigentlich auf die Spielenden?

Gewalt in Games

Einer der zentralen Gründe, der zur ablehnenden Haltung gegenüber digitalen Spielen beiträgt, ist die Gewalt in vielen Spielen. Es ist wohl eine Mischung aus **Faszination** und **kommerziellem Kalkül**, die gewalttätige Spielinhalte begünstigt. Shooter-Spiele wie **Counter Strike** und **Call of Duty** verkaufen sich seit Jahrzehnten gut, das Survival-Game **Fortnite Battle Rayale** setzt auf Überlebenskämpfe im Comic-Look. Die Reihe **Grand Theft Auto** setzt Gewalt und Regelverstöße gezielt ein, um dem Spielgeschehen ein aufregendes Narrativ zu verpassen, das kommerziell erfolgreich ist. Zugleich wird immer wieder beklagt, dass der übermäßige Computerspielkonsum bei einigen Spielern zu gesteigerter Aggressivität führt. Doch welchen **Einfluss** haben gewalthaltige Spiele wirklich auf die Spielenden?

Mediengewalt und ihre Wirkung

Die **Medienwirkungsforschung** befindet sich von jeher in dem Dilemma, dass die Wirkung von medial konsumierter Gewalt **nicht eindeutig zu belegen** ist. Von der **Stimulationstheorie** (fiktionale Gewalt fördert Aggressionen) bis zur **Katharsistheorie** (Gewaltdarstellungen bauen Spannungen ab) gibt es zahlreiche widersprüchliche **Erklärungsversuche**. Neben medialen Darstellungen gibt es viele weitere (persönliche und soziale) Faktoren, die die **Auswirkungen von Medienkonsum** beeinflussen. Daher gibt es zahlreiche Spieler, die seit Jahren Shooter spielen und friedliebend sind, und leider kommt es vereinzelt zu Amokläufen und Gewalttaten, bei denen die Täter oftmals auch intensive Gamer sind.

Die Realität ist komplex

Widerstehen Sie der Versuchung, **einfache Erklärmuster** zu suchen und pauschalen Verunglimpfungen auf den Leim zu gehen. Die Realität ist viel zu **komplex** dafür, um mit einer Schlagzeile umfassend erläutert werden zu können. Beobachten Sie lieber, **wie Ihr Kind auf Spiele reagiert**. (Und auch Counter Strike ist kein reines Ballerspiel, sondern eine **strategische Herausforderung** für die Spieler.)

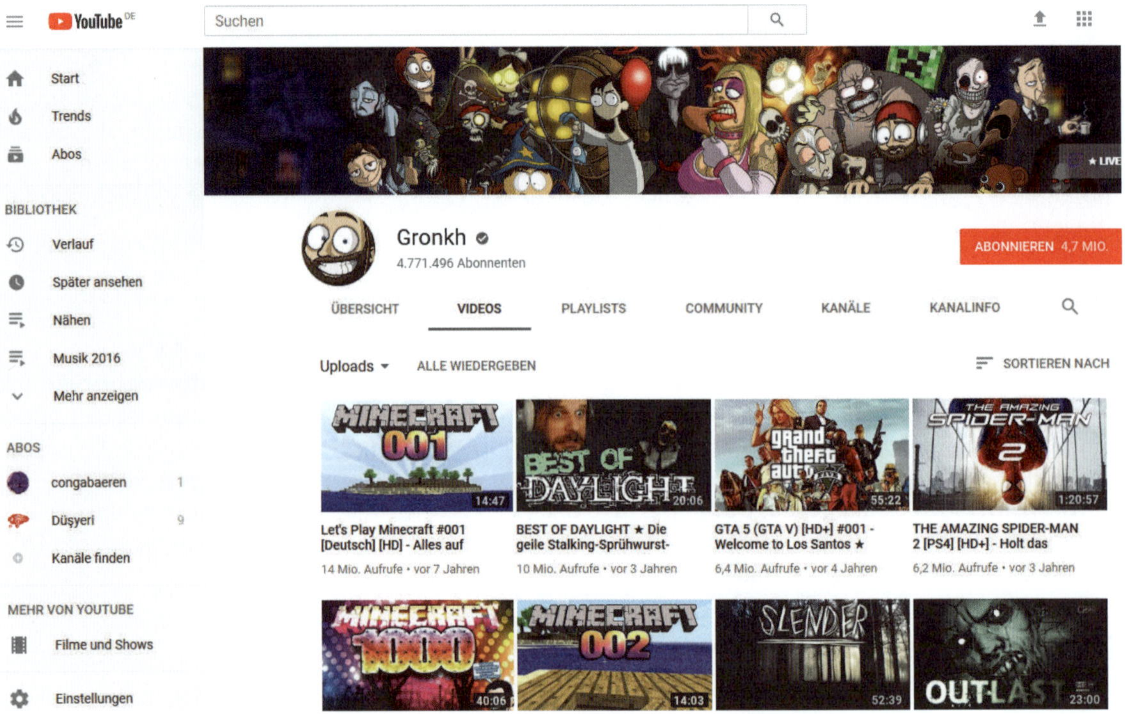

Der YouTuber Gronkh ist einer der erfolgreichsten Let's Player in Deutschland.

Let's Play-Videos: zusehen statt spielen

Am Ende dieses Kapitels wagen wir noch einen Exkurs in den Webvideobereich und kommen zu einem Phänomen, das zunächst absurd erscheint: Während sich Spiele durch die **aktive Beteiligung** auszeichnen, zeichnet sich das Format Video eher durch **passives Zusehen** aus. Bei Let's Play-Videos spielen die Spieler nicht selbst, sondern schauen anderen beim Spielen zu: entweder in **YouTube**-Videos oder in Livestreams (und Aufzeichnungen) auf dem Videoportal **Twitch**. Warum tun sie das?

Kochshow 2.0

Vielleicht ist das Phänomen der Let's-Plays mit dem **Erfolg von TV-Kochshows vergleichbar**: Wer sich eine solche Sendung ansieht, kocht auch nicht selbst, sondern sieht anderen beim Kochen zu (und der Erfolg dieses Formats legt nahe, dass es sehr viele Menschen gibt, die das gerne tun). Sie schauen es aber, um sich **Anregungen zu holen** und die eigenen Kochkünste zu verbessern. Ähnlich verhält es sich bei Gamern, die anderen Gamern beim Spielen zusehen, um sich **Informationen über Spiele, Taktiken und Vorgehensweisen** zu holen. Natürlich ist das auch **unterhaltsam**, und die großen, erfolgreichen Let's Player sind wahre Entertainer, die nicht bloß spielen, sondern das Spielen mit knackigen Kommentaren in eine **Show** verwandeln. YouTuber wie Gronkh, Dner, Paluten oder GermanLetsPlay werden dafür von Millionen Fans gefeiert.

Darauf sollten Sie achten

Natürlich gibt es auch bei Let's Plays einige kritische Punkte: Dazu gehört beispielsweise die **Werbung** bzw. das **Product Placement**, da auch hier viele Inhalte gesponsert oder gekauft sind. Diese Schleichwerbung ist gerade für jüngere User schwer zu durchschauen. Zudem werden die **Altersfreigaben** bei den Videos oft missachtet, hier können also auch nicht jugendfreie Inhalte ins Kinderzimmer gelangen. Besprechen Sie das, gerade mit jüngeren Kindern –, und vielleicht legen Sie statt des nächsten gemeinsamen Fernsehabends mal einen **Let's Play-Abend** ein!

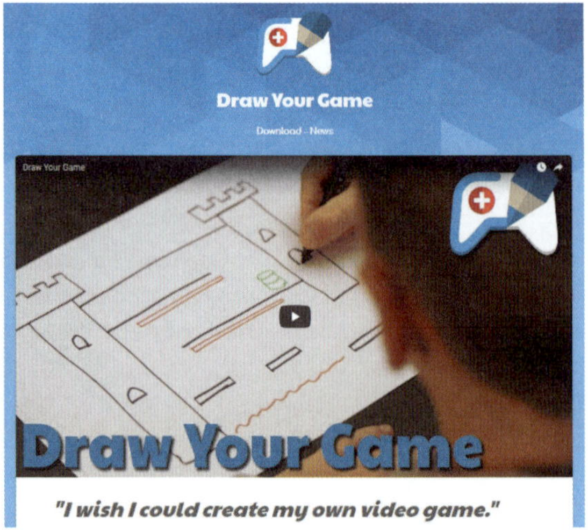

Mit *Minecraft* können eigene Welten kreiert werden, unter anderem im Wettbewerb des Bundesbildungsministeriums. Bei *Draw Your Game* wird die Zeichnung zum digitalen Spielfeld.

Games als Kreativ-Werkzeuge

In digitalen Spielen schlummert mehr **Potenzial**, als wir zunächst denken. Während in der öffentlichen Wahrnehmung überwiegend über Nutzungszeiten und Inhalte von Games diskutiert wird, benutzen Jugendliche diese Spiele wie selbstverständlich auch als Tools für die **Verwirklichung eigener Ideen**. Auch in Medienprojekten, im Schulunterricht und in Kreativwettbewerben wird diese Funktion von Games zielgerichtet eingesetzt.

Minecraft virtuelle Bauklötzchen

Das Spiel **Minecraft** ist den meisten Eltern bekannt, und oft sind damit keine guten Erinnerungen verbunden, weil es als **Open-World-Game** angelegt ist und somit zu langen Nutzungszeiten führen kann. Zudem geht es (je nach Spielmodus) vielen Spielern darum, gegen andere zu kämpfen, was Eltern erfahrungsgemäß kritisch sehen. Es gibt jedoch auch einen **Kreativmodus**, der seinem Namen alle Ehre macht: Hier werden zunächst Rohstoffe abgebaut, um später daraus neue Gebäude zu konstruieren oder Landschaften zu gestalten. So stehen den Spielern umfangreiche **Gestaltungsmöglichkeiten** zur Verfügung, die auch in der schulischen und außerschulischen Bildung eingesetzt werden. Selbst das Bundesbildungsministerium rief zum Wissenschaftsjahr 2016/17 einen Minecraft-Kreativwettbewerb ins Leben.

Tools für eigene Games

Auch andere Programme bieten Gestaltungspotenzial: Nintendo bietet im **Super Mario Maker** die Möglichkeit, eigene Jump'n'Run-Level zu gestalten, und der Bausatz **Nintendo Labo** erweitert die Konsole Switch mit selbstgebastelten Papp-Modulen.

Daneben gibt es einige Tools, mit denen sich eigene kleine Spiele designen lassen, beispielsweise **Kodu**, **Bloxels**, **GameMaker** oder **Draw Your Game**. Vielleicht werden Ihre Kinder damit zu Game-Designern, in jedem Fall können sie aber experimentieren und neue Erfahrungen sammeln.

Die USK hat den Auftrag, altersgerechtes Spielen zu ermöglichen. Im Bereich der Apps und Download-Games gestaltet sich das jedoch schwierig.

Alterskennzeichnungen und Jugendschutzeinstellungen

Bei der Vielzahl an Spielen und Spiel-Apps ist es für Eltern verständlicherweise schwierig, den Überblick zu behalten und mit einem Blick herauszufinden, welches Angebot für welches Alter angemessen ist. Alterskennzeichnungen sind zwar hilfreich, bieten aber nur eine erste Orientierung:

Datenträger (also DVDs und Konsolenspiele) werden in Deutschland von der Unterhaltungssoftware Selbstkontrolle (**USK**) einem ausführlichen Test unterzogen. Danach entscheidet ein Prüfgremium, ob das Spiel ohne Altersbeschränkung oder ab 6, 12, 16 oder 18 Jahren freigegeben wird. Diese Kennzeichen sind jedoch **keine pädagogische Empfehlung**, sondern nur eine Mindestanforderung aus Jugendschutzperspektive. In anderen europäischen Ländern (auch in Österreich und der Schweiz) wird das **PEGI-System** angewandt, das neben Altersstufen noch kurze Inhaltsbeschreibungen angibt.

Spiele-Apps für Smartphones und Tablets werden nicht von der USK geprüft. Im **Play-Store für Android-Geräte** gibt es zwar eine USK-Einstufung, diese beruht jedoch auf einer Selbstauskunft der Spieleanbieter und ist daher weniger verlässlich als die USK-Angabe auf Datenträgern. Die Einstufung wird über das internationale **IARC-System** (International Age Rating Coalition) vorgenommen, bei Verstößen werden die Anbieter bestraft, oder die App wird vom Markt genommen. In **Apples App-Store** gibt es statt USK eine eigene Altersbewertung.

Onlinevertriebsplattformen wie Steam, Origin und Uplay zeigen nur in einigen Fällen Alterskennzeichnungen an, viele Spiele sind hier ohne derartige Angaben veröffentlicht.

Tipp

Als Eltern sollten Sie stets **im Blick haben, was Ihre Kinder spielen**. Die Alterskennzeichnungen sind keine Altersempfehlung! Dennoch lohnt es, die Freigaben zu beachten und durch **Systemeinstellungen** (z. B. am Gerät) Grenzen zu setzen, sodass z. B. ein achtjähriges Kind keine Spiele ab 12, 16 oder 18 Jahren installieren darf.

»Kinderspiele« werden mit zunehmendem Alter langweilig, doch als Eltern sollten Sie weiterhin im Blick behalten, was gespielt wird.

»Spielregeln« für die Medienerziehung

- **Inhalte prüfen:** Oft ist es schwierig, die Spielinhalte sofort zu durchschauen. Dennoch sollten Sie sich **die Mühe machen**, herauszufinden, worum es geht und ob die Inhalte altersadäquat sind. Auch **Werbung** ist problematisch: Sie ist oft in kostenlosen Spielen und Online-Games zu finden und wird von Kindern nicht immer eindeutig identifiziert.
- **Zeitkontingente festlegen:** Wenn Ihre Kinder zu viel Zeit mit Spielen verbringen, legen Sie Grenzen fest und **beschränken den Medienkonsum**. Oft sind wöchentliche Zeitkontingente, die sich aufteilen lassen, sinnvoller als eine starre tägliche Lösung.
- **Altersgrenzen beachten:** Wenn Spiele Altersbeschränkungen haben, sollten Sie diese beachten – wenn nicht, machen Sie sich **ein eigenes Bild** und entscheiden über die Freigabe.
- **Kosten im Blick haben:** Viele Spiele funktionieren heute nach dem **free3play-Prinzip**, das heißt, für ein zunächst kostenloses Spiel werden im Spielverlauf Zahlungen fällig. Achten Sie darauf, dass die Kosten nicht überhand nehmen, oder legen Sie **Schranken** ein (z. B. Kostenlimits, siehe Kapitel 12).
- **Geräte sichern:** Innerhalb von Spielkonsolen und Smartphones lassen sich Einstellungen vornehmen, um die Geräte **kindersicher** zu machen (Anleitungen finden Sie z. B. bei *klicksafe.de* und *schau-hin.info*). Für Jugendliche ist das aber nicht mehr zielführend.
- **Kein Druckmittel:** Widerstehen Sie der Versuchung, Spiele als erzieherische Druckmittel einzusetzen. Sie **überhöhen den Stellenwert** von Games, wenn Sie diese als Bestrafung oder Belohnung missbrauchen. Nur wenn ein direkter Zusammenhang z. B. mit Schulleistungen besteht, ist dieses Vorgehen sinnvoll.
- **Mitspielen:** Nehmen Sie sich hin und wieder die Zeit, um **zusammen mit den Kindern** zu zocken – um Spiele kennenzulernen und die Faszination nachvollziehen zu können.
- **Regeln vermitteln:** Legen Sie Regeln zusammen mit Ihrem Kind fest, damit nachvollziehbar ist, was Sie möchten und warum. Eine **gute Vorlage** liefert die Seite *Mediennutzungsvertrag.de*.

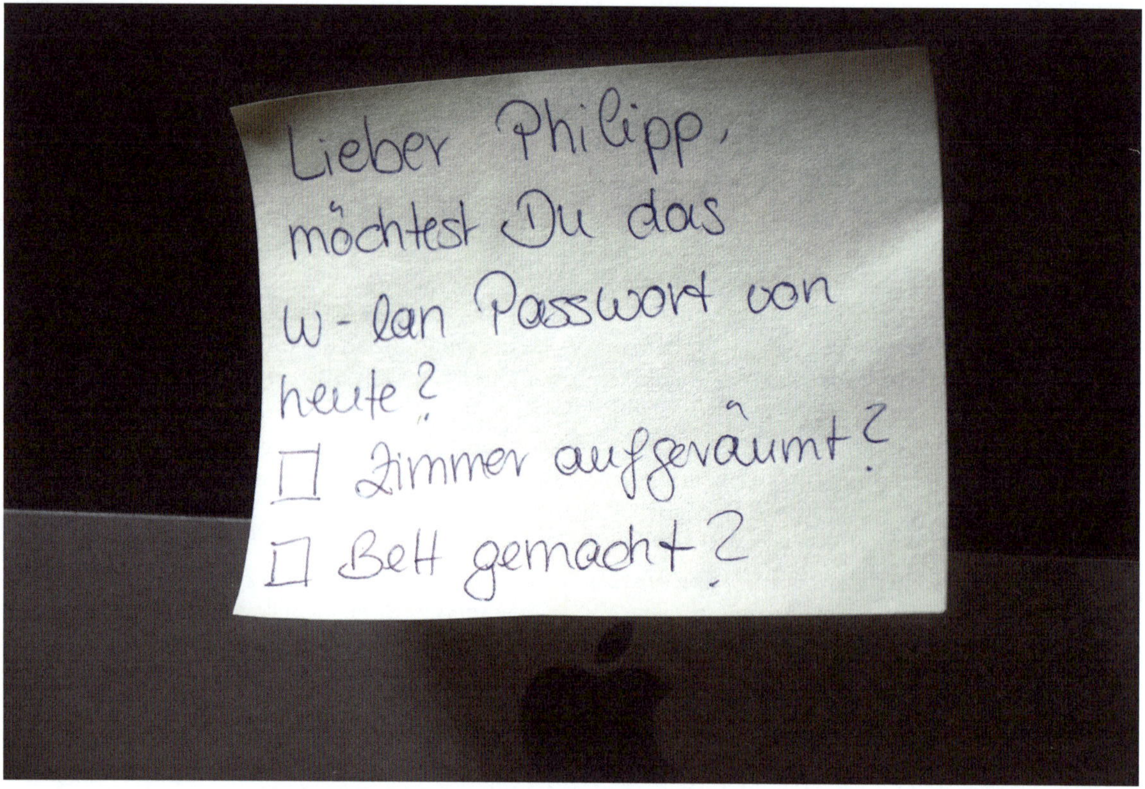

Es ist gar nicht die Frage, **ob** wir unsere Kinder begleiten müssen, sondern **wie** wir es machen.

KAPITEL 9 | Eltern im Netz – wie begleite ich mein Kind?

In den letzten Kapiteln haben wir ausführlich betrachtet, was unsere Kinder alles im Internet machen: **kommunizieren**, **sich präsentieren**, **sich informieren**, **spielen**, **sich vernetzen** und **partizipieren**.

Die Frage, die sich nun stellt, ist, ob und wie wir als Eltern unsere Kinder in dieser digitalen Welt begleiten können oder sogar müssen. Oder ist es vielleicht sogar zwecklos, da sich unsere Kinder sowieso viel besser mit den digitalen Medien auskennen als wir? Zur Erinnerung: Wir sind ja die **Digital Immigrants**, diejenigen, die in einer analogen Welt groß geworden sind, während unsere Kinder als **Digital Natives** von klein auf mit den Medien aufgewachsen.

Wie wir aber bereits in Kapitel 1 geschrieben haben, gibt es einen elementaren Unterschied zwischen der reinen Nutzung von Medien und einem verantwortungsvollen Umgang damit, und genau an diesem Punkt haben wir eine Menge Möglichkeiten, unsere Kinder zu begleiten und zu eigenständigen und verantwortungsbewussten Individuen zu erziehen. Unserer Meinung nach sollte deshalb die Frage nicht lauten, »ob« wir unsere Kinder begleiten können, sondern vielmehr »wie« wir das am besten machen.

In diesem Kapitel wollen wir Ihnen Hinweise und Hilfestellungen geben, die es Ihnen einfacher machen, die Bedürfnisse und Argumente Ihrer Kinder zu verstehen.

Wir wollen mit Ihnen zusammen die ersten Schritte in Richtung eines begleitenden Umgangs mit den sozialen Medien gehen und praxisnahe Tipps geben, die Ihnen den Einstieg in dieses vielleicht fremde Thema erleichtern.

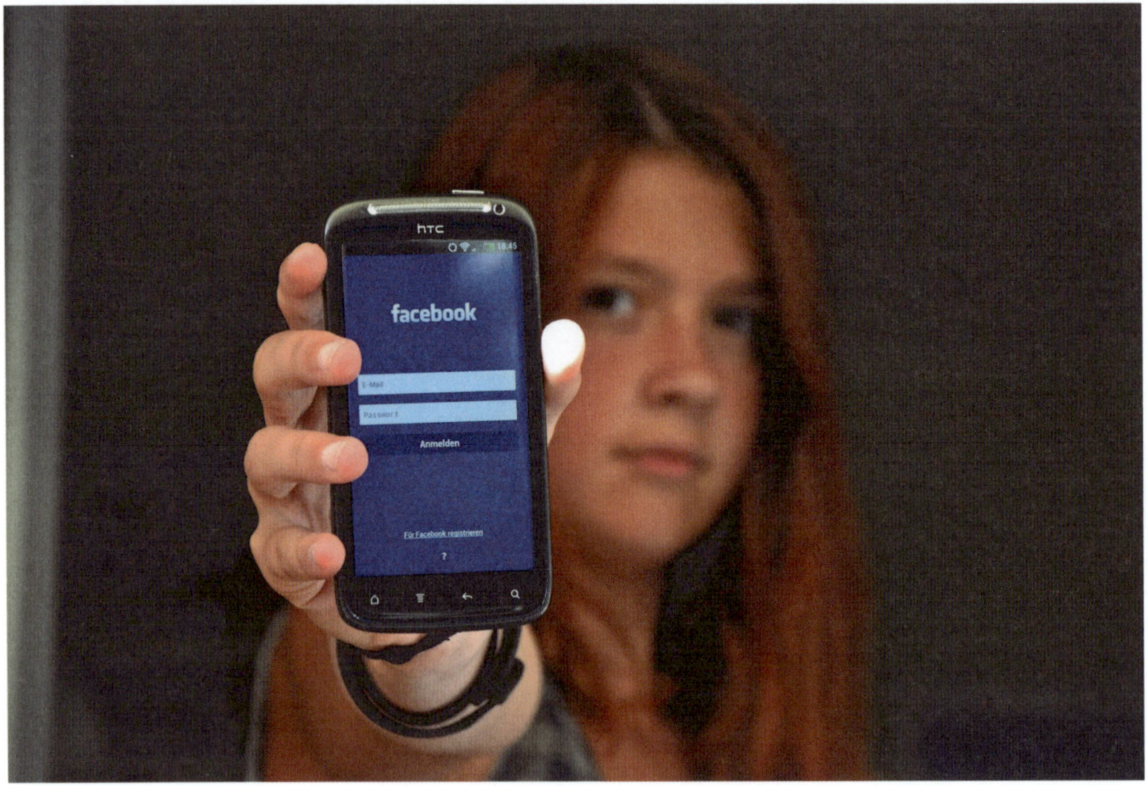

Ich will einen Facebook-Account – JETZT!

Mein Kind will … – was nun?

Irgendwann im Leben eines digital geprägten Menschen kommt der Wunsch nach Vernetzung und Kommunikation mit Gleichgesinnten, Freunden, Mitschülern und Sportkameraden über digitale Medien, also Messenger, soziale Netzwerke usw.

Derzeit sind **WhatsApp**, YouTube und Instagram die Marktführer in diesen Bereichen, jährlich kommen neue Trend-Apps auf den Markt, die teilweise genauso schnell wieder verschwinden. Daher ist es mehr als wahrscheinlich, dass unsere Kinder irgendwann diese Dienste nutzen wollen. Was also können wir machen, wenn unsere Kinder vor uns stehen und uns mitteilen: »Ich möchte gern einen YouTube-Account …« oder »Ich brauche WhatsApp auf dem Smartphone …«?

Nun, als Erstes können wir uns freuen, dass wir nicht vor vollendete Tatsachen gestellt wurden und es heißt: »Ich bin jetzt bei YouTube und Co!« Möglichkeiten, sich einen Account anzulegen, haben junge Menschen genügend, sei es am eigenen Computer, über ein Smartphone, in der Schule, bei einem Freund, im Jugendzentrum oder einem öffentlichen Internetcafé.

Die Tatsache, dass unser Kind im Vorfeld seinen Wunsch nach einer solchen Mitgliedschaft äußert, ist in erster Linie ein Vertrauensbeweis bzw. ein Ausdruck einer intakten und funktionierenden **Kommunikation** in Ihrer Familie. Darüber hinaus formuliert ein junger Mensch mit einem solchen Wunsch das Bedürfnis, Teil einer Gemeinschaft zu werden, einem Netzwerk beizutreten und sich mit anderen Menschen auszutauschen, auch wenn dies in einem digitalen Raum stattfindet. So ein Bedürfnis ist wichtig und sehr bedeutsam für die Entwicklung junger Menschen und sollte nicht einfach so ignoriert werden.

Karten
FaceTime
Notizen
Wallet
App Store
WhatsApp
EigeneRezepte
Dropbox
iTunes Store
Haushalt+
Google News
Health
iCloud Drive
Einstellungen

Unsere drei Möglichkeiten

Wenn also so ein Wunsch von unseren Kindern geäußert wird, haben wir drei Möglichkeiten, darauf zu reagieren:

1. Wir können »Nein, auf keinen Fall!« sagen und damit riskieren, dass unsere Kinder hinter unserem Rücken ohne Begleitung einen Account anlegen, denn der Wunsch nach Gemeinschaft und Zugehörigkeit ist sehr stark.
2. Wir können natürlich »Mach mal …« sagen, jedoch wird auch hier die Welt der Netzwerke und Dienste allein erforscht, und das Risiko, den einen oder anderen Haken falsch zu setzen, ist ebenfalls größer.
3. Die dritte Möglichkeit ist, mit unseren Kindern ins Gespräch zu kommen, um zu erfahren, warum sie denn gerade bei WhatsApp, YouTube oder Instagram einen Account anlegen möchten und was sie dort machen wollen.

Wichtig für uns Eltern ist bei Wahl der dritten Option, dass wir uns selbst über diese Angebote informieren. Viele Eltern verbieten beispielsweise YouTube oder Facebook eben wegen der medial präsenten rosafarbenen Elefanten aus Kapitel 1 und erlauben dafür Dienste wie Instagram und Snapchat, die in den Medien weniger präsent sind. Dass hier ähnliche Herausforderungen auf unsere Kinder warten, ist dann meistens nicht klar. Die konstruktive Auseinandersetzung mit einem Dienst hilft uns zudem, ein objektiveres und umfassenderes Bild von den vermeintlichen »Gefahren und Risiken« zu bekommen, die uns im Unterbewusstsein begleiten und beeinflussen. Zusätzlich können wir besser einschätzen, ob unsere Kinder von ihrer Entwicklung und ihren Eigenarten her mehr oder weniger anfällig für bestimmte Konfliktthemen sind.

Christiane, Mutter von drei Kindern: »Ich bin begeistert, wie unkompliziert es ist, durch Facebook und WhatsApp mit Freunden und Bekannten in Kontakt zu bleiben.«

Wenn andere von der Brücke springen ...

Stellen Sie sich doch mal bitte folgenden Dialog vor:

Martin (13 Jahre): *Papa, kann ich WhatsApp?*

Vater: *Für was brauchst du denn so was?*

Martin: *Das ist echt cool! Alle meine Freunde sind auch da ...*

Vater: *Ach, und wenn die von einer Brücke springen, springst du dann auch?*

Viele von uns kennen diese Brückenargumentation aus der eigenen Jugend. Damit sollte nur zu oft dem Prinzip des Gruppenzwangs entgegengewirkt werden. Dass andere etwas haben, darf und sollte kein Argument sein, das Gleiche haben zu wollen. Ganz unabhängig davon, wie berechtigt man das Brückenargument grundsätzlich findet, geht es in unserem Beispiel gar nicht darum, »etwas **Materielles** haben zu wollen«. Wenn ein Mensch einem sozialen Netzwerk beitreten möchte, weil seine Freunde auch dort sind, hat das in erster Linie etwas mit **Kommunikation** und **sozialer Zugehörigkeit** zu tun.

Was die Kommunikation angeht, hilft vielleicht folgende Sichtweise: Wie viele Kinder besitzen z. B. ein Handy, nur damit sie »in Notfällen« erreichbar sind und mit ihren Eltern kommunizieren können? Laut KIM-Studie 2016 des medienpädagogischen Forschungsverbunds Südwest (mpfs) hat jedes zweite Kind zwischen sechs und zwölf Jahren ein eigenes Handy. Im Jahr 2003 waren es »nur« 24 %.

Dieser meist elterliche Wunsch nach medialer Kommunikation und Verfügbarkeit etabliert sich von Jahr zu Jahr mehr. Wieso soll es dann nicht normal sein, wenn Jugendliche untereinander medial kommunizieren wollen? Soziale Netzwerke haben einfach den Vorteil, dass orts- und zeitunabhängig der Kontakt zu Freunden hergestellt und gehalten werden kann. Und wenn wir einmal einen Blick auf die Zeit werfen, die unseren Kindern neben Schule, Hausaufgaben, Verein usw. noch bleibt, kann das durchaus von Vorteil sein.

Malte, Vater von vier Kindern: »Am wichtigsten ist für mich, dass meine Kinder lernen, sicher, eigenständig und verantwortungsvoll mit Medien umzugehen. Das Mindestalter bei einem Kommunikationsmittel ist auch wichtig, aber zweitrangig.«

Eine Frage des Alters

Wäre Martin noch etwas jünger, könnte die Antwort seines Vaters auch wie folgt lauten:

»Für so etwas bist du noch zu jung, WhatsApp ist erst ab 16 Jahren.«

In der Tat, in den allgemeinen Geschäftsbedingungen (AGB) von **WhatsApp** heißt es, dass erst ab 16 Jahren eine Mitgliedschaft möglich sein soll. Die Frage, die sich also stellt, ist, was zu tun ist, wenn Kinder, die unter 16 sind, einen Account haben möchten. Verbieten mit dem Risiko, dass das Kind woanders und heimlich einen Account anlegt, oder erlauben und gegen die AGB verstoßen?

Keine pauschalen Antworten

Eine schwierige Frage, auf die es keine pauschale Antwort gibt, weil diese sehr vom Stand der persönlichen Entwicklung des Einzelnen abhängt. Zudem wissen wir, dass eine **Altersgrenze** immer nur bedingt funktioniert, in manchen Bereichen wird der Verstoß dagegen sogar gesellschaftlich geduldet.

Nehmen wir als Beispiel das Rauchen in der Öffentlichkeit, das ab 18 Jahren erlaubt ist. Wie oft werden hier alle Augen zugedrückt? »Wenn sie hier nicht rauchen dürfen, rauchen sie eben woanders«, heißt es ja auch richtig. Und so wird es zumindest geduldet, dass Minderjährige auf Festen, vor Jugendtreffs oder auf anderen öffentlichen Veranstaltungen rauchen. Darüber hinaus haben die Eltern sogar das Recht, ihren Kindern das Rauchen zu Hause zu erlauben. Wäre es dann nicht auch logisch, wenn Eltern ihren Kindern die Nutzung von Diensten erlauben dürften, sofern sie der Ansicht sind, dass diese über die entsprechende Reife verfügen? Die **allgemeinen Geschäftsbedingungen** sind in erster Linie keine Gesetze, sondern lediglich vom Anbieter formulierte Voraussetzungen für die Nutzung eines bestimmten Diensts. Diese haben rein gar nichts mit der individuellen Entwicklung der nutzenden Menschen zu tun, sondern richten sich nach geltenden Datenschutzgesetzen. Im schlimmsten Fall kann also nur der Account gesperrt werden.

Für eine genaue Beurteilung ist es zwingend erforderlich, sich mit den Anforderungen und Funktionen des Diensts sowie mit der persönlichen Entwicklung und Reife des Kindes auseinanderzusetzen.

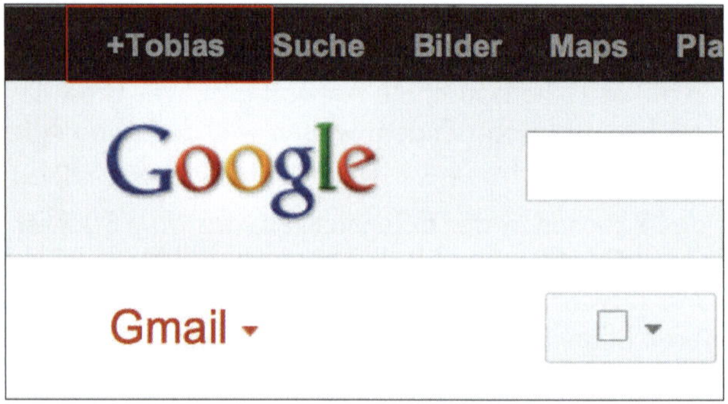

Jeder neue Google Mail-Benutzer ist automatisch Mitglied im sozialen Netzwerk Google+.

Gemeinsam einen Account anlegen

Soziale Netzwerke wie z. B. Facebook sind für Jugendliche ein wichtiges **Kommunikationsmedium**. Da der Zugang durch die weite Verbreitung internetfähiger Endgeräte wirklich sehr einfach ist, ist es unserer Meinung nach wenig sinnvoll, die Facebook-Nutzung zu verbieten und zu hoffen, dass die Kinder und Jugendlichen sich daran halten.

Im Fall des sozialen Netzwerks **Google+** kann es sogar passieren, dass ein entsprechender Account eingerichtet wird, ohne dass der betroffene Jugendliche selbst davon etwas mitbekommt. Mittlerweile ist hier nämlich die Nutzung von Google Mail, Kalender, Docs usw. an eine Google+-Mitgliedschaft gebunden. Sobald also ein E-Mail-Konto eingerichtet wird, erstellt Google anhand der persönlichen Daten automatisch ein Google+-Konto. Dieses lässt sich zwar in einem separaten Schritt deaktivieren, was aber auch nur möglich ist, wenn man selbst von seiner eigenen Mitgliedschaft weiß.

Eine sehr gute Möglichkeit, unsere Kinder sinnvoll auf ihrem Weg durchs Netz zu begleiten, ist daher, entsprechende Konten und Accounts gemeinsam anzulegen. Dies gilt nicht nur für soziale Netzwerke, sondern auch für E-Mail-Anbieter und andere Provider. Sprechen Sie mit Ihrem Kind darüber, warum welche Angaben gemacht werden müssen, und achten Sie gemeinsam auf die entsprechenden Sicherheitseinstellungen. Informieren Sie sich z. B. über eine Suchmaschine im Vorfeld über das digitale Angebot, über **potenzielle Sicherheitslücken** und entsprechende **Privatsphäre-Einstellungen**. Fragen Sie Ihr Kind, wie und in welchem Umfang es eigentlich das entsprechende Angebot nutzen möchte. Nur so können Sie die idealen Einstellungen herausfinden.

Bitte resignieren Sie nicht, wenn Sie oder Ihr Kind die Funktionen und die Bedeutungen der einzelnen Einstellungen nicht sofort verstehen – das wäre in der Tat sehr viel verlangt. Viel wichtiger ist es, dem eigenen Kind ein gewisses Durchhaltevermögen und den Willen zur Auseinandersetzung mit einem fremden Thema vorzuleben.

Der Respekt vor der Privatsphäre und den Persönlichkeitsrechten des Einzelnen ist nicht nur im digitalen Leben wichtig.

Begleiten oder kontrollieren?

Nachdem Sie gemeinsam einen Account angelegt haben, steht nun einer Nutzung der Dienste nichts mehr im Weg. Die Jugendlichen können Bilder veröffentlichen, Statusmeldungen posten, sich mit anderen Menschen vernetzen, neue Kontakte knüpfen und innerhalb ihrer Clique auf dem Laufenden bleiben. Aber wie können wir als Eltern sicherstellen, dass sich unsere Kinder in geordneten Bahnen bewegen, niemanden beleidigen, keine peinlichen Fotos veröffentlichen und dass vor allem keine Kontakte zu zweifelhaften Menschen entstehen? Erst vor Kurzem war noch im Jahresbericht der **Zentralstelle der Länder für Jugendschutz im Internet** zu lesen, dass z. B. rechtsradikale Gruppen vermehrt soziale Netzwerke nutzen, um dort Nachwuchs zu finden. Selbstverständlich wollen wir nicht, dass unsere Kinder mit so etwas in Kontakt kommen. Was also tun?

Nun, eine Möglichkeit wäre natürlich – da wir vom gemeinsamen Einrichten die Passwörter kennen –, sich ab und zu als unser Kind einzuloggen und einfach mal zu schauen, was es denn so alles macht. Wir könnten die privaten Nachrichten lesen, den Freundeskreis nach unseren Vorstellungen optimieren und die für uns anzüglichen **Partyfotos** durch seriöse und anständige Bilder des letzten Oma-Besuchs ersetzen.

Wahrscheinlich finden Sie selbst, dass diese Variante in einem vertrauensvollen Erziehungsumfeld niemals infrage kommen kann. Schließlich lesen wir ja auch nicht die persönlichen Tagebücher unserer Kinder und nehmen auch keinerlei Einfluss auf deren Freundeskreis. Warum sollte das im Internet anders sein? Der Respekt vor der Privatsphäre und den **Persönlichkeitsrechten** des Einzelnen ist nicht nur im digitalen Leben wichtig. Vor allem als Eltern sollten wir Vorbilder sein und uns so verhalten, wie wir es von unseren Kindern verlangen.

Was wir machen können, ist, unsere Kinder zu begleiten, ein vertrauensvoller Ansprechpartner zu sein und ein offenes Ohr für die Belange und Bedürfnisse zu haben.

Lisa: »Ich chatte und skype regelmäßig mit meiner Freundin in Dänemark auf Englisch. So lerne ich die Sprache wesentlich besser, was ich auch in der Schule merke ...«

Vom behüteten Schutzraum hin zur jugendlichen Eigenverantwortlichkeit

Um einen kindgerechten Start ins Internet zu ermöglichen, gibt es verschiedene Optionen. Sie können z. B. eine Kindersuchmaschine wie *www.frag-finn.de* oder *www.blinde-kuh.de* als Startseite einrichten, Sie können aber auch im Browser kindgerechte Internetseiten als Favoriten anlegen. Egal wie Sie es machen, bei Kindern im Grundschulalter sollte generell die Regel gelten: **Niemals allein im Internet!**

Es gibt diverse Programme, die sich selbst als Jugendschutzfilter oder Jugendschutzprogramme bezeichnen, keines davon ist allerdings zu 100 % sicher. Entweder werden zu viele gute Seiten gesperrt (**Overblocking**), oder das Programm ist mit wenigen Klicks zu umgehen. Unterschätzen Sie hierbei bitte nicht den Einfallsreichtum Ihrer Kinder!

Wie bereits gesagt, bei kleinen Kindern ist eine durchgängige Begleitung notwendig, die sich jedoch mit zunehmendem Alter verringern sollte. Je älter die Kinder werden, desto mehr wird das Internet inhaltlich und kommunikativ genutzt. Hausarbeiten werden vielleicht in einer WhatsApp-Gruppe besprochen, Inhalte über Suchmaschinen recherchiert. Vielleicht ist für ein Referat auch mal ein YouTube-Video nützlich. Und was bringen unseren Kindern dann Filterprogramme, die alles mit dem Wort SEX sperren, wenn sie für den Geschichtsunterricht etwas zum Thema RechtSEXtremismus suchen?

Tipp

Es ist wie im analogen Leben: Irgendwann setzt die Pubertät ein, der elterliche Einfluss schwindet. Die Jugendlichen sind auf der Suche nach ihrer eigenen Identität und grenzen sich dabei bewusst vom Elternhaus ab. In solchen Fällen können wir als Eltern auch nur Eltern sein, unsere Kinder auf das, was kommt, vorbereiten, ihnen zur Seite stehen und darauf vertrauen, dass sie eigenverantwortlich ihre Entscheidungen treffen. Wie heißt es so schön in einem Sprichwort: »Wir können unsere Kinder nicht davor bewahren, hinzufallen, jedoch können wir ihnen beim Aufstehen helfen.«

Hessische/Niedersächsische Allgemeine | Wetter | Radio HNA | Kontakt | Kartenservice | Veranstaltungen | HNA stellenanzeigen.de | Freitag, 11.07.2014

HNA.DE | Suchen | Meine HNA

Lokales | Nachrichten | Sport | Multimedia | Radio HNA | Magazin | Anzeigen | Abo-Shop

HNA Online > Lokales > Kassel > **Weil Eltern zu oft telefonierten: Handys in städtischen Kitas in Kassel tabu** | RSS: Kassel

01.06.14 | Kassel | 0

Viele kümmerten sich nicht mehr um ihre Kinder

Weil Eltern zu oft telefonierten: Handys in städtischen Kitas sind jetzt tabu

Empfehlen 192 | g+1 | Twittern 4

Kassel. In den 29 städtischen Kindergärten gilt jetzt ein Handyverbot für Eltern. Dies wurde auf Wunsch der Kita-Leitungen eingeführt, da Eltern beim Bringen und Abholen ihrer Kinder immer häufiger ein Handy am Ohr hatten.

Dadurch sei es für die Erzieher nicht möglich gewesen, mit den Eltern Probleme und Fragen zu klären, teilt die Stadt mit. Zudem würden die Kinder darunter leiden, wenn ihre Eltern sie wegen eines Telefonats weder vernünftig verabschiedeten noch in Empfang nähmen.

In den Kitas der Stadt weist nun der Aushang „Handy-freie-Zone" auf das Verbot hin. Dieser Schritt sei nötig geworden, weil viele Eltern so ablenkt seien, dass sie ihre Kinder nicht mehr beim An- und Ausziehen unterstützten und Aushänge in der Kita nicht mehr wahrnehmen würden. Oft erteilten sie ihren Kindern nur noch „kurze Kommandos, stumme Gesten oder Handzeichen", heißt es in einer Pressemitteilung der Stadt.

Die neue Regelung wird nach Informationen aus dem Rathaus von vielen Eltern begrüßt. Auch städtische Erzieher dürften in den Kitas keine privaten Gespräche führen.

Der Blog für unterwegs

Kassel LIVE

Mitmachprojekt „Kassel-live" - Nachrichten unserer Stadt schnell, kurz und übersichtlich.

Lokale Nachrichten

Kassel	Kreis Kassel
→ Kassel live	→ Flughafen Calden
Frankenberg	Fritzlar/Homberg
Göttingen	Hann. Münden
Hofgeismar	Korbach/Waldeck
Melsungen	Northeim

Reaktion hessischer Kitas: Smartphone-Verbot für Eltern

Regeln für Kinder – und auch für Eltern

Für viele Eltern ist es eine Herausforderung, den Medienumgang der Kinder zu begleiten. Dennoch kommen wir nicht drum herum und müssen uns mit bestimmten medienerzieherischen Pflichten auseinandersetzen. Was uns in der Familie sehr unterstützen kann, sind feste Regeln und Absprachen, denn Kinder und auch Jugendliche brauchen sie.

Das ist erst einmal nicht Neues, denn **Regeln und Absprachen** gibt es ja schon länger: »Um zehn bist du zu Hause!«, »Erst die Hausaufgaben, dann das Schwimmbad ...« usw. Genau wie in anderen erzieherischen Bereichen Regeln formuliert werden, muss es sie auch in Bezug auf die Mediennutzung geben. So könnten Regeln beispielsweise lauten:

- Nachts gehören keine Smartphones, Laptops und Fernseher ins Kinderzimmer.
- Während des Essens nutzt keiner das Telefon.
- In einem Face-to-Face-Gespräch bricht man nicht ab und geht ans Handy.
- ...

Dies sind nur Beispiele und sollen dazu anregen, eigene und auf Ihre Familie bezogene Regeln aufzustellen. Wichtig ist jedoch, dass auch wir als Eltern uns an diese Regeln halten und uns unserer Vorbildfunktion bewusst sind, denn Kinder lernen schließlich von uns und gucken sich Verhaltensmuster ab. Wenn wir als Erwachsene ständig am Smartphone hängen und diese Art der Kommunikation manchmal wichtiger ist als die mit unseren Kindern, müssen wir uns nicht wundern, wenn die Kleinen solche Eigenschaften erlernen und übernehmen.

Smartphone wichtiger als Kinder – das kommt nicht vor?

In Hessen sind bereits vor vier Jahren einige Kindergärten dazu übergegangen, ein Handyverbot für Eltern auszusprechen, weil diese bei der Übergabe des Kindes geistig abwesend waren, Kinder in ihren Jacken stehen ließen und keine Absprachen mehr mit den Mitarbeitenden getroffen werden konnten ...

Johannes: »Ab und zu spiele ich auch mal gerne am Computer. In dieser Zeit bin ich aber auch froh, neben Schule, Familie, Verein, Jugendgruppe und anderen Hobbys meine Ruhe zu haben.«

Angemessene Nutzungszeiten Teil 1

So ziemlich auf jedem Elternabend taucht die Frage auf, wie lange die Kinder/Jugendlichen eigentlich pro Tag den Computer oder das Smartphone nutzen dürfen. Diese Frage ist berechtigt, allerdings können wir darauf keine allgemeingültigen Pauschalantworten geben, da hier viele Faktoren eine Rolle spielen: Alter des Kindes, persönliche Reife, Art der Nutzung, Wetter usw.

Abhängig vom Wetter? Ja, denn es ist ein großer Unterschied, ob unsere Kinder an einem sonnigen Tag an der Playstation sitzen und spielen, während alle Freunde draußen sind und auf sie warten, oder ob es regnet und stürmt und im ganzen Ort nichts los ist. Hier dürfen wir mit ruhigem Gewissen auch mal **Ausnahmen machen** und die Nutzungszeiten variieren. Es ist jedoch sehr wichtig, dass wir gemeinsam mit unseren Kindern die **Nutzungszeiten festlegen** und diese besprechen – genau wie die Konsequenzen bei einer Nichteinhaltung. Allerdings muss uns als Eltern auch klar sein, dass gewisse Inhalte ihre Zeit brauchen und nicht einfach so beendet werden können. Das weiß jeder, der schon einmal einen Skat- oder Canasta-Abend mitgemacht oder sich selbst in einem guten Buch verloren hat.

Level in Computerspielen

Nehmen wir hier als Beispiel doch einmal ein **Computerspiel**. Die Abfolge bzw. die Handlung eines Spiels ist in der Regel in sogenannte »Level« unterteilt. Level sind Spielabschnitte, die bewältigt werden müssen, um in den nächsten Abschnitt vordringen zu können. Vergleichbar ist das Level mit einem Akt in einem Theaterstück oder einem Kapitel in einem Buch. Viele Spiele bieten leider nicht die Möglichkeit, mitten in einem Level einen Speicherpunkt zu setzen. Wird das Spiel also mittendrin beendet, muss der Spieler bei Neubeginn das komplette Level neu spielen.

Es gibt keine digitalen Lesezeichen, und wer möchte schon bei einem Buch das komplette Kapitel noch mal lesen, nur weil die vereinbarte Zeit abgelaufen ist?

Jahn (links): »Ich wollte es wissen und habe drei Tage auf Facebook verzichtet. Ich war überrascht, wie schnell ich mit den Hausaufgaben fertig war …«

Angemessene Nutzungszeiten Teil 2

Wie bereits geschrieben, ist es weder sinnvoll noch möglich, für einen 14-Jährigen die pädagogisch wertvolle Computernutzungszeit in Minuten zu definieren, zumal es ja auch der Fall sein könnte, dass der Computer, oder eben YouTube oder Facebook, für die Hausaufgaben verwendet wird.

Wenn Sie jedoch das Gefühl haben, dass der Computer während der Hausaufgaben nur aufhält und ablenkt, schlagen Sie Ihrem Kind doch einmal eine **Testphase** vor, in der es drei Tage den Computer und das Smartphone während der Hausaufgabenzeit ausmacht. In vielen Fällen merken die Jugendlichen selbst, dass sie dann viel schneller mit den Hausaufgaben fertig sind, weil ganz einfach die mediale Ablenkung geringer ist. Das ist aber eine Erfahrung, die unsere Kinder selbst machen müssen. Und es ist vor allem auch eine Erfahrung, die viele Erwachsene noch machen müssen, denn wie oft lenken uns die Angebote des Internets von unserer eigentlichen Arbeit ab? Schnell mal eine private E-Mail geschrieben, bei Amazon nach einem Buch geschaut, Preisvergleich bei eBay usw. Es kommt einem vor wie in einer Zeitmaschine: Um neun Uhr mal kurz ins Internet – und schwups ist Mittagspause.

Natürlich gibt es aber auch Situationen, in denen der Computer, das Spiel oder Facebook sehr intensiv genutzt wird. In vielen Medien hört oder liest man in diesem Kontext dann von Computersucht usw. Dieses Thema ist sehr sensibel und nicht ganz so einfach zu behandeln, wie es manche Fachleute gerne hätten. In Zeiten einer internetgestützten Kommunikation kann man nicht einfach von einem Suchtverhalten sprechen, weil jemand acht bis zehn Stunden täglich online ist. Wovon sprächen wir dann bei Smartphone-Besitzern, die fast rund um die Uhr eine Verbindung zum Internet haben?

Aus diesem Grund wollen wir uns auf der folgenden Infoseite ein wenig genauer mit dem Begriff **Computersucht** beschäftigen.

Diagnostische Kriterien für eine pathologische Internetnutzung von Young (1996), modifiziert von Beard (2001):

Alle folgenden Kriterien (1–5) müssen vorliegen:

1. Ständige gedankliche Beschäftigung mit dem Internet – Gedanken an vorherige Onlineaktivitäten oder Antizipation zukünftiger Onlineaktivitäten.
2. Zwangsläufige Ausdehnung der im Internet verbrachten Zeiträume, um noch eine Befriedigung zu erlangen.
3. Erfolglose Versuche, den Internetgebrauch zu kontrollieren, einzuschränken oder zu stoppen.
4. Ruhelosigkeit, Launenhaftigkeit, Depressivität oder Reizbarkeit, wenn versucht wird, den Internetgebrauch zu reduzieren oder zu stoppen.
5. Längere Aufenthaltszeiten im Internet als ursprünglich geplant.

Zumindest eines der folgenden Kriterien (6–8) muss vorliegen:

6. Aufs Spiel setzen oder Riskieren einer engen Beziehung, einer Arbeitsstelle oder eines beruflichen Angebots wegen des Internets.
7. Belügen von Familienmitgliedern, Therapeuten oder anderen, um das Ausmaß und die Verstrickung mit dem Internet zu verbergen.
8. Internetgebrauch als ein Weg, Problemen auszuweichen oder dysphorische Stimmungen zu erleichtern (wie Gefühle von Hilflosigkeit, Schuld, Angst, Depression).

Info: Computersucht

Wie wir bereits im ersten Kapitel beschrieben haben, wird der Begriff **Computersucht** ziemlich oft verwendet, meistens jedoch in einem nicht wissenschaftlich fundierten Zusammenhang, da es bislang noch keinen Konsens bei der Differenzierung von »Internetsucht« und »Computerspielsucht« gibt. Dennoch darf nicht bestritten werden, dass es ein problematisches Nutzungsverhalten gibt. Auch wenn es laut Fachverband für Medienabhängigkeit e. V. noch nicht exakt möglich ist, psychisch kranke Internetabhängige von gesunden Internetusern sicher zu unterscheiden, ist es Konsens, dass die Kriterien für stoffgebundene Abhängigkeiten, wie z. B. Alkohol oder Nikotin, auch für die Internetabhängigkeit bzw. Computerspielsucht anwendbar sind, wobei die reine Nutzungsdauer hierbei nicht als alleiniges Kriterium angesehen werden darf.

Kriterien für Computersucht

Bereits 1996 entwickelte die amerikanische Psychologin **Dr. Kimberly Young** aufgrund dieser Annahme **Kriterien für eine Internetsucht**, von denen mindestens fünf erfüllt sein müssen, um die Diagnose Internetsucht zu stellen. Diese Kriterien wurden 2001 von **Dr. Keith Beard** dahin gehend verändert, dass für die Diagnose die ersten fünf Kriterien plus eines der letzten drei erfüllt sein müssen (siehe Auflistung auf der gegenüberliegenden Seite). Mit diesen Kriterien wird uns vielleicht deutlich, welche Indikatoren für das Thema Sucht eine Rolle spielen. Sie können für unsere Beurteilung wichtig sein, wenn wir den Eindruck haben, dass unsere Kinder ein suchtartiges Verhalten an den Tag legen.

Oftmals hervorgebrachte Zusammenhänge zwischen schulischem Leistungsabfall, Übergewicht sowie sozialer Isolation und einem übermäßigen Computernutzungsverhalten erscheinen damit in einem anderen Licht. Als Grund für einen schulischen Leistungsabfall kann natürlich das Computerspiel infrage kommen. Möglich wäre es aber auch, dass der oder die Jugendliche ganz andere Probleme hat und diese mit dem Computerspiel kompensiert. Die Computernutzung wäre dann eine Folge des Problems, nicht aber die Ursache.

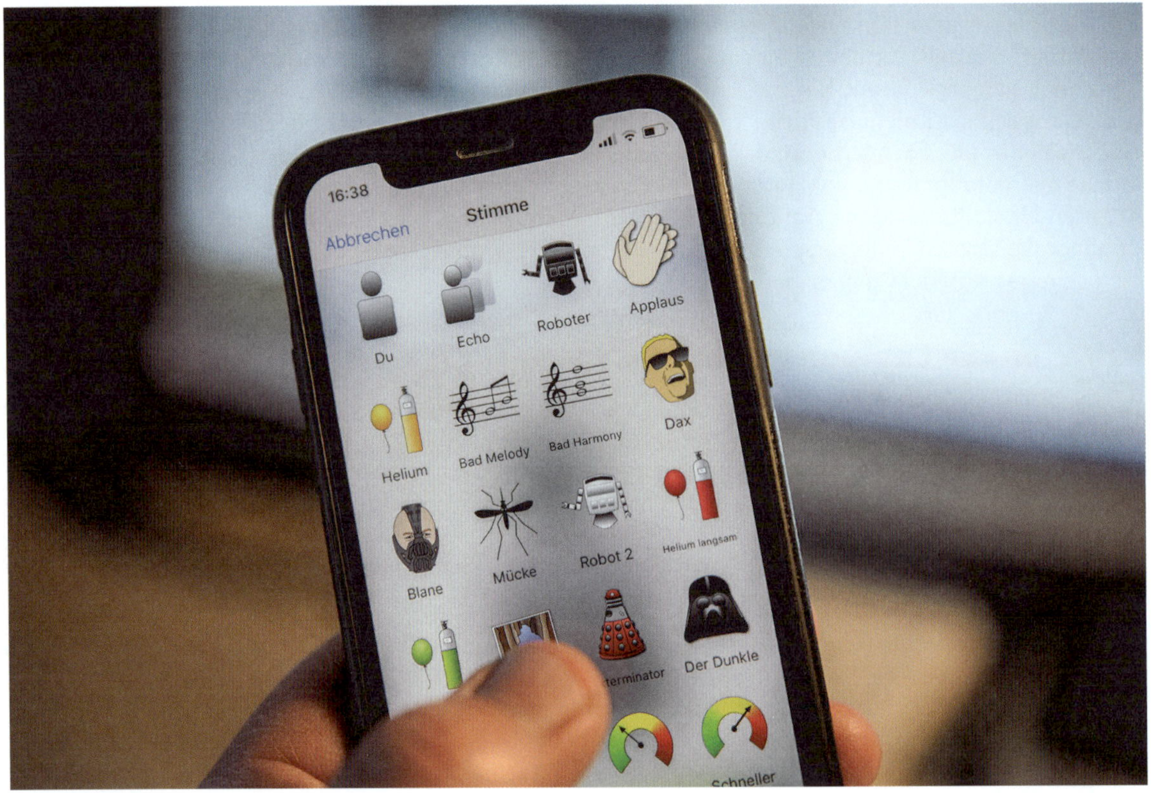
16:38
Stimme
Abbrechen
Du
Echo
Roboter
Applaus
Helium
Bad Melody
Bad Harmony
Dax
Blane
Mücke
Robot 2
Helium langsam
Der Dunkle

Aktive Medienarbeit als Prävention

Der Trend der letzten Jahre zeigt eindeutig, dass unsere Kinder immer früher in Kontakt mit Medien kommen. Das ist erst einmal nichts Negatives, denn entscheidend ist ja, wie dieser Kontakt aussieht und wie unsere Kinder damit umgehen.

Natürlich gibt es viele **Herausforderungen**, vor die unsere Kinder gestellt werden und bei deren Bewältigung wir ihnen bereits im Vorfeld behilflich sein müssen, denn der beste Weg, sich vor negativen medialen Einflüssen zu schützen, ist, zu wissen, wie Medien funktionieren.

Gehen Sie es kreativ an

Nehmen wir als Beispiel die in Kapitel 5 erwähnten **Kettenbriefe**, die bei zahlreichen Grundschulkindern für Albträume sorgen. Diese Angst könnten wir unseren Kindern zum größten Teil nehmen, indem wir ihnen beibringen, wie solche Stimmverfremdungen funktionieren. Hierfür stehen uns in den jeweiligen App-Stores zahlreiche Apps zur Verfügung, die eine aufgenommene Stimme mit einem Gruseleffekt belegen, aus ihr eine Darth-Vader-Stimme machen oder sie klingen lassen wie ein Minion.

Machen Sie ein Spiel daraus, werden Sie kreativ und erstellen Sie Ihre eigenen Gruselsounds. So begreifen die Kinder, dass hinter den Kettenbriefen keine unnatürliche dunkle Macht steckt, sondern lediglich ein schlechter Scherz.

Das Gleiche gilt übrigens auch für **Bild- und Videomanipulationen**. Wir haben bereits weiter vorne geschrieben, dass es im digitalen Zeitalter darauf ankommt, gefundene Inhalte bewerten zu können. Hierbei ist es förderlich, zu begreifen, wie einfach Bilder und Videos erstellt und manipuliert werden können – ein erster Schritt, der bereits im Grundschulalter umsetzbar ist. In Kapitel 13 haben wir zu diesem Thema ein paar App-Empfehlungen für Sie!

Foto: »computer class« von woodleywonderworks (*https://flic.kr/p/8JkgKz*), CC BY 2.0-Lizenz

Die Digitalisierung der Schulen beschränkt sich heute oft noch auf ein altes Modell: Standrechner im PC-Raum.

Medienbildung in der Schule

Eine andere grundlegende Frage im Zusammenhang mit der Medienerziehung ist die Frage, ob nicht auch das Bildungssystem daran mitwirken sollte. Inwiefern muss in Schulen und außerschulischen Bildungseinrichtungen ebenfalls ein **Beitrag zur Medienkompetenzvermittlung** geleistet werden? Kann sich Medienbildung auf den Informatikunterricht beschränken, oder sollten darüber hinaus Inhalte vermittelt werden, die in unserer **digitalisierten Gesellschaft** relevant sind?

Diese Frage wird derzeit intensiv diskutiert, Deutschland liegt hier im **internationalen Vergleich** relativ weit hinten. In den letzten Jahren hat diese Debatte jedoch an Intensität gewonnen, und mittlerweile sind sich die meisten Lehrkräfte, Bildungsexperten, Politiker und Eltern einig, dass in diesem Bereich mehr als bislang getan werden muss. Seit März 2018 gibt es in Deutschland dazu eine **Staatsministerin für Digitalisierung**, dieses Amt bekleidet Dorothee Bär (CSU). Sie beschäftigt sich auch mit dem **Medieneinsatz in der Bildung** und äußerte beispielsweise den schlagzeilenträchtigen Satz: *»Schüler brauchen heute vor allem drei Dinge: ein Tablet, ihre Sportsachen und das Schulbrot.«* Dies ist natürlich bewusst überzogen, aber die Aussage verdeutlicht, dass auch auf höchster Ebene über schulische Medienbildung nachgedacht wird.

Was **am Ende dieser Überlegungen und Debatten** entstehen wird, bleibt abzuwarten. Und bevor alle Schüler ein Tablet in die Hand bekommen, müssen zunächst die **Lehrkräfte geschult**, die **Materialien und die Didaktik angepasst** sowie die **technische Infrastruktur optimiert** werden. Ganz zu schweigen von der zu erzielenden Einigkeit über die zu vermittelnden Inhalte, die dann auch in den Lehrplänen verankert werden müssen.

Es gibt also noch viel zu klären und viel zu tun, bis Medienbildung flächendeckend seinen **Platz im Schulsystem** findet. Die gute Nachricht ist aber: **Es geht voran!**

Smartphones werden im Unterricht meist nur heimlich genutzt.

Handyverbot vs. Digitalisierung der Bildung

Aussagekräftig für den Umgang mit digitalen Medien in der Schule ist das **Handyverbot**. Es kann als Symbol für das **Verständnis des Bildungssystems** für Medien angesehen werden: Niemand weiß, wie man am besten damit umgehen soll, also wird das Teufelszeug eben verboten. **Aus den Augen, aus dem Sinn** – sollen sich doch die Eltern mit diesen Handys herumärgern.

Natürlich ist die Realität komplexer, und natürlich ist es **zunächst verständlich**, dass Handys im Unterricht stören und daher ausgeschlossen werden. (Es war ja auch nie erlaubt, im Unterricht Zeitung zu lesen oder Musik zu hören.) Dennoch muss die Frage erlaubt sein, ob das dauerhaft ein optimaler Weg sein kann oder ob nicht **neue, konstruktive Lösungen** gefragt sind.

Einerseits wird in Modellversuchen mit **Tabletklassen** experimentiert und darüber diskutiert, dass alle Schüler Tablets erhalten sollen, und andererseits werden die Smartphones, die (fast) alle Schüler in der Tasche haben, aus dem Unterricht verbannt. Der Ansatz **»Bring your own Device«**, also der Einsatz der eigenen Geräte in der Schule, bietet sich geradezu an, doch ist er natürlich auch mit Risiken behaftet und wirft zudem **neue Fragen** auf, beispielsweise nach einheitlichen Standards und der Übernahme von Anschaffungskosten.

Doch es besteht kein Zweifel mehr daran, dass sich **die Schule digitalisieren** muss und wird. Derzeit ist diese Digitalisierung oft mit **Kommerzialisierung** verbunden: Hardwarehersteller wie Apple und Samsung haben den Bildungsbereich längst als **gigantischen Markt** entdeckt und buhlen um Großkunden. Softwareanbieter wie Microsoft und Google halten spezielle Bildungsangebote bereit, und auch der Spielwarenhersteller Lego verkauft im Rahmen seines Education-Programms Bausätze für den Informatikunterricht.

Die Industrie reagiert **schneller und flexibler** als die Politik auf die Bedarfe des Bildungsbereichs. Wir müssen vor einer **Kommerzialisierung** der Schulen **auf der Hut** sein!

Mit Smartphone oder Tablet einen Roboter steuern: eine spielerische Form des Medienkompetenzerwerbs

Coding, Making & Robotic

Interessante Wege zur Vermittlung von Medienkompetenz verfolgen eher **spielerische Ansätze**, die das Ziel haben, sich auf Basis ungewohnter Methoden mit **technischen Inhalten** auseinanderzusetzen. Eine Komponente von Medienkompetenz ist auch das Verständnis für die Technik, die hinter Medien wie dem Internet steht, für Programmiersprachen und Algorithmen, die unsere Welt prägen.

Coding steht für die Beschäftigung mit **Informatik und Programmierung**. Neben der Vermittlung dieses Verständnisses im Informatikunterricht gibt es auch andere, spielerische Ansätze, um den Aufbau einer Programmiersprache zu verstehen. Ein Musterbeispiel ist **Scratch**, eine visuelle Programmiersprache für Kinder und Jugendliche: Hier werden (ähnlich einem Puzzle) verschiedene Bausteine zusammengefügt, die dann eine Befehlskette ergeben, um die Grundlagen einer Programmierlogik optisch zu verdeutlichen.

Making verfolgt einen haptisch orientierten Ansatz: Hier wird **mit Technik gebastelt**, um einen kreativen Umgang mit elektronischen Gerätschaften anzuregen. Zum Einsatz kommen 3-D-Drucker oder Lötkolben, der Minicomputer **Raspberry Pi** oder das Technik-Kit **Makey Makey**. In Projekten mit Kindern und Jugendlichen kann die digitale Welt mit neuen Mitteln erkundet werden.

Robotic schlägt ebenfalls eine Brücke von der digitalen in die Kohlenstoffwelt. Hier werden am PC oder am Smartphone **Befehle** programmiert, die dann von kleinen **Robotern** ausgeführt werden. Zahlreiche Produkte wurden speziell für den **Bildungsbereich** konzipiert, um kindgerecht die Systematik einer Programmierung und die Ausführung durch einen Spielroboter aufzuzeigen.

Derartige Ansätze können in Schulen und außerschulischen Bildungseinrichtungen ebenso eingesetzt werden wie **zu Hause im Kinderzimmer**. Probieren Sie es aus und erkunden Sie zusammen mit Ihren Kindern spielerisch die digitale Welt!

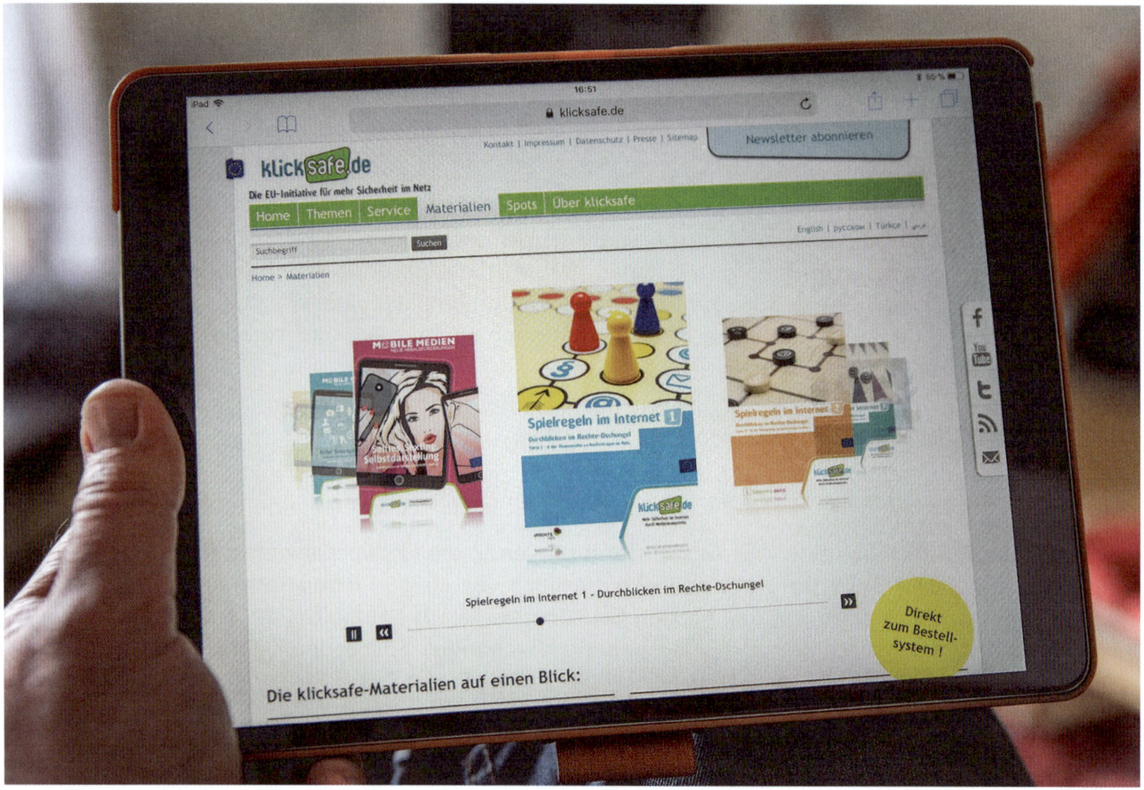

Bequem über Tablet oder Smartphone informieren: *klicksafe.de* bietet vielseitige Informationen in unterschiedlichen Sprachen.

Fazit

Medienerziehung ist eine wirklich große Herausforderung für uns Eltern. Ständig gibt es neue Entwicklungen und neue Trends, die einzige Konstante ist im Prinzip die Veränderung. Aber bitte lassen Sie sich nicht entmutigen. Wie Sie in diesem Kapitel gelesen haben, ist für eine sinnvolle Begleitung unserer Kinder kein Expertenwissen notwendig. Es ist vollkommen ausreichend, wenn Sie sich interessieren und informieren. Hierfür stellen wir Ihnen am Ende des Buchs einige empfehlenswerte Internetseiten vor. Nutzen Sie die stetigen Veränderungen der aktuellen Medien, um mit Ihren Kindern ins Gespräch zu kommen. Wie gesagt, es macht überhaupt nichts, dass wir in einigen Punkten auch von unseren Kindern lernen können.

Wichtig ist vor allem eins: Unsere Kinder sollen das Gefühl haben, dass sie in uns jederzeit **interessierte** und **vertrauensvolle Ansprechpartner** haben. Wir werden ab einem bestimmten Alter nicht mehr steuern können, wie und wohin sich unsere Kinder im Internet bewegen – genau so, wie wir den Freundeskreis und die abendlichen Aktivitäten ab einem bestimmten Alter nicht mehr regulieren können. Letzteres ist klar und für uns normal, denn in diesem Punkt war es bei uns, als wir jung waren, nicht anders. Wichtig ist jedenfalls, zu versuchen, unsere Kinder in ihrer Entwicklung zu emotional gefestigten und sozial gestärkten Persönlichkeiten zu begleiten.

Natürlich sind Sie nicht die Einzigen, die sich diesen Herausforderungen stellen müssen. Andere Eltern und Großeltern stehen vor der gleichen Aufgabe. Viele Fragen, die WhatsApp, Facebook und andere Social-Media-Dienste betreffen, sind pädagogischer Natur. Es gibt keine allgemeingültigen Antworten, die für jedes Kind und für jeden Jugendlichen verbindlich gelten. Nutzen Sie daher die kommunikativen Stärken der neuen Medien und tauschen Sie sich mit Ihren Kindern und mit anderen Eltern aus. Eine Möglichkeit dazu bietet Ihnen die Facebook-Seite zu diesem Buch.

Es geht nicht nur um die Bedienung von Geräten, sondern um Grundlagen und Kernkompetenzen.

KAPITEL 10 | Was Sie und Ihr Kind wissen sollten ...

Die Technik entwickelt sich immer schneller, gleichzeitig werden die Nutzer immer jünger. Mittlerweile besitzen über 65 % der Zehn- bis Elfjährigen ein eigenes Handy, Tendenz steigend. Man muss hier kein Hellseher sein, um zu prognostizieren, dass in wenigen Jahren fast alle Grundschüler über ein Smartphone verfügen werden. Die steigenden Anforderungen an uns Eltern sind nicht zu unterschätzen. Hinzu kommt, dass Kinder und Jugendliche zwar **in einer digitalen Gesellschaft aufwachsen**, teilweise aber grundlegende Kenntnisse für die Kommunikation in und den Umgang mit einem digitalen Umfeld völlig fehlen.

Wir haben jedoch eins in den letzten Jahren gemerkt: Es ist völlig gleichgültig, wie die Dienste heißen, die wir nutzen, ob das nun Facebook, WhatsApp, YouTube oder Instagram ist. Es kommen so schnell neue Entwicklungen, Apps und Angebote hinzu, dass niemand sagen kann, über welchen Messenger die Jugendlichen in zwei Jahren kommunizieren werden. Jedes Angebot hat für sich seine Bedeutung und seine positiven wie auch negativen Seiten, aber im Kern sind die Anforderungen an uns Eltern die gleichen.

Es geht um digitale Grundlagen, um **Grundkompetenzen**, die jeder haben sollte, Kinder wie auch Erwachsene. Es geht darum, zu begreifen, was es bedeutet, digital zu kommunizieren und uns in verschiedenen Öffentlichkeiten zu bewegen. Deshalb möchten wir in diesem Kapitel ein paar Basisinformationen kurz und bündig sammeln, die Sie und Ihr Kind im **Umgang mit digitalen Medien** kennen und verstehen sollten. Wir sind fest davon überzeugt, dass es bei Berücksichtigung der folgenden Punkte zu wesentlich **weniger Konflikten** und Reibereien im Netz kommen wird.

Mittlerweile zum medialen Schlagwort geworden: Fake-News

Fakt oder Fake Teil 1: kritischer Umgang mit Inhalten

»Man muss nicht alles wissen, man muss nur wissen, wo es steht!« In Zeiten von Facebook, Google und YouTube verliert diese einst so wertvolle Weisheit aus vergangenen analogen Tagen immer mehr an Bedeutung. Wer etwas sucht, findet es mit wenigen Klicks in YouTube, Wikipedia oder Google. Mittlerweile kann jeder Mensch ein eigenes Blog betreiben, Videomaterial produzieren und Informationen über die sozialen Netzwerke verbreiten, die Veröffentlichung von Inhalten ist nicht mehr geschulten Journalisten oder Redaktionen vorbehalten. Gleichzeitig steigen die **Möglichkeiten der digitalen Manipulation von Texten, Bildern oder Videos** rasant an.

Neue Herausforderungen für die Gesellschaft

Die Gesellschaft steht also vor ganz neuen Herausforderungen, besonders weil sich durch die Digitalisierung nicht nur Onlinedienste verändern, sondern auch das gesamte **Informationsmanagement**, also die Art und Weise, wie sich die Bürger Informationen beschaffen, konsumieren, produzieren und weitergeben. Gerade in den letzten Jahren wurde im Rahmen der Flüchtlingsberichterstattung deutlich, wie rasch durch aus dem Kontext gerissene Fotos oder manipulierte Nachrichten gefühlte Wahrheiten und subjektive Fakten entstehen können, die rechtspopulistische Gruppierungen sehr erfolgreich für ihre politischen Ziele genutzt haben.

Die Kunst besteht heute also nicht mehr darin, zu wissen, wo etwas steht, sondern in der Kompetenz, die gefundenen Informationen hinsichtlich ihrer Authentizität und Seriosität bewerten zu können.

Aus diesem Grund wollen wir Ihnen auf den folgenden Seiten ein paar Strategien zeigen, wie Sie die **Seriosität gefundener Inhalte überprüfen** können.

Wir bewegen uns in Filterblasen durch den digitalen Raum.

Fakt oder Fake Teil 2: das Leben in der Filterblase

Sobald wir uns mit unserem digitalen Informationsmanagement beschäftigen, stoßen wir irgendwann unweigerlich auf den Begriff **Filterblase**. Hierbei handelt es sich um einen digitalen Raum, in dem wir fast nur noch von Menschen umgeben sind, die unsere eigene Meinung teilen. Das sorgt zwar für einen enormen Input, für zahlreiche Likes und zustimmende Diskussionen, allerdings auf Kosten der Informations- und Meinungsvielfalt, da Menschen mit anderer Meinung gar nicht erst angezeigt werden.

Likes und Zustimmung auf Kosten der Meinungsvielfalt

Wie so etwas zustande kommt? Nun, für Facebook & Co. ist es klar, dass wir es lieber mit Menschen zu tun haben, von denen wir Zustimmung und Bestätigung erfahren. Zudem sind die Betreiber darum bemüht, dass wir möglichst lange und viel mit anderen Menschen über deren Plattform interagieren.

Aus diesem Grund werden unsere Informationen von einem **Algorithmus** gefiltert. Dieser sortiert die Menschen in der Freundesliste nach Neigungen und Ambitionen, die anhand des jeweiligen Surf-, Klick- und Leseverhaltens analysiert und festgelegt werden (mehr dazu in den beiden Abschnitten zu »Big Data« weiter unten). So kommt es beispielsweise auch zustande, dass uns Personen, deren Beiträge wir auf Facebook regelmäßig lesen, prominenter angezeigt werden als andere.

Filterblasen gibt es nicht nur bei Facebook, sondern in allen digitalen Bereichen. Eine gewisse inhaltliche Selektion findet im Rahmen von Big Data überall statt, sei es bei der Benutzung von Suchmaschinen oder beim Einkaufen über Amazon.

Diese Filterung ist erst einmal nichts Schlimmes, solange wir uns darüber im Klaren sind, dass es sie gibt und dass in diesem Umfeld keine umfassende und vielseitige Meinungsbildung zustande kommen kann.

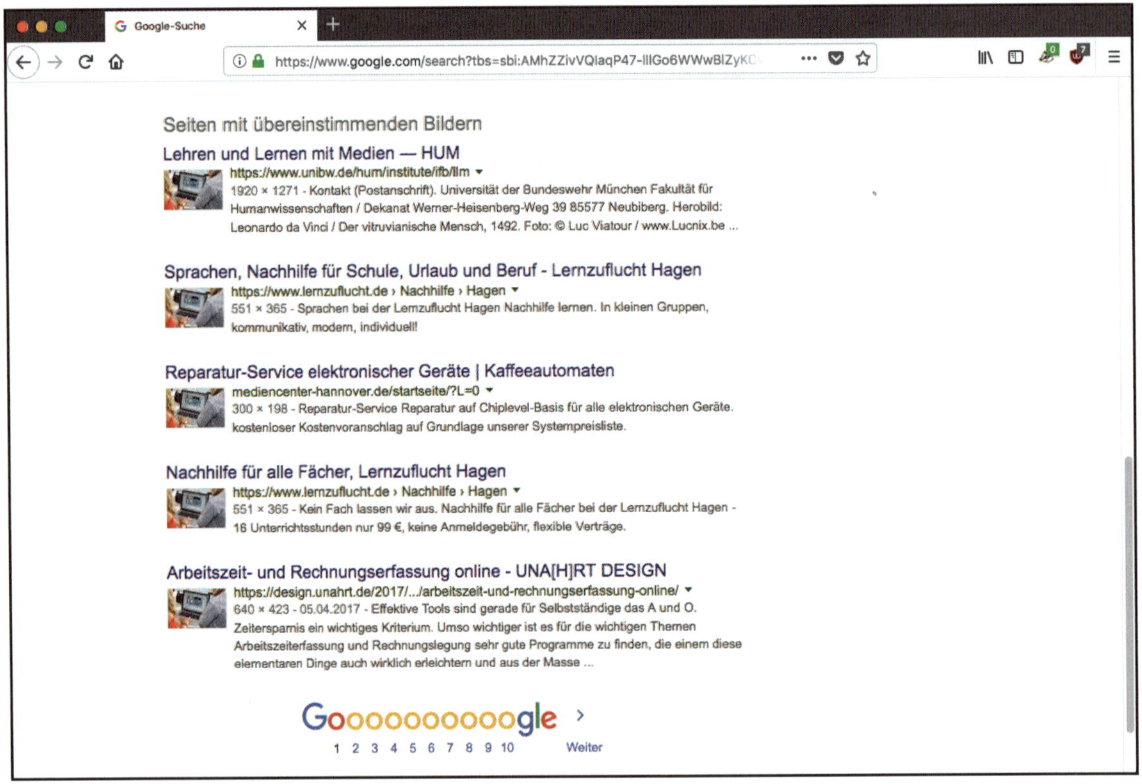

Mit der Rückwärtssuche kann man herausfinden, wo ein Bild überall verwendet wird.

Strategien für einen Faktencheck

Digitale Informationen hinsichtlich ihrer Authentizität zu überprüfen, muss in der digitalen Gesellschaft zu einer **Grundkompetenz** werden. Das ist nicht ganz einfach und gelingt auch nie zu 100 %, dennoch gibt es ein paar Strategien, die Sie sehr gern übernehmen können:

- **Einsicht:** Es gibt keine objektiven Medien. Selbst bei Videos und Fotos legt der Fotograf durch den Bildausschnitt die Kernaussage des Bilds fest. Eine Änderung der Perspektive kann oft die Grundaussage komplett verändern.
- **Quellenüberprüfung:** Hier gilt der alte journalistische Grundsatz: Eine Quelle ist keine Quelle. Ansonsten: Wer ist Urheber der Information? Gibt es weitere unabhängige Quellen? Bei Internetseiten lohnt da schon einmal ein Blick in das Impressum.
- **Quersuche:** Das bedeutet, ein Thema, das einen interessiert oder den Fake-Verdacht weckt, einfach in eine Suchmaschine eingeben. Falsche Informationen, die bereits entlarvt worden sind, werden dort häufig aufgelistet. Empfehlenswerte Seiten sind hier unter anderem *www.mimikama.at*, *www.stimmtdas.org* oder *www.hoaxmap.org*.
- **Foto-Rückwärtssuche:** Laden Sie unter *images.google.com* das verdächtige Foto hoch und sehen Sie, wo und in welchem Kontext es von wem bereits verwendet wurde.
- **YouTube DataViewer:** Oft werden alte Videos aus dem Kontext gerissen und als Beleg für aktuelle Ereignisse verwendet. Geben Sie unter *citizenevidence.amnestyusa.org* die URL eines verdächtigen YouTube-Videos ein und sehen Sie, wann es von wem hochgeladen wurde. Die Vorschaubilder des Videos sind dort automatisch mit der Foto-Rückwärtssuche verknüpft.

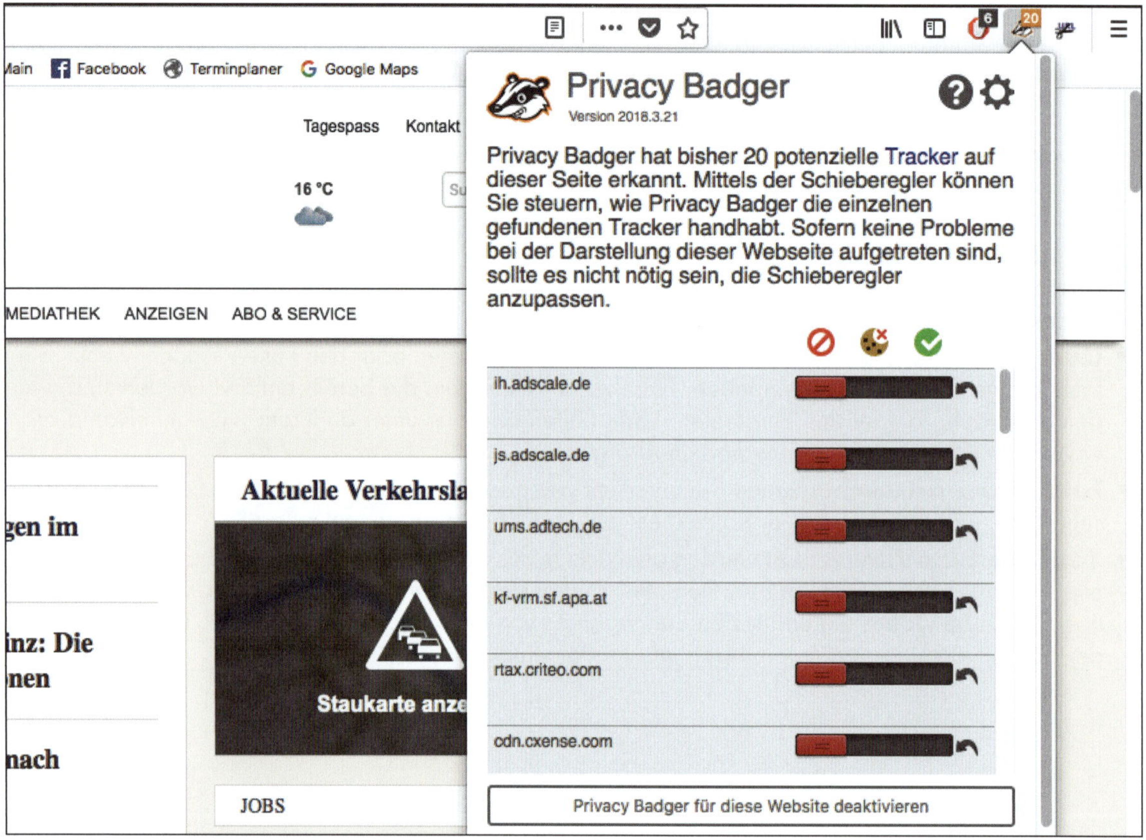

Add-ons wie der Privacy Badger verhindern ungewolltes Tracking.

Big Data: ein Schnitzelbrötchen für den Bürger aus Glas

Stellen Sie sich bitte folgendes Szenario vor: Sie wollen Schnitzelbrötchen in der Fußgängerzone Ihrer Stadt verkaufen. Vor wenigen Jahren hätten Sie hier noch Flyer und Plakate gedruckt und diese für Werbezwecke wahllos an alle Menschen verteilt. So aber nicht heute, denn es gibt Agenturen, die Ihnen bei Ihrer **Zielgruppenoptimierung** helfen und genau sagen können, wer von den Menschen in der Fußgängerzone Veganer ist, wer Vegetarier ist, wer kein Schweinefleisch mag und wer aufgrund seiner Gesundheitsdaten besser auf den Verzehr verzichten sollte. Und zuallerletzt zeigt Ihnen die Agentur die schweinefleischschnitzelbrötchenliebenden Menschen genau dann, wenn diese Hunger haben und Sie ihnen das Brötchen für einen Euro mehr als sonst verkaufen können.

Zu weit hergeholt? Nein, denn es gibt zweifelsohne das Ziel, möglichst viele Daten über jeden einzelnen Menschen zu sammeln und diese in einem Profil zu verwerten, sodass im Prinzip die gezielte Ansprache des gläsernen Bürgers zur Ware der Werbeindustrie wird. **Tracking-Tools** auf Webseiten analysieren, welche Texte wir uns wie lange durchlesen und welche Produkte wir uns länger anschauen als andere. **Algorithmen** berechnen unsere Bonität anhand der Wohnlage und des Kaufverhaltens und stellen diese Daten Finanzdienstleistern zur Verfügung. Dazu kommen Daten, die unser Smartphone oder andere smarte Geräte über uns sammeln – GPS-Koordinaten, Lauf- und Konsumgewohnheiten usw. Wir hinterlassen im digitalen Raum überall Spuren, die gesammelt und kombiniert ein umfassendes Profil über uns ergeben.

Um dies ein wenig einzudämmen, können wir:

- in den Browsereinstellungen den Tracking-Schutz aktivieren,
- Erweiterungen wie den Privacy Badger oder Ghostery nutzen,
- bei digitalen Tools und Apps auf die Zugriffsrechte achten und
- uns bei Aktionen und Rabattkarten fragen: Welche Daten werden für welchen Zweck erfasst?

Unter *facebook.com/ads/about/* finden Sie verständliche Hinweise dazu, wie Werbung auf Facebook funktioniert.

Big Data: Facebook und unsere Daten

Die auf der vorherigen Seite genannten **Tracking-Tools** werden natürlich auch von Facebook auf zahlreichen Internetseiten eingesetzt, sodass der blaue Riese ebenfalls weiß, womit wir uns außerhalb des sozialen Netzwerks beschäftigen.

Facebook verkauft keine Daten

Entgegen der verbreiteten Meinung verkauft Facebook diese Daten allerdings nicht, sondern bietet Werbetreibenden die Möglichkeit einer detaillierten Kundenansprache. Wer mal eine kostenpflichtige **Werbeanzeige** bei Facebook geschaltet hat, wird wissen, dass man hier sehr genau die **Zielgruppe** nach Wohnort, Alter, Hobbys, politischer Ambition und anderen Neigungen aussuchen kann. Facebook sorgt also dafür, dass die Information für das »Schnitzelbrötchen-Start-up« der vorherigen Seite auch wirklich bei der Zielgruppe ankommt. Diese Methoden der **Zielgruppenoptimierung** sind aber keineswegs neu, gibt es sie doch bereits seit vielen Jahren im analogen Bereich in Form von Kunden- und Bonuskarten – und vor allem in Form der **Payback-Karte**. Hier werden genaue Kaufgewohnheiten gespeichert, die für die Ansprache durch Werbepartner monetisiert werden. Die Auswertung dieser Daten lässt ohne Probleme Rückschlüsse auf die Ernährung, das Konsumverhalten, die Zahlmethoden, die Lieblingsorte zum Einkaufen usw. zu.

Auf die Privatsphäreneinstellungen kommt es an

Oft kommt es bei digitalen Diensten aber auch vor, dass eine fremde App durch zu schnelles Klicken auf »Ja« die kompletten Zugriffsrechte auf unsere Daten und auf die unserer Facebook-Freunde bekommt, sodass nicht nur Facebook unsere Daten verarbeiten darf, sondern auch der App-Anbieter. So geschah es Anfang 2018, als Facebook das größte **Datenleck** der Geschichte unterstellt wurden. Im Prinzip hatten hier über 270.000 Menschen einem Psychotest auf Facebook den Zugriff auf das Konto und die Daten der Freunde gewährt und diese für den Programmierer freigegeben.

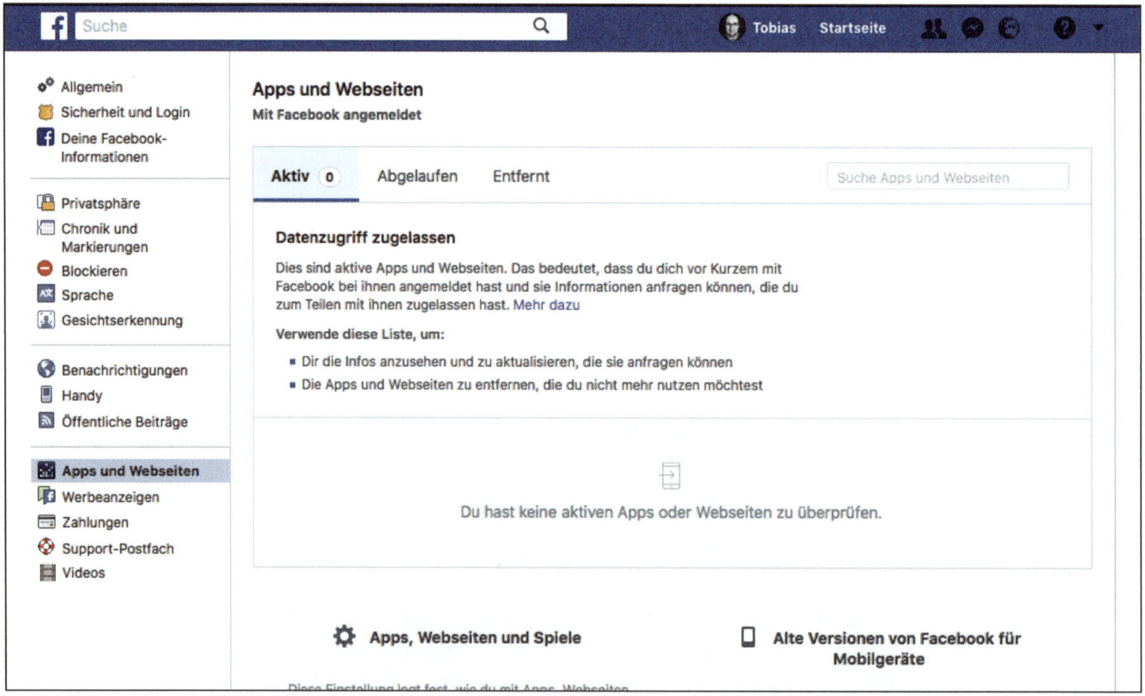

Facebook kann nur die Daten verwerten, die wir dem Anbieter auch zur Verfügung stellen!

Facebook – eine Frage der richtigen Einstellung

Auch wenn uns durch diverse Medienberichte etwas anderes suggeriert wird: Facebook ist keine böse Datenschleuder, die hinter unserem Rücken heimtückisch Milliarden mit unseren persönlichen Daten verdient. Facebook ist in erster Linie ein Konzern unter vielen, der erst einmal Geld verdienen möchte. Hierfür erhalten wir Nutzer eine Menge kostenloser Angebote, wie beispielsweise das soziale Netzwerk – aber auch Dienste wie WhatsApp und Instagram. Im Gegenzug wertet Facebook die von uns zur Verfügung gestellten Daten aus, um Werbekunden ein gezieltes **Targeting** anbieten zu können. Erinnern Sie sich hier an das Schnitzelbrötchen!

Allerdings sind wir in dieser Kette **keineswegs die Opfer**, denn Facebook kann in der Tat nur mit den Daten arbeiten, die wir Nutzer auch zur Verfügung stellen.

Grundsätzlich benötigen wir für die Facebook-Nutzung lediglich eine gültige E-Mail-Adresse, ein Geburtsdatum und einen Namen – nichts muss zwangsläufig etwas über uns als Person aussagen, da der Name und das Geburtsdatum nicht überprüft werden. Die restlichen Informationen, die wir angeben, sind **freiwillig**! Zudem können wir in den mittlerweile recht verständlichen Einstellungen von Facebook regulieren, wie welche Daten genutzt werden dürfen. So können wir unter **Apps und Webseiten** einsehen und regulieren, welche Fremdanbieter Zugriff auf unsere Daten haben.

Im Bereich **Privatsphäre** bekommen wir einen Überblick über unsere Aktivitäten und die Art und Weise, wie wir über unsere Informationen gefunden werden können, unter **Werbeanzeigen** legen wir fest, wie unsere Daten für ein zielgerichtetes Targeting genutzt werden dürfen, usw.

Es lohnt sich wirklich, sich regelmäßig mit den Einstellungen auseinanderzusetzen, zumal es passieren kann, dass Facebook bei der Einführung einer neuen Funktion bestimmte Voreinstellungen festlegt, die wir so gar nicht haben wollen. Unterstützung hierfür finden wir im ausführlichen Facebook-Hilfebereich unter *facebook.com/help*.

Hinter einem Foto verbergen sich viele interessante Informationen.

Was Metadaten über uns aussagen

Als Metadaten werden alle Informationen bezeichnet, die rund um die Erstellung einer Information anfallen. Machen Sie beispielsweise ein Selfie, ist das Foto von Ihnen das sichtbare Produkt. Etwas versteckter sind hier jedoch die **Metadaten**, die mit gewöhnlichen Bildbearbeitungsprogrammen ausgelesen werden können und eine Menge über uns, das Foto und seine Entstehung aussagen.

Obwohl ich in diesem Beispiel nur ein Foto aufgenommen und beispielsweise bei Facebook oder Instagram gepostet habe, wissen Sie nach Betrachtung der Metadaten, wann ich das Bild gemacht habe, welches Smartphone ich dazu verwendet habe und wo das Bild aufgenommen wurde. Poste ich nun viele Fotos mit integrierten Positionsdaten, wären konkrete Rückschlüsse auf **Wohnort**, **Dienststelle** und **Freizeitorte** nicht allzu schwierig. Vergleichen Sie dann den soeben ermittelten Wohnsitz mit dem lokalen Mietpreisspiegel, wären zudem Rückschlüsse auf meinen **finanziellen Hintergrund** möglich.

Metadaten fallen aber nicht nur bei Fotos an, auch beim beliebten Messenger **WhatsApp** und anderen Apps haben diese Informationen einen hohen Wert. Wer hält sich wo auf, wer kommuniziert wann und wo mit wem wie lange über welches Gerät? Denken Sie an das Schnitzelbrötchen auf der vorherigen Seite. Der Marketingstratege möchte ja nicht nur wissen, wer es mag, sondern wo sich diese Person zu einem bestimmten Zeitpunkt mit wem aufhält und wen in seinem Freundkreis das noch interessieren könnte.

Tipp

Metadaten fallen an, sobald ein digitaler Dienst genutzt bzw. ein digitales Produkt erstellt wird. Ein wenig haben wir aber auf die erstellten Daten Einfluss. So können wir:

- der Kamera-App in den Einstellungen den Zugriff auf das GPS-Modul verbieten bzw.
- generell auf Zugriffrechte – vor allem auf die Ortungsdienste – achten.

Ein sicheres Passwort ist das A und O in einer digitalen Gesellschaft.

Mein Passwort kenne nur ich

Irgendwie sind wir von Passwörtern nur so umgeben. Jeder Dienst, jedes Angebot, jedes E-Mail-Konto benötigt ein eigenes – und das ist auch gut so ...

Mittlerweile haben wir Teile unserer Identität und unserer Person ins digitale Leben verlagert. Unsere Kontakte und Termine sind alle auf dem Smartphone, mit den Freunden wird über Facebook, WhatsApp oder andere Messenger kommuniziert. Auch hier ist es völlig egal, welchen Messenger wir nutzen, wir gehen immer davon aus, dass wir am anderen Ende der digitalen Leitung den richtigen Ansprechpartner haben. Was aber, wenn mein Gegenüber sein **Smartphone ohne PIN** herumliegen lässt oder seinen Freunden das **Facebook- oder YouTube-Passwort verraten** hat? In der Praxis kommt es nicht selten dazu, dass mal schnell auf Kosten eines anderen ein peinlicher oder beleidigender Post getätigt wird. Noch schlimmer ist es, wenn auch noch intime oder private Fotos vom Handy des anderen geteilt und verschickt werden. So etwas kann für den Betreffenden zur wahren Tortur werden.

Sobald Sie also Teile der Kommunikation in die digitale Welt verlagern und die enormen Vorteile genießen, sollten Sie auch darauf achten, dass Ihre Identität und Ihre Daten bei Ihnen bleiben. Schützen Sie Ihr Smartphone und wählen Sie für alle Dienste unterschiedliche sichere Passwörter, auch für den Bildschirmschoner, wenn der PC für andere zugänglich ist.

Ein sicheres Passwort besteht im Idealfall aus **Klein- und Großbuchstaben, Zahlen und Sonderzeichen**. Gute und hilfreiche Informationen hierzu finden Sie auch im Internet unter *www.bsi-fuer-buerger.de* in der Sparte: »Wie mache ich meinen PC sicher« oder unter *www.sicherespasswort.com*.

Privatsphäre in einer digitalen Gesellschaft?

Digitale Daten

Mit dem Smartphone bekommen unsere Kinder in der Regel auch ihre erste Digitalkamera in die Hand gedrückt. Fotos und Videos produzieren, bearbeiten und hochladen – alles gar kein Problem. Was ist jedoch, wenn **Bilder oder Videos auf Facebook geteilt** werden? Man wiegt sich auf der sicheren Seite, da man ja Zielgruppen definieren und Alben unsichtbar machen kann. Oder?

Man könnte es allenfalls meinen. Allerdings sieht es so aus, dass digitale Daten ohne Aufwand kopiert werden können. Auch wenn Ihr Kind ein Foto auf Facebook nur seinen Freunden zugänglich macht, ist es nicht ausgeschlossen, dass es kopiert und **wieder geteilt** wird. Das Gleiche gilt natürlich auch für Videos auf YouTube oder private Bilder, die per WhatsApp an den besten Freund geschickt werden. Nicht selten kommt es vor, dass Jugendliche erotische Fotos von sich selbst anfertigen und diese mit ihrem Partner als Vertrauensbeweis teilen. Dass diese Fotos bei einer Beendigung der Beziehung jedoch nicht unbedingt beim Expartner bleiben, sollte klar sein. Dieses als **Sexting** bekannte Phänomen betrifft in einigen Städten sogar schon elf- bis zwölfjährige Mädchen.

Der Umgang mit sensiblen Fotos

Grundsätzlich gilt: Wenn wir ein sensibles Foto von uns anfertigen, egal ob ein mit der Frontkamera angefertigtes Selbstporträt (Selfie) oder ein erotisches Foto für den Partner, und dieses an jemanden weitergeben, müssen wir damit rechnen, dass die Bilder irgendwann geteilt oder für alle sichtbar veröffentlicht werden. Es muss nicht nur die vermeintliche Vertrauensperson sein, die diese Bilder weitergibt. Oftmals reicht es aus, unachtsam die Kamera zu verleihen oder das Smartphone mit den sensiblen Fotos in andere Hände zu geben. Der einzige Weg, einer solchen Veröffentlichung im Netz oder über diverse Messenger zuverlässig aus dem Weg zu gehen, ist es, **erst gar keine solchen Fotos anzufertigen**. Ach ja, es gibt zwar so etwas wie geschützte Bereiche im Internet bzw. Apps, die eine gewisse Sicherheit versprechen, wie beispielsweise Snapchat, aber hier gilt im Grunde das Gleiche. Es ist bei keinem Dienst auszuschließen, dass die Server mit krimineller Energie gehackt werden und **sensible Informationen in die falschen Hände geraten**.

Öffentlich oder nicht öffentlich – das ist hier die Frage …

Sensible Daten oder öffentlicher Plausch?

Irgendwie klingt das alles gar nicht mehr nach schöner, neuer Medienwelt. Alles digital, alles kann abgehört, kopiert oder gescannt werden? Nun, halb so wild. Die Einsicht, dass der Mensch schwimmen lernen muss, kam auch erst, nachdem er festgestellt hat, dass er nicht überall im Wasser stehen kann.

Der Grad der Sensibilität ist entscheidend

Jetzt, da wir wissen, wie sensibel digitale Kommunikation nun einmal ist, können wir an verschiedenen Ansätzen arbeiten. Zuallererst müssen wir entscheiden, welche Informationen sensibel sind und welche nicht. Die Verabredung, mich mit meinen Freunden um 20 Uhr am Kino zu treffen, würde ich jetzt nicht als allzu sensibel einstufen und sie deshalb über WhatsApp oder Facebook treffen. Meine neue Kreditkartennummer, das Passwort für ein bestimmtes Log-in oder eine geheime Telefonnummer würde ich dann doch lieber auf einem sicheren Weg transportieren.

Wir müssen lernen, den Grad der Sensibilität digitaler Daten einzuschätzen, sei es bei Fotos, Videos oder anderen multimedialen Inhalten. **Es muss klar sein, dass Fotos, Nachrichten und Videos immer wieder geteilt und kopiert werden können**, auch wenn sie nur einer vertrauten Person oder einer vorher bestimmten Zielgruppe zugesendet wurden.

Generell kann es aber dienlich sein, sich hinsichtlich sensibler Daten selbst zu fragen, ob man das Foto oder den Status, der gerade gepostet werden soll, auch auf ein T-Shirt drucken lassen würde, um damit durch die Fußgängerzone zu laufen.

Nicht alles, was geht, ist auch erlaubt …

Medienrecht Teil 1 – Urheberrecht

Sobald wir unser Smartphone kreativ einsetzen und fotografieren, Videos produzieren, Lieder aufnehmen und diese teilen, haben wir es automatisch mit mehreren Rechtsbereichen zu tun. Eines davon ist das **Urheberrecht**. Sobald in Deutschland ein Werk erstellt wird, sei es ein Foto, ein Video, ein Gedicht oder auch dieses Buch, ist es ganz automatisch mit einem Urheberrecht versehen. Die Person, die das Werk erstellt hat, ist Zeit ihres Lebens **Urheber** und kann nun durch **Lizenzen** bestimmen, unter welchen Voraussetzungen Dritte das Werk nutzen dürfen.

Beispiel 1: Der Musiker Alex hat ein neues Lied komponiert und aufgenommen, somit ist er Urheber und Rechteinhaber, er kann bestimmen, unter welchen Bedingungen wir dieses Lied verwenden dürfen. Wollen wir nun dieses Lied zum Beispiel für ein Videoprojekt nutzen, müssen wir uns erst bei Alex erkundigen, ob wir das überhaupt dürfen – auch wenn wir das Lied einfach so von seiner Homepage herunterladen können.

Für sämtliche Inhalte im Netz gibt es Bestimmungen und Auflagen, wie diese genutzt werden dürfen. Es liegt an uns, sicherzustellen, dass wir kein Urheberrecht verletzen. **Unwissenheit schützt keineswegs vor Abmahnungen.**

Beispiel 2: Als Smartphone-Besitzer mache ich ein Foto von Alex, somit bin ich Urheber und **Rechteinhaber** des Bilds und kann bestimmen, wie und ob das Werk von wem genutzt werden darf. Möchte Alex das Foto gern als CD-Cover verwenden, darf er das nicht einfach so tun – auch wenn er selbst auf dem Bild drauf ist –, sondern muss mich als Rechteinhaber um Erlaubnis fragen.

Aber was ist, wenn ich als Rechteinhaber das Foto von Alex auf meiner Facebook-Seite veröffentlichen möchte? Darf ich das einfach so?

Fotos machen und veröffentlichen mit Smartphones und Tablets? Ein Kinderspiel!

Medienrecht Teil 2 – das Recht am eigenen Bild

Nein, ich darf das Bild von Alex aus Beispiel 2 (siehe oben) nicht einfach veröffentlichen, denn neben dem Urheberrecht haben wir es in Deutschland auch mit dem **Recht am eigenen Bild** zu tun, und hier heißt es im **Kunsturhebergesetz** (KUG) in § 22: »*Bildnisse dürfen nur mit Einwilligung des Abgebildeten verbreitet oder öffentlich zur Schau gestellt werden.*«

Das bedeutet, dass ich zwar – sofern sich die betreffende Person nicht in einer misslichen Lage befindet – Fotos von fremden Menschen anfertigen kann, diese **aber nur mit Erlaubnis der fotografierten Person veröffentlichen** darf. Als Veröffentlichung zählt dabei natürlich schon die Darstellung der Fotos im Rahmen einer Präsentation oder auch der Upload auf die Schulhomepage, in eine **WhatsApp-Gruppe** oder in eine Fotogruppe. Noch strenger sind die Gesetze, wenn von einer Person unerlaubt oder heimlich Fotos in einer geschützten Umgebung wie der eigenen Wohnung, der Umkleidekabine usw. hergestellt werden. Dies ist ein Verstoß gegen die allgemeinen Persönlichkeitsrechte und kann nach § 201 StGB strafrechtlich verfolgt werden.

Und wie ist das bei Gruppenbildern?

Vielleicht kennen Sie die Aussage, dass bei **Gruppenfotos** kein Einverständnis für eine Veröffentlichung benötigt wird – eine prima Regelung für Jugendgruppen, Schulklassen, Feste und andere öffentlichkeitswirksame Veranstaltungen. Dies ist jedoch ein **Irrglaube**, der sich seit vielen Jahren sehr hartnäckig hält. Denn nur weil eine Person zufällig mit anderen auf einem Foto abgebildet wurde, bedeutet das nicht, dass diese Person ihr Recht am eigenen Bild aufgibt. Woher kommt jedoch diese falsche Annahme? Gibt es wirklich Situationen, in denen keine explizite Einverständniserklärung der abgebildeten Personen benötigt wird? Hier greifen Ausnahmen, die wir uns im Folgenden anschauen werden.

Der Bildschwerpunkt und das Motiv des Fotos ist die Statue, die Personen am Bildrand sind lediglich Beiwerk.

Fotos ohne Erlaubnis veröffentlichen?

Oftmals sehen wir beispielsweise in Zeitungen oder Magazinen Fotos von öffentlichen Veranstaltungen, Demonstrationen oder großen Festen mit Hunderten von Menschen darauf. Wie ist das möglich? Hat der Fotograf alle Menschen um Erlaubnis gefragt, oder gibt es hier eine **Sonderregelung**?

Richtig, die gibt es, denn wer eine **öffentliche Veranstaltung** besucht, darf hier auch unter bestimmten Voraussetzungen fotografiert werden. In § 23 KUG heißt es nämlich, dass Fotos ohne Einverständniserklärungen der darauf abgebildeten Personen veröffentlicht werden dürfen, wenn *»die Personen nur als Beiwerk neben einer Landschaft oder sonstigen Örtlichkeit erscheinen«* oder *»auf Bildern von Versammlungen, Aufzügen und ähnlichen Vorgängen, an denen die dargestellten Personen teilgenommen haben«*.

Aber auch hier gibt es Einschränkungen. Der **Motivschwerpunkt** bzw. der Fokus muss auf der Darstellung der Veranstaltung liegen und nicht auf einer einzelnen Person. Die Veröffentlichung von Nahaufnahmen mit einem Teleobjektiv, die eine einzelne Person hervorheben, sind in diesem Kontext nicht erlaubt. Findet also eine Veranstaltung an einem öffentlichen und für alle frei zugänglichen Strand statt, dürfen Fotos von Strand und Meer veröffentlicht werden, auch wenn Personen »zufällig« mit auf dem Bild sind. Das Bildzentrum muss dann allerdings auch der Strand oder das Meer sein und nicht eine erkennbare Person. Eine weitere Ausnahme gibt es bei **Personen der Zeitgeschichte** (§ 23, Abs. 1 Nr. 1), also Politikern und Staatsoberhäuptern, oder **relevanten Personen der Zeitgeschichte**. In diese Kategorie fallen Personen, die im Zusammenhang mit einem bestimmten Ereignis von öffentlichem Interesse sind.

Tipp

Die in § 23 KUG genannten Ausnahmen sind zwar da, sorgen aber immer wieder für Konflikte. Wo fängt das Beiwerk an? Wo hört der Motivschwerpunkt auf? Wo werden die Persönlichkeitsrechte verletzt? Am sichersten ist es also, wenn Sie von den betroffenen Personen die Erlaubnis zur Veröffentlichung haben.

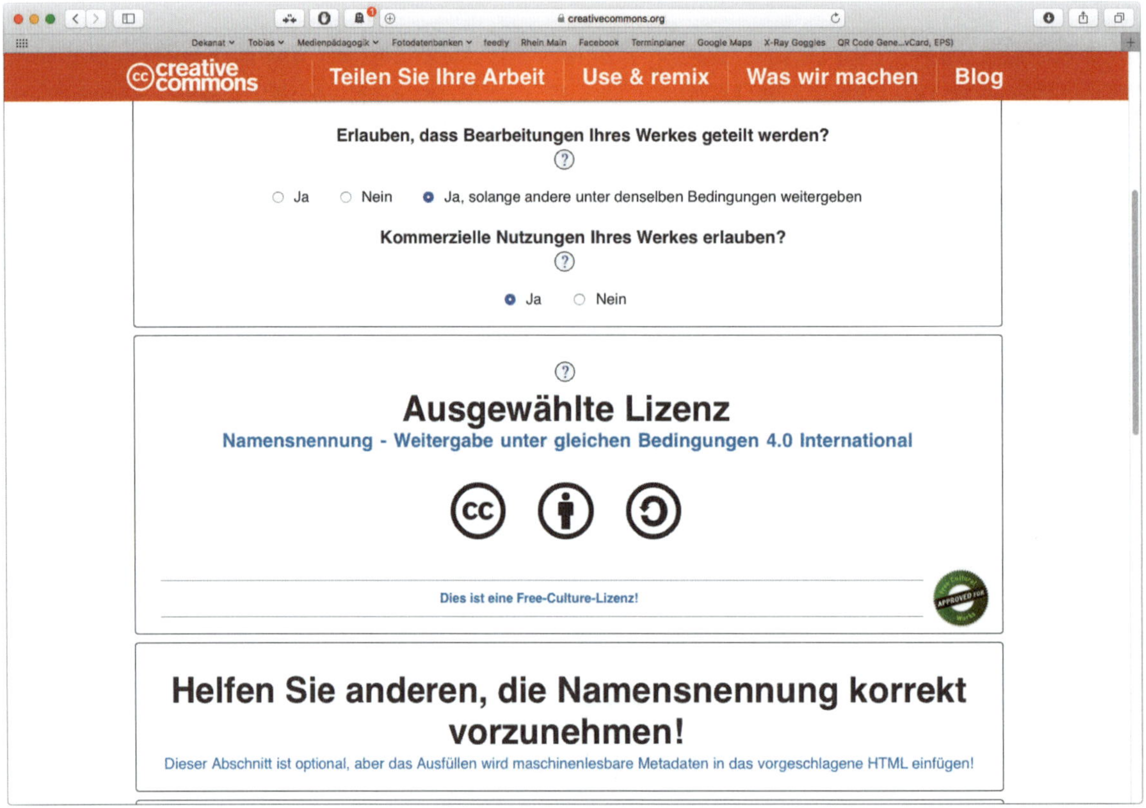

Es gibt auch Inhalte, die ohne Bezahlung genutzt werden dürfen.

Freie Inhalte

Alle Inhalte sind ab der Vollendung des Werks urheberrechtlich geschützt. Der Erschaffer des Werks ist auf Lebenszeit der Urheber und kann bestimmen, unter welchen Bedingungen das Werk von Dritten verwendet werden darf. In der Regel ist es so, dass im Netz gefundene Materialien nicht ohne Weiteres einfach so verwendet werden dürfen, hier sind wir in der Pflicht, uns zu informieren!

Es gibt aber zahlreiche Menschen, die ihre Werke unter einer **Creative-Commons-Lizenz** zur Verfügung stellen. Creative Commons (englisch für »schöpferisches Gemeingut«) ist eine Non-Profit-Organisation, die Künstlern, Autoren und Urhebern verschiedene Standardlizenzverträge kostenlos anbietet. Unter *http://de.creativecommons.org/* kann sich jeder Mensch ein an sein Land angepasstes Lizenzmodell auswählen und sein Werk entsprechend lizenzieren. Die unter CC-Lizenz gestellten Fotos, Videos und anderen Inhalte können **kostenlos und teilweise sogar kommerziell genutzt** werden, z. B. mit der einzigen Bedingung, den Urheber namentlich zu nennen – die Details hängen davon ab, welche Lizenzvariante der Urheber im Einzelfall ausgewählt hat.

Auf den Rechteinhaber kommt es an

Das CC-Lizenzmodell macht es uns sehr einfach, unsere eigenen Werke kostenlos und schnell mit einer rechtlich verbindlichen Lizenz zu versehen, und wir erhalten eine Vielzahl an Möglichkeiten, kostenlos an Fotos oder Musik zu kommen. Allerdings ist es nur sehr schwer zu erkennen, ob der Uploader, der das Werk lizenziert hat, überhaupt über die hierfür notwendigen Rechte verfügt. So wäre es beispielsweise möglich, dass ein ambitionierter Leser dieses Buch einscannt und es unter einer CC-Lizenz im Internet zur Verfügung stellt, was in diesem Fall aber eine klare Urheberrechtsverletzung wäre, da mit dem Kauf des Buchs lediglich die Nutzungsrechte erworben wurden und nicht das Recht auf weitere Verbreitung.

Kameras sind im öffentlichen Raum immer häufiger zu finden – am Boden wie in der Luft!

Gesichtserkennung

Eine technische Möglichkeit, die in Deutschland für massive Proteste sorgte, ist die Gesichtserkennung: Große Onlinedienste wie Google und Facebook verfügen über eine **Scansoftware**, die jedes hochgeladene Foto erfassen und mithilfe der **biometrischen Daten** feststellen kann, welche Personen abgebildet sind.

Diese Funktion wurde bei **Facebook** 2011 für alle Nutzenden aktiviert, sodass bei hochgeladenen Fotos automatisch erkannt wurde, wer abgebildet war, und eine »Markierung« erstellt werden konnte, also eine Einblendung des Namens der abgebildeten Person mit Verlinkung ihres Profils. Infolge des Widerstands vieler Datenschützer und Nutzer gegen die Funktion wurde sie nach wenigen Monaten wieder deaktiviert, zunächst nur für Deutschland, später für ganz Europa, bevor sie im Frühjahr 2018 wieder eingeführt wurde – mit dem Ziel, dass **Nutzer auf Fotos und Videos von Facebook automatisch erkannt werden**, ohne dass sie hierfür markiert werden müssen. Hinter diesem »Service«, wie er von Facebook genannt wird, verbirgt sich allerdings die Tatsache, dass grundsätzlich alle Fotos und Videos in dem sozialen Netzwerk gescannt werden mit dem Ziel, zu überprüfen, ob es bei den erkannten Gesichtern Verknüpfungen zu bestehenden Profilen gibt. Immerhin ist die Funktion ab Werk deaktiviert und **muss erst aktiv freigeschaltet werden** – dennoch lohnt sich ein regelmäßiger Blick in die Einstellungen, um zu überprüfen, ob noch alles so eingestellt ist, wie Sie es wollen.

Beim Konkurrenten **Google+** ist die Funktion **Find My Face** auch in Deutschland verfügbar, sie muss ebenfalls zunächst aktiviert werden. (Im Einstellungsmenü wird diese Option umschrieben mit der Formulierung: *»Mich in Fotos und Videos finden und meinen Kontakten anbieten, mich zu taggen«*.)

Die Existenz dieser Technologie und ihre Fähigkeiten lassen Raum für interessante Fantasien: Beispielsweise könnten Krankenversicherungen nachsehen, welche ihrer Mitglieder segeln oder in Skatesparks cruisen, und Regierungen wüssten, wer an welcher Demonstration teilnimmt. Ob uns das immer geheuer ist, sei dahingestellt, technisch ist es jedoch realisierbar.

»Die Biermaschine und ich« – lustig am Abend und peinlich am nächsten Tag

Was will ich von mir selbst preisgeben?

Auf den vorhergehenden Seiten haben Sie nun einen kleinen Überblick darüber bekommen, was in Bezug auf Bild- und Urheberrecht erlaubt ist und was nicht. Wenn also jemand ein Foto von Ihnen veröffentlicht und Sie das nicht wollen, können Sie dies dem Gegenüber mitteilen, und er muss das Bild entfernen.

Eine noch wichtigere Frage lautet jedoch: Was wollen wir eigentlich selbst von uns im Internet preisgeben? Jedes Bild hat seine eigene Aussagekraft. Ob diese positiv oder negativ ist, liegt beim Betrachter und dessen Bezug zum Abgebildeten. Ein Foto von einer betrunkenen Person, die sich übergebend auf der Straße liegt, hat auf die Kumpels im Sportverein eine andere Wirkung als auf den Personalchef einer Firma.

In unseren Kursen begegnen wir sehr vielen jungen Menschen, die richtigerweise eingestellt haben, dass nur ihre Freunde ihre Fotos sehen können. Aber auch hier haben die Freunde die Möglichkeit, das Foto weiter zu teilen und es der Öffentlichkeit zugänglich zu machen. **Ein Foto, das einmal ins Internet hochgeladen wurde, verschwindet vielleicht irgendwann in der Masse der Bilder, aber wirklich gelöscht werden kann es nicht.**

Ein Mädchen, das beispielsweise nicht möchte, dass die Nachbarschaft sie im Bikini sieht, sollte keine Strandfotos von sich im Internet veröffentlichen. Das Internet und vor allem Netzwerke wie WhatsApp und Facebook sind nicht anonym. Wir raten den Jugendlichen stets, dass sie dort nur das machen sollten, was sie auch in der analogen Welt machen würden.

Tipp

Bei jedem Foto, das man veröffentlichen möchte, sollte man sich die Frage stellen: »Würde ich in der Fußgängerzone zu einem mir völlig unbekannten Menschen gehen und ihm das Foto zeigen?«

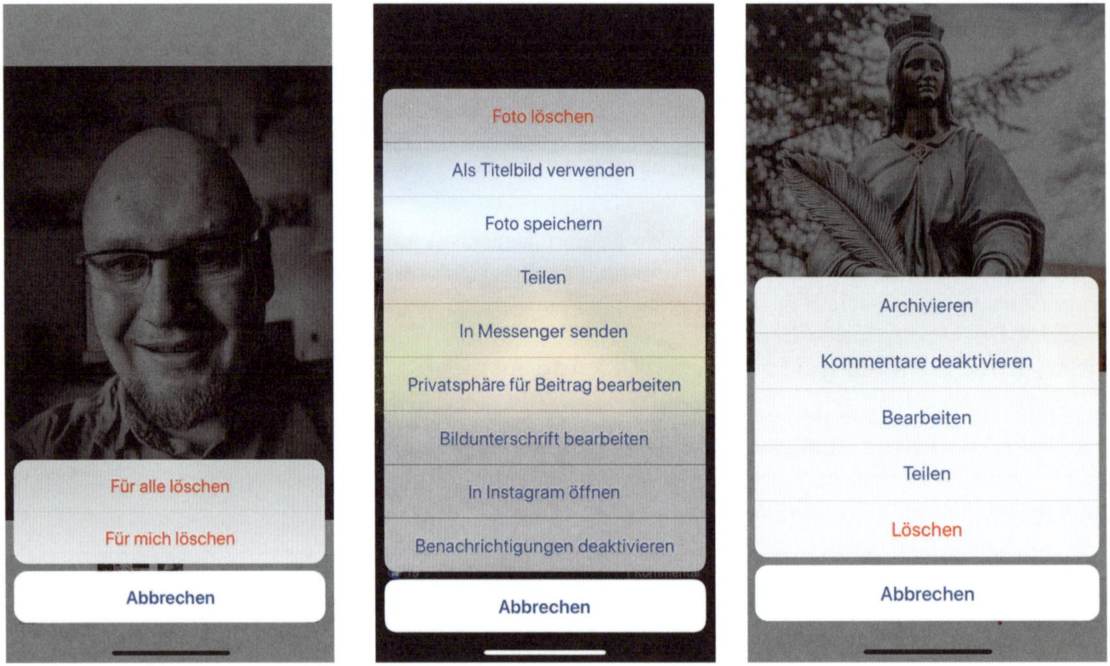

Egal ob WhatsApp, Facebook oder Instagram – die Löschfunktion ist auch in den Apps vorhanden.

Ein Foto oder Video löschen

Ganz schnell kann es passieren, dass man ein falsches Foto oder Video veröffentlicht. Die verkehrte Datei auf dem Computer oder dem Smartphone ausgesucht, auf **Hochladen** geklickt, und schon ist das Werk online. Natürlich kommt es auch vor, dass man nach dem Hochladen einfach nur seine Meinung ändert, das entsprechende Foto nicht mehr online haben möchte und es löschen will. In diesem Punkt haben die Anbieter sich sehr positiv entwickelt: Sowohl im Browser (falls verfügbar) oder in der App – die Löschfunktion ist sehr intuitiv zu finden.

- **WhatsApp**: Seit Kurzem ist es möglich, versendete Fotos und Videos in WhatsApp zu löschen, wahlweise nur auf dem eigenen Gerät oder auch in der gesamten Unterhaltung, wodurch das Bild auch auf den Geräten der Kommunikationspartner gelöscht wird. Klicken Sie hierfür auf das Bild und wählen Sie das Icon mit dem Mülleimer.
- **Facebook**: Klicken Sie in Ihrer Chronik auf **Foto/Video**, suchen Sie sich dann in Ihrem jeweiligen Album das entsprechende Werk aus und wählen Sie rechts unten unter **Optionen** die Löschfunktion.
- **Instagram**: Gehen Sie in Ihr Profil und wählen Sie das entsprechende Bild aus. Klicken Sie dann auf die drei Punkte rechts neben dem Benutzernamen und wählen Sie die Option **löschen**.
- **YouTube**: Wählen Sie in der Navigationsleiste links den Video-Manager aus. Hier finden Sie alle Videos von sich, die Sie mit einem Klick sowohl bearbeiten als auch löschen können.

Bitte beachten Sie hierbei, dass Ihr Foto oder Video in der Zeit, in der es online war, von jedem Ihrer Freunde geteilt, gespeichert und/oder kopiert werden konnte. Es ist bei bestimmten peinlichen oder lustigen Bildern also nicht auszuschließen, dass sie trotz Löschens noch in der Onlinewelt zu finden sind.

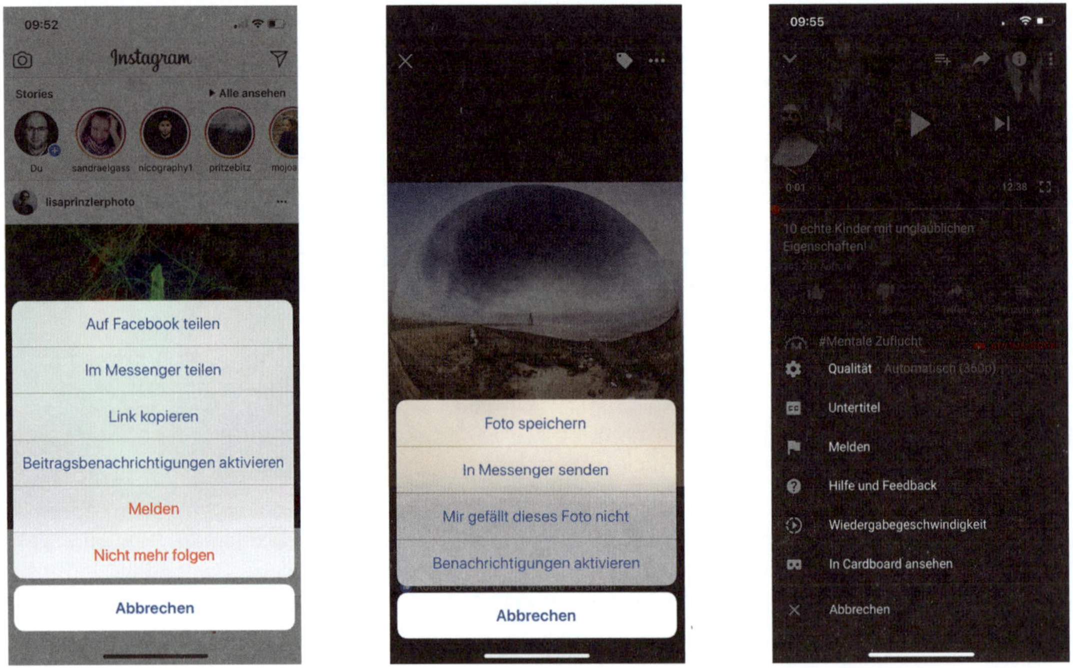

Ob Instagram, Facebook oder YouTube: Eine Meldefunktion ist überall vorhanden.

Ein Foto oder Video melden

Sollte es einmal so weit gekommen sein, dass ein Foto oder Video Ihres Kinds hochgeladen wurde, das es dort nicht haben möchte, gibt es folgende Optionen:

- **Kontakt aufnehmen**
  Dieser erste Schritt ist der »kleine Dienstweg«. Sie können den Menschen, der das Foto oder Video veröffentlicht hat, einfach anschreiben und ihn bitten, es zu löschen.
- **Das Foto oder Video melden**
  Die Meldefunktion ist mittlerweile in allen Netzwerken vorhanden und auf ähnliche Weise zu finden. Sollte Ihr Gegenüber das Foto also nicht löschen wollen, können Sie das Bild bei Facebook, Instagram und YouTube auch melden. Erwarten Sie aber bitte nicht, dass binnen weniger Stunden das gemeldete Werk von der Bildfläche verschwindet, oftmals kann es sogar sein, dass Sie vergeblich auf eine Reaktion warten müssen.

Um ein Bild oder Video zu melden, klicken Sie hierfür auf das Bild oder Video und wählen in den Optionen die Funktion **Melden**. Bei Facebook funktioniert es über **Ein Feedback zum Beitrag abgeben** oder über **Mir gefällt dieses Foto nicht**. Es öffnet sich ein Auswahlfenster, in dem Sie den Grund der Meldung angeben können. Hierunter fallen auch Aussagen wie »*... das Konto meiner Freunde wurde ... gehackt ...*« oder »*dieses Foto von mir gefällt mir nicht*«.

Tipp

Selbst wenn das Foto irgendwann verschwindet, kann nicht ausgeschlossen werden, dass andere Menschen das Bild kopiert oder geteilt haben. Es kann vorkommen, dass bestimmte Bilder immer und immer wieder auftauchen. An dieser Stelle können Sie Ihren Kindern auch nur zur Seite stehen, Mut zusprechen, ein vertrauter Ansprechpartner sein und das entsprechende Bild immer wieder melden.

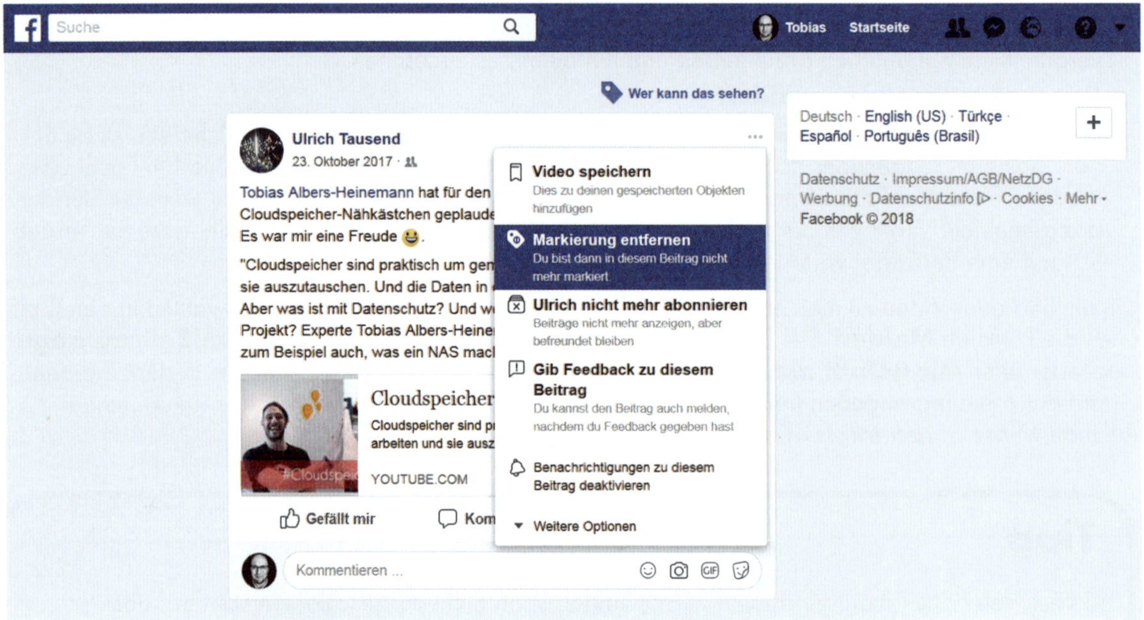

Markierungen können bei Facebook schnell gelöscht werden.

Eine Markierung bei Facebook entfernen

Es sind aber nicht nur die eigenen Fotos, die das Bild der Öffentlichkeit von einem selbst prägen. Auch die Bilder von Freunden und Verwandten, in denen wir markiert wurden, führen direkt zu unserem Profil.

Auf Facebook können wir unsere Fotos **taggen**, also die Personen auf dem Bild mit den jeweiligen Facebook-Profilen verbinden. Es mag jedoch vorkommen, dass Sie oder Ihr Kind aus irgendwelchen Gründen bestimmte Verknüpfungen einfach nicht mehr haben wollen. In diesem Fall ist es nicht nötig, gleich das ganze Bild entfernen zu lassen, stattdessen **können Sie alle Markierungen von sich oder Ihrem Kind ganz einfach selbst entfernen**, auch die auf Fotos von anderen Personen. Hierfür gehen Sie wie folgt vor:

Gehen Sie einfach im entsprechenden Beitrag rechts oben auf die drei Punkte und wählen Sie den Menüpunkt **Markierung entfernen**. Mit diesem Schritt löschen Sie sofort die Markierung des Fotos mit Ihrem Namen, ohne dass der Fotograf hierüber informiert wird.

Sie können zwar auch **die Person, die uns markiert hat, um die Entfernung des Fotos bitten** oder sie auch **blockieren**, allerdings bleiben das Foto und die entsprechende Markierung für ihren Freundeskreis sichtbar, zumindest wenn sie der oben genannten Bitte um Entfernung nicht nachkommt.

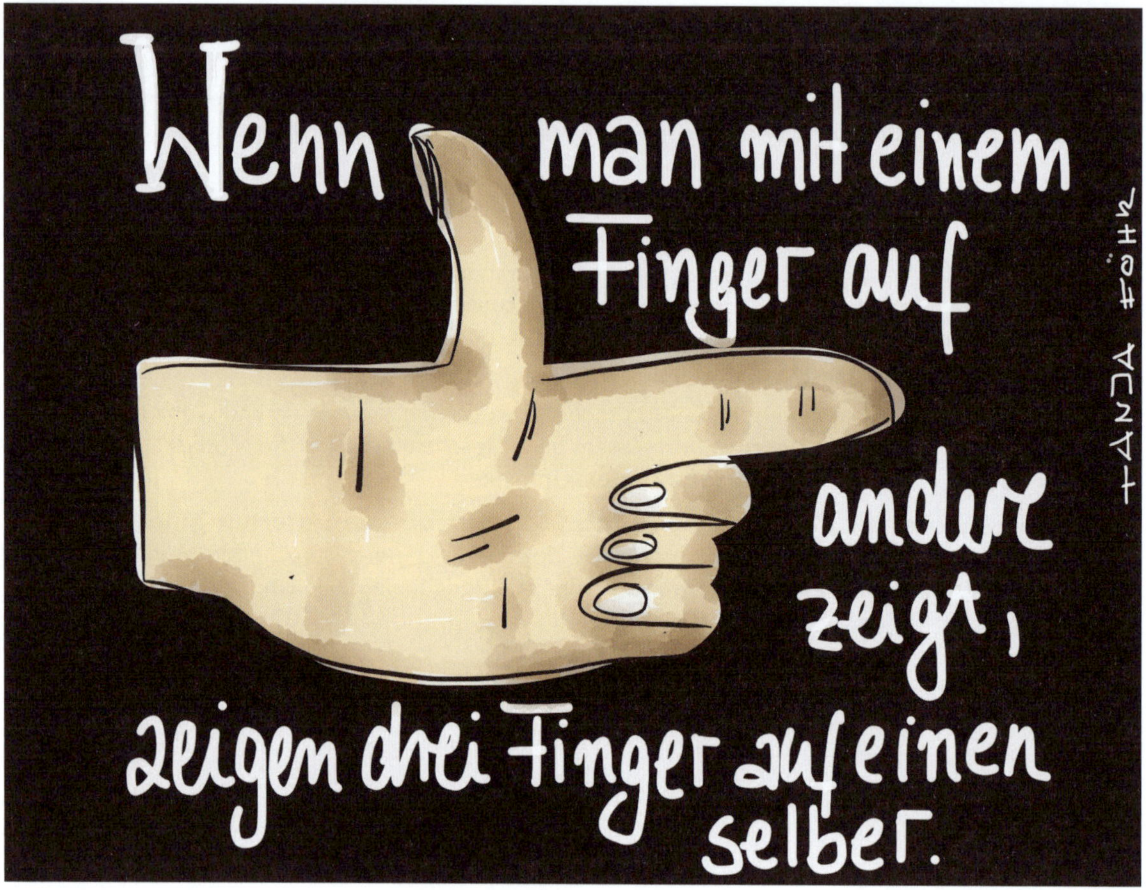

Bild: Tanja Föhr, *www.tanjafoehr.com*

Diese goldene Regel gilt auch im analogen Leben

Was du nicht willst …

… dass man dir tu, das füg auch keinem anderen zu.

Diese goldene Regel dürfte vielen von uns bekannt sein. Als ethischer Leitsatz begleitet diese Aussage viele Menschen durch ihr Leben und sagt im Prinzip nur eins aus: Wenn du gut behandelt werden willst, dann behandle auch andere gut.

Um medienerzieherische Themen in der Familie zu besprechen, müssen Sie selbst kein Fachmensch sein. Viele vermeintlich digitale Themen stammen aus den Bereichen der Kommunikation, Empathie, Wertschätzung und dem sozialen Miteinander. Das Internet ist ein digitales Abbild unserer Gesellschaft, und – so einfach es sich anhören mag – dieser Leitsatz hat dort genau die gleiche wichtige Bedeutung.

Schicke keine peinlichen Fotos von Freunden, wenn du nicht möchtest, dass sie peinliche Fotos von dir schicken. Schreibe keine Unwahrheiten, nur weil du sauer bist, wenn du nicht möchtest, dass deine Freunde das Gleiche machen, und so weiter.

Die goldene Regel lässt sich auf eine Menge digitaler Szenarien übertragen, probieren Sie es einfach mal aus. Gerade wenn es um Mobbing, Beleidigungen oder dergleichen geht, verdienen nicht nur die Opfer unsere Aufmerksamkeit, sondern auch die Täter. Die technischen Möglichkeiten bleiben, aber wir können bereits präventiv an einem Bewusstsein dafür arbeiten, wie diese angewendet werden.

Ärger und Stress im Netz können dank Smartphone in permanenter Belästigung münden.

KAPITEL 11 | Was tun bei Stress im Netz?

Mobbing ist eigentlich gar kein neues Thema. Seit es Menschen gibt, existieren auch verschiedene Formen der Belästigung, der Bedrängung und der Nötigung. Diese Konflikte, die weit über eine verträgliche Streitkultur hinausgehen, haben in Zeiten digitaler Medien eine neue Dimension erreicht.

Mobbing im Internet, das sogenannte **Cybermobbing**, findet nicht nur in Pausenzeiten auf dem Schulhof statt, sondern auch in der Freizeit über die unterschiedlichen Kommunikationswege der Kinder und Jugendlichen. Smartphone-Messenger wie WhatsApp und soziale Medien wie Instagram werden hierfür leider oft genutzt.

Die Erfahrungen zeigen, dass besonders bei Kindern und Jugendlichen die Täter meistens bekannt sind und aus dem direkten oder indirekten Umfeld stammen, wie z. B. Schule, Wohnviertel, Verein usw.

Cybergrooming dagegen ist der Begriff für eine gezielte Kontaktaufnahme mit Minderjährigen im Internet, in aller Regel in einem sexualisierten Kontext. Im Gegensatz zum Cybermobbing sind hier die Täter meist ältere und fremde Männer.

In diesem Kapitel möchten wir Ihnen einige weiterführende Informationen zu diesem sensiblen Thema geben, von den Hintergründen bis hin zu sinnvollen Verhaltensregeln für Betroffene.

Im Bekanntenkreis wurde schon mal jemand per Handy/ im Internet fertig gemacht

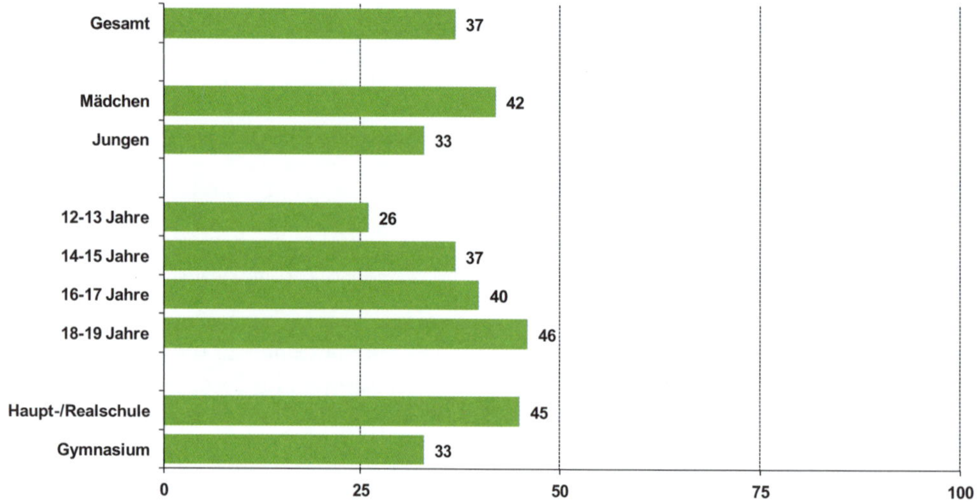

Quelle: JIM 2017, Angaben in Prozent
Basis: alle Befragten, n=1.200

Wie die JIM-Studie belegt, haben bereits zahlreiche Jugendliche Mobbing-Vorkommnisse im Bekanntenkreis erlebt.

Cybermobbing

Cybermobbing unterscheidet sich vom gewöhnlichen Mobbing in einigen kleinen, aber sehr wichtigen Punkten. Das ist auch der Grund dafür, dass Cybermobbing als neuer Begriff definiert wurde.

- **Allgegenwärtigkeit**
  Digitale Medien sind allgegenwärtig in den Bereichen der täglichen Kommunikation auch nach Schulschluss – und das gilt dann natürlich ebenfalls für die darin verbreiteten beleidigenden Äußerungen. Es gibt im Prinzip keine Ruhezeiten mehr, in denen sich der Gemobbte erholen kann. Dies erfordert eine besondere Sensibilität und andere Handlungsstrategien für Eltern, Lehrer und Pädagogen.
- **Verbreitungswege**
  Wenn ein spektakuläres Gerücht oder eine hinterhältige Unterstellung über jemanden verbreitet werden soll, muss man das nur einigen Klassenkameraden erzählen, und bald weiß es die halbe Schule. Im Internet geht das noch schneller, denn über WhatsApp-Gruppen usw. können Behauptungen an eine Vielzahl an Menschen innerhalb sehr kurzer Zeit gestreut werden. Auch peinliche Fotos oder Videos können so an ein unkontrollierbar großes Publikum gelangen.
- **Digitale Kommunikation**
  Die Täter agieren beim Cybermobbing im digitalen Raum und müssen den Gemobbten nicht in die Augen sehen. Dies führt oft dazu, dass Empathie und Hemmschwelle sinken und dass Sachen verbreitet werden, die in einem realen Treffen niemals ausgesprochen würden. Auch die Wirkung einer Beleidigung oder einer falschen Behauptung wird nicht unmittelbar wahrgenommen, was dazu führt, dass online oft viel schlimmere Dinge behauptet und verbreitet werden als offline.

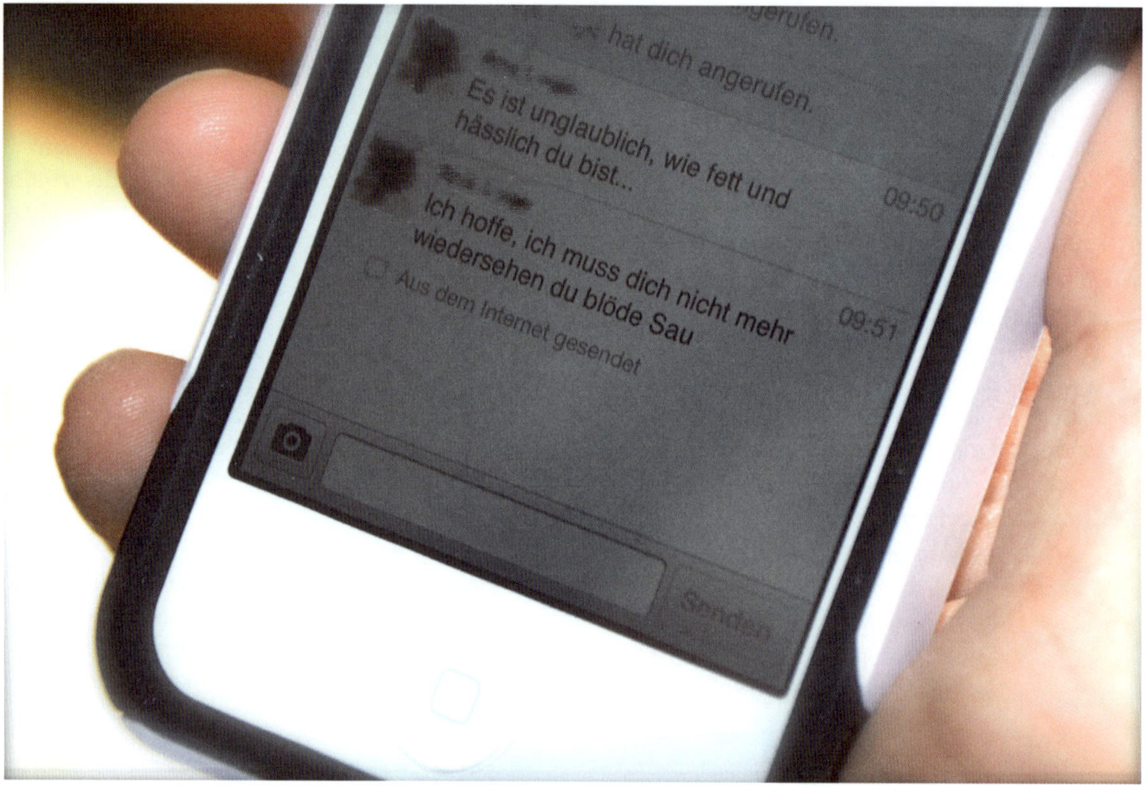

Cybermobbing ist mehr als nur Stress und kann psychische wie physische Auswirkungen haben.

Mögliche Symptome

Wenn ein Kind oder ein Jugendlicher Opfer von Cybermobbing wird, ist dies nicht immer sofort zu erkennen, da jeder Mensch je nach Persönlichkeit und Entwicklung anders damit umgeht. Generell kann man aber sagen, dass Cybermobbing eine psychische Belastung für Kinder und Jugendliche darstellt, daher können die Symptome mit denen verglichen werden, die in anderen typischen psychischen Stresssituationen auftreten.

- **Gesundheitliche Probleme**

  Der Stress, die Beleidigungen und die emotionale Belastung können vermehrt zu psychosomatischen Problemen wie z. B. Kopfschmerzen und Bauchschmerzen führen. Nicht umsonst heißt es umgangssprachlich: »Etwas schlägt (mir) auf den Magen.« Aber auch Schlaflosigkeit, bedrückte Stimmung oder häufiges Fehlen in der Schule können Anzeichen sein.
- **Änderung des Verhaltens**

  Wichtige Indikatoren für eine psychische Belastung sind Verhaltensänderungen. Plötzliche Verschlossenheit, Leistungsabfall in der Schule oder Isolation können wichtige Anzeichen sein. Wenn sich Ihr Kind über einen längeren Zeitraum nur noch zurückzieht und andere soziale Kontakte scheut, sollten Sie aufmerksam werden.
- **Verdrängung und Leugnung**

  Verdrängen und Leugnen sind ganz normale psychologische Angstabwehrmechanismen. Wenn Sie also mit Ihrem Kind sprechen und es alles verharmlost oder herunterspielt, bleiben Sie geduldig. Bieten Sie sich aber immer wieder als Gesprächspartner an. Eine Gewissheit, ob wirklich alles wieder gut ist oder nicht, haben wir nicht, wir können uns lediglich als Vertrauensperson anbieten.

Cybermobbing – auch hier kann es rechtliche Folgen für Täter geben.

Die rechtliche Situation

Beleidigungen, Bedrohungen und Erpressung, egal ob im analogen oder digitalen Leben, sind nicht erlaubt und müssen nicht einfach hingenommen werden.

Wenn jemand unerlaubt **Fotos** oder **Videos** von einem anderen veröffentlicht, verstößt er gegen die Persönlichkeitsrechte bzw. gegen das Recht am eigenen Bild (siehe dazu Kapitel 10).

Aber auch **Beleidigungen** in öffentlichen Foren und sozialen Medien sind nicht in Ordnung. In solchen Fällen kann unter anderem Strafanzeige wegen Verleumdung/übler Nachrede gestellt werden. Vor allem extreme Fälle, wie z. B. **Drohungen**, **Erpressungen**, **sexuelle Belästigung (Grooming)** oder **Stalking**, sind ganz klar Fälle für die Polizei, und eine Anzeige ist angebracht.

Was zählt konkret als Beleidigung?

Jugendliche heute haben bekanntermaßen einen anderen Wortschatz als wir früher. Begriffe wie z. B. »**Bitch**« (englisches Schimpfwort, zu Deutsch etwa Luder, Schlampe) werden heute unter Jugendlichen nicht nur verwendet, um jemanden zu beleidigen. Beeinflusst von den durch Anglizismen geprägten Musikstilen Rap und Hip-Hop, gilt das Wort Bitch im Sinne einer aufmüpfigen und selbstbewussten Frau zuweilen auch als **Kompliment**.

Generell gilt jedoch, dass Begriffe, die in einem analogen Umgang miteinander als Beleidigung gelten, in der Regel auch **juristisch so eingeordnet** werden. Betrachtet wird in diesem Zusammenhang der komplette Dialog, denn wer im Vorfeld selbst beleidigend aufgetreten ist, darf sich nicht beschweren, wenn er in der Folge selbst beleidigt wird.

Bevor jedoch der Weg zum Anwalt beschritten wird, sollten wir uns ein Bild über das Ausmaß und den Umfang der **Gesamtsituation** machen. Oftmals lassen sich solche Vorfälle durch persönliche Gespräche mit den Beteiligten, mit Eltern und Lehrern ohne rechtliche Schritte lösen.

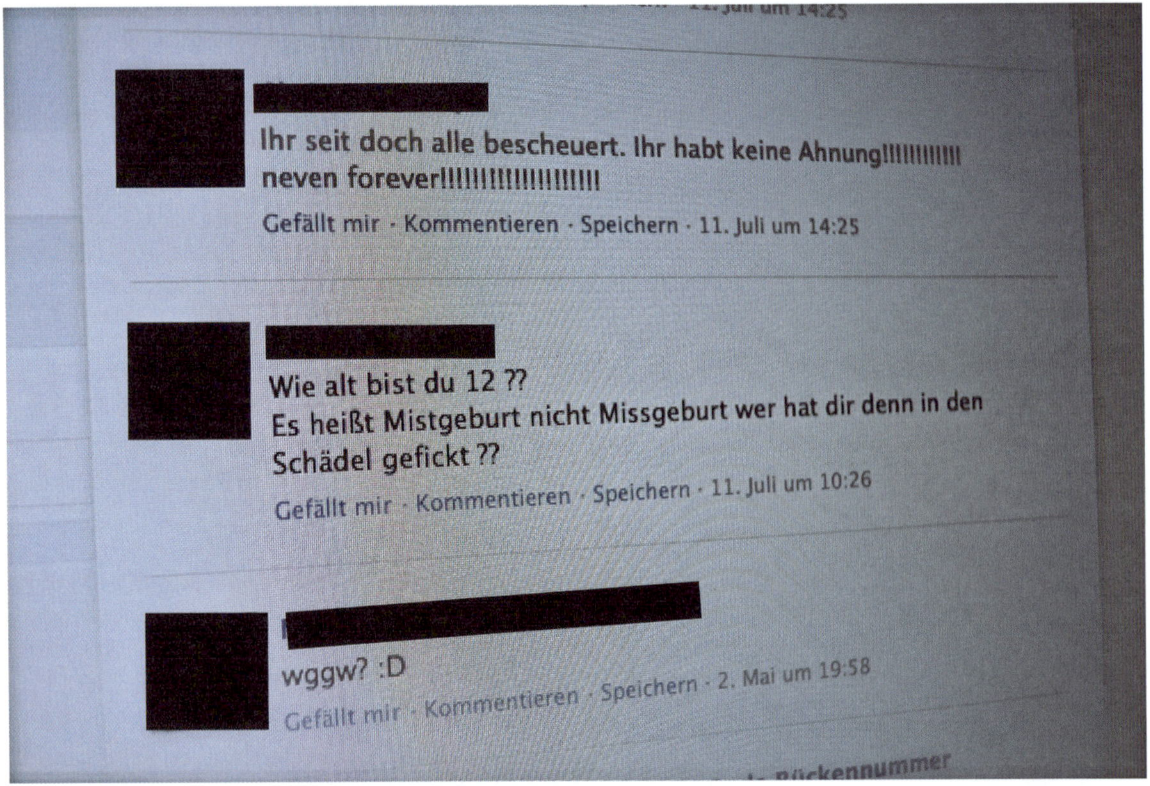

Streitgespräch in einer Facebook-Gruppe. Am besten ist es, gar nicht auf Provokationen einzugehen.

Verhaltensregeln für Jugendliche

- **Nicht mitmachen.** *»Stell dir vor, es ist Krieg, und keiner geht hin!« (Carl Sandburg)* – Wenn man als Opfer auf Beleidigungen oder Beschimpfungen reagiert, kann es noch schlimmer werden. Ein Streitgespräch mit einer unbestimmten Anzahl von Gegnern wird in den meisten Fällen hochkochen und ausufern. Das Schlimmste für einen Mobber ist dagegen, wenn niemand auf seine Provokationen reagiert.
- **Ansprechpartner suchen!** Niemand muss Mobbing allein durchstehen. Gute Freunde, Eltern, Vertrauenslehrer und Pädagogen können gute und wichtige Ansprechpartner sein – auch in der Frage, welche weiteren Schritte unternommen werden können.
- **Meldefunktionen nutzen!** Fast alle Social-Media-Angebote verfügen über eine Meldefunktion. Sobald Sie Opfer oder auch Zeuge von Mobbing im Internet werden, sollten Sie diese nutzen.
- **Think before you post!** Das Internet ist einfach ein öffentlicher Raum. Selbst in einer privaten Gruppe können peinliche Fotos und Aussagen für alle anderen weitergeteilt werden. Vor allem gilt es, keine Beiträge zu verfassen, wenn man selbst sehr wütend und aufgebracht ist. Einmal veröffentlichte oder versendete Aussagen bleiben gespeichert, und im aufgeregten Zustand schreibt man schnell etwas, das eigentlich gar nicht so gemeint ist.
- **Ego-Googeln.** Hiermit ist im Prinzip die Suche nach sich selbst im Internet gemeint. Zu wissen, was im Netz alles über die eigene Person steht, hat nichts mit Egoismus und Eitelkeit zu tun, sondern macht einem bewusst, welche Informationen an die Öffentlichkeit geraten sind.
- **Beispiel sein** … und nicht mitmachen. Das klingt erst einmal recht simpel, aber es ist manchmal gar nicht einfach, nicht mitzumachen. Oftmals kommt das Mobbing nur von Einzelpersonen, die auf die Teilnahme der anderen angewiesen sind. Hier gilt es, dem Onlinemobbing erst gar keinen Raum zu geben, denn das nächste Opfer könnte man ja selbst sein.

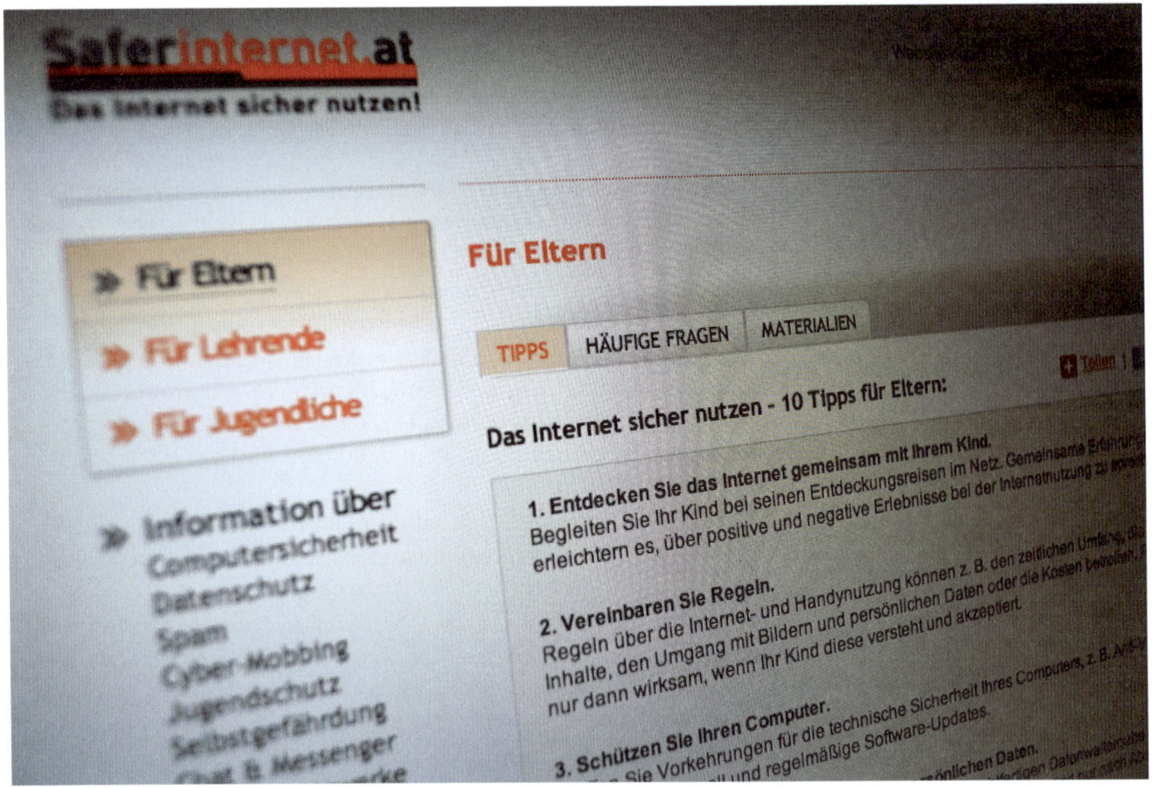

Anregungen für Eltern und pädagogische Fachkräfte liefern Websites wie saferinternet.at oder klicksafe.de.

Tipps für Eltern

Als Eltern haben wir es nicht leicht, wenn sich ein Fall von Cybermobbing gegen unser Kind richtet. Im bestmöglichen Fall kommen die Kinder dann offen zu uns und schütten uns ihr Herz aus. Doch das ist in dieser Situation nicht selbstverständlich.

Häufig kommt es vor, dass sich die Kinder **zurückziehen und isolieren**. Wir als Eltern wissen, dass etwas nicht stimmt, fragen nach und stehen dann vor einer Mauer des Schweigens. Oftmals wissen wir nicht, wie wir diese Mauer durchbrechen können. Wahrscheinlich sind wir selbst emotional betroffen, vielleicht sogar etwas wütend, eben weil wir genau wissen, dass da etwas ist, woran wir erst mal nichts ändern können. Wie also könnten wir uns verhalten?

- **Geduld** ist in einer derartigen Situation gefragt, auch wenn es schwerfällt. Wir müssen geduldig sein, uns immer wieder als Gesprächspartner anbieten, ohne aufdringlich zu werden und ohne unseren Kindern das Gefühl zu geben, dass sie unter Druck gesetzt werden. Denn Druck brauchen sie nun am wenigsten, den haben sie bereits zu Genüge.
- **Hilfe von außen** kann auch ein guter Rat sein. Oft hilft es, das Gespräch mit anderen erwachsenen Bezugspersonen zu suchen, mit Lehrern, Schulsozialarbeitern oder Fachkräften für Jugendarbeit. Fallen nur uns die Veränderungen auf, oder geht es auch anderen so? Wie lange schon? Vielleicht hat die Veränderung ja auch gar nichts mit Mobbing zu tun. Gab es bestimmte andere Vorfälle, die bekannt geworden sind? Einen Streit? Eine unglückliche Liebe? Einen Trauerfall im Freundeskreis? Schlechte Noten? Das alles kann zu einer psychischen Belastung führen und entsprechende Symptome auslösen.
- **Ruhe bewahren**: Wir sollten in derartigen Situationen nicht in Panik verfallen, geduldig und beständig für unsere Kinder da sein und etwaige Schritte nur in gemeinsamer Absprache in die Wege leiten. Unsere Kinder sollen nicht das Gefühl bekommen, als unmündige Opfer behandelt zu werden, deshalb müssen sie an der Streitschlichtung oder Konfliktbewältigung beteiligt werden.

Grafik von Pro Juventute, »Aufklärungskampagne Sexting« (*https://flic.kr/p/h934mA*), Lizenz: CC BY 2.0

Das Versenden erotischer Fotos kann ungeahnte Folgen haben.

Sexting

Sexting bezeichnet den Austausch und Versand von **Nacktbildern** oder **erotischen Aufnahmen** über Smartphones (wir haben es in Kapitel 10 bereits kurz angesprochen). Diese Bilder werden bereits von elf- bis zwölfjährigen Jungen und Mädchen angefertigt und an den jeweiligen Partner oder Schwarm versendet. Probleme werden deutlich, sobald die Bilder aus **Rache** oder anderen Motiven weitergeleitet werden und im Freundeskreis oder in Klassengruppen die Runde machen.

Tipps und Hinweise

Als Eltern können wir unglücklicherweise sehr wenig machen, wenn solche Fotos erst einmal veröffentlicht wurden. Einmal in Umlauf gebracht, **ist es leider nicht mehr möglich, Inhalte zuverlässig zu löschen**. Daher muss unser Hauptaugenmerk auf der **präventiven Arbeit** liegen. Als Grundlage dafür sollten Sie sich noch einmal die Hinweise in Kapitel 10 anschauen.

Ein Aspekt, der vielen erst im Nachhinein bewusst wird, ist der **juristische**. Sobald auf den Fotos oder Videos sexuelle Handlungen vollzogen werden, handelt es sich um **pornografische Inhalte**, deren Verbreitung an Minderjährige nach § 184 StGB **strafbar** ist. Noch schlimmer wird es, wenn eine der abgebildeten Personen unter 14 Jahre alt ist. In diesem Fall spricht man nach § 184b StGB von **Kinderpornografie**, was bedeutet, dass neben der Verbreitung allein schon der Besitz strafbar ist. Wird nun in einer Klasse ein Bild einer 13-Jährigen von einem 14-jährigen und somit strafmündigen Schüler weitergeleitet, kann dies ungeahnte Konsequenzen haben.

Sobald unsere Kinder also ihr erstes **Smartphone** mit einer Internetverbindung bekommen, müssen sie über die Möglichkeiten und Konsequenzen **Bescheid wissen**. Es muss ihnen klar sein, dass Fotos und Videos, sofern sie einmal erstellt und geteilt wurden, nicht mehr kontrolliert oder gelöscht werden können. Auch über die **Konsequenzen** der Erstellung, des Besitzes und der Verbreitung solcher Inhalte müssen wir unsere Kinder frühzeitig aufklären.

Im Netz kann man leicht anonym bleiben oder einen Account unter falschem Namen anlegen.

Fremde Freunde

Kinder und Jugendliche kommunizieren über digitale Medien in erster Linie mit Freunden und Bekannten, die sie auch **tatsächlich kennen**, meist mit Freunden und Bekannten aus der Schule, dem Freundeskreis, dem Wohnort oder dem Sportverein.

Bei **WhatsApp** kommt es aufgrund der Verbindung mit der Telefonnummer sowieso selten vor, dass man von Fremden kontaktiert wird. Bei **Instagram, Snapchat und ähnlichen Apps** können Ihre Kinder jedoch **Freundschaftsanfragen von Fremden** erhalten, und dann ist Skepsis angebracht. Denn natürlich ist es für Jugendliche spannend, sich auch mal mit Fremden auszutauschen, doch unter Millionen von Usern gibt es natürlich auch viele, die nichts Gutes im Schilde führen.

Wo lauern Gefahren?

- **Social Bots** sind automatisierte Datendiebe, also programmierte Profile, die automatisch Freundschaftsanfragen verschicken und Statusmeldungen generieren, um den Eindruck zu erwecken, sie seien reale, aktive Personen. Programmierer, die Hunderte Bots gleichzeitig losschicken, gelangen so an Tausende von Daten – allein dadurch, dass einige User die Kontaktanfragen bestätigen.
- **Pädokriminalität** ist ein weit ernsteres Problem: Leider kommt es immer wieder vor, dass Pädophile mit gefälschten Onlineprofilen Kontakt zu potenziellen Opfern suchen.

Wie können sich Kinder schützen?

Der einzige Schutz ist, dass Ihre Kinder **äußerst umsichtig** sind, wenn Fremde mit ihnen Kontakt aufnehmen. Idealerweise sollten überhaupt keine Kontaktanfragen von Fremden bestätigt werden, und wenn doch, müssen Sie als **Eltern Bescheid wissen**. Sollte beispielsweise ein **Onlineflirt** entstehen und sich Ihre Tochter oder Ihr Sohn mit dem Gegenüber treffen wollen, muss zu diesem Treffen unbedingt **jemand mitkommen** (z. B. eine Freundin oder ein Freund), und es sollte an einem belebten Platz, in einem Café oder Ähnlichem stattfinden, um erst mal herauszufinden, ob das Gegenüber wirklich die Person ist, als die sie sich ausgegeben hat. Prinzipiell ist gegen Onlineflirts nichts einzuwenden, nur müssen Jugendliche dabei **sehr vorsichtig** agieren.

Foto: Pro Juventute, *projuventute.ch*, Lizenz: CC BY 2.0

Der Schreck ist oft groß, wenn sich herausstellt, dass hinter einem Account eine andere Person steckt als vermutet.

Gefälschte Accounts

Eine weitere Steigerung wird erreicht, wenn **fremde Freunde** nicht nur fiktive Charaktere sind, sondern gefälschte Accounts real existierender Personen. Wie lässt sich ein Account fälschen?

Die einfachste Möglichkeit ist, eine Person, die bislang nicht in einem Onlineportal registriert ist, **nachzuahmen** und sich als diese Person auszugeben. Wenn beispielsweise Ihr Nachbarsjunge nicht bei Instagram ist, wäre es für Sie ein Leichtes, mit einem Foto von ihm einen **Account auf seinen Namen** anzulegen, den aber nicht er führt, sondern Sie. Die Freunde und Bekannten des Jungen würden das zunächst gar nicht bemerken, der Schwindel flöge vermutlich erst spät auf, und in der Zwischenzeit könnten Sie viel Unsinn unter seinem Namen anstellen.

Derlei Betrug ereignet sich leider tatsächlich, und wenn er unter Jugendlichen vorkommt, fällt er wohl meist in die Kategorie des **Cybermobbings**, denn selten verbergen sich hehre Absichten hinter gefälschten Accounts – in der Regel dienen sie dazu, dem Opfer zu schaden.

Was tun?

Wenn Sie feststellen, dass für Ihr Kind (oder für Bekannte) ein gefälschter Account existiert, haben Sie leider nur begrenzte Möglichkeiten. Fake-Accounts können lediglich **vom Portalbetreiber gelöscht** werden. Dazu können Sie die **Meldefunktion** nutzen, die in der Regel direkt erreichbar ist. In extremen Fällen können Sie sich auch an die **Polizei** wenden.

Das Problem bei gefälschten Profilen ist jedoch, dass die Fälschung zunächst einmal auffallen und bekannt werden muss, und das passiert oft nur, wenn etwas Unangenehmes vorfällt.

Tipp

Sollten Sie Accounts sehen, die Ihnen seltsam vorkommen, fragen Sie die entsprechende Person offline, ob der Account wirklich zu ihr gehört.

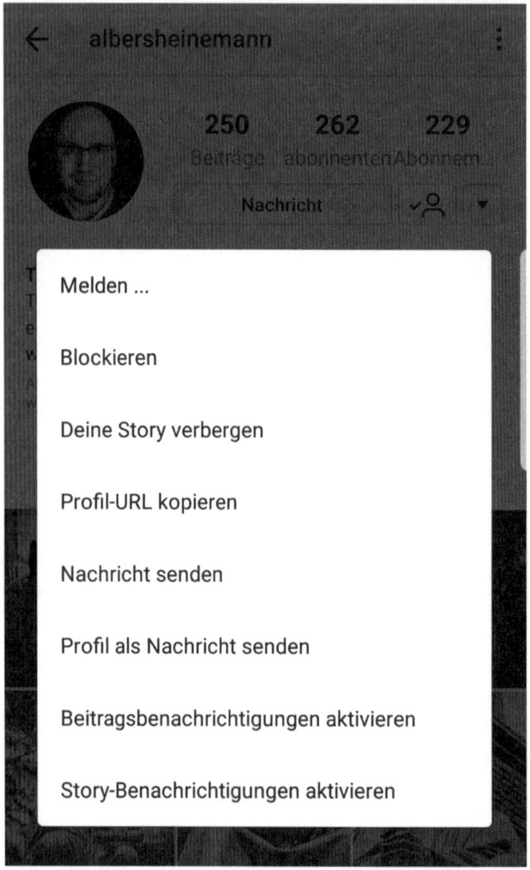

Einen Facebook-Freund zu entfernen, ist manchmal der beste Weg, jemandem aus dem Weg zu gehen.

»Entfreunden« und blockieren

Es muss nicht immer gleich Mobbing sein, auch Streit und kleinere Meinungsverschiedenheiten können für Unmut sorgen. Im analogen Leben sagt man dann: **»Hör einfach nicht hin!«**, was aber bei akustischen Reizen nicht immer einfach ist, es sei denn, man hält sich die Ohren zu. WhatsApp, Instagram und andere Social-Media-Angebote machen es uns da etwas einfacher: Wir müssen uns in solchen Fällen nicht die Augen zuhalten, sondern haben die Möglichkeit, Personen zu **blockieren**.

Vorgehensweise:

- **WhatsApp:** Gehen Sie in die Einstellungen und wählen Sie unter **Account** den Bereich **Datenschutz**. Unten sehen Sie die Rubrik **Blockierte Kontakte**. Hier können Sie unerwünschte Gesprächspartner eintragen und sehen eine Übersicht über alle blockierten Personen.
- **Instagram:** Ist das Profil auf **privat** gestellt, gehen Sie einfach auf das Profil der Person, die sie nervt, und klicken dort die Option **Freundschaft beenden** an. Haben Sie oder Ihr Kind ein **öffentliches Konto**, müssen Sie ebenfalls zur anderen Person gehen. Dort klicken Sie rechts oben auf die drei Punkte, die zu den Einstellungsmöglichkeiten führen, und wählen dann **Blockieren**.
- **Snapchat:** Auch bei Snapchat muss das entsprechende Profil geöffnet werden. Links oben gibt es drei kleine Striche, die zum Menü führen. Hier finden Sie dann die Optionen **Blockieren** sowie **Freund entfernen**.

Im Prinzip bietet jedes Social-Media-Tool eine Funktion an, um unerwünschte oder nervige Kontakte zu löschen oder zu blockieren. Sollten Sie diese Option nicht sofort finden, reicht meist in einer Suchmaschine eine entsprechende Anfrage.

Broschüre

"Geh sterben!" - Hate Speech und Kommentarkultur im Internet

Die Amadeu-Antonio-Stiftung engagiert sich gegen Hass und Hetze im Netz (*amadeu-antonio-stiftung.de*).

Hate-Speech und Onlinehetze

Ein Phänomen, das in den letzten Jahren massiv zugenommen hat, ist »Hate-Speech« (zu Deutsch: **Hassrede**). Durch die Möglichkeit, in sozialen Medien zur öffentlichen Person zu werden, seine Meinung zu verbreiten und sämtliche anderen Inhalte kommentieren zu können, wurde eine **Bühne für Hetze und Hassbotschaften** geschaffen, die früher vermutlich nur im privaten Umfeld oder an Stammtischen geäußert wurden.

Was unterscheidet Hate-Speech von Cybermobbing?

Während Mobbing (wie bereits ausgeführt) meist im persönlichen Umfeld stattfindet, richtet sich Hate-Speech in der Regel gegen **unbekannte Personen**, z. B. gegen Promis oder Internetstars. Des Weiteren werden mit Hate-Speech ganze **Bevölkerungsgruppen** herabgewürdigt, oft aufgrund ihrer Religion oder der sexuellen Orientierung. In den letzten Jahren war in Deutschland im Zusammenhang mit der **Flüchtlingssituation** viel Hass zu spüren, der auch offline seinen Ausdruck fand (z. B. in Anschlägen auf Flüchtlingsunterkünfte). Zugleich war deutlich wahrnehmbar, dass im Netz gegen Flüchtlinge gehetzt wurde, z. B. in Instagram- oder Facebook-Postings sowie in YouTube-Videos und den dazugehörigen Kommentaren. Selbst die **Kommentarspalten** und Social-Media-Kanäle von herkömmlichen Medienangeboten wie Zeitungen und TV-Sendungen waren zu diesem Thema rasch voll von Hasskommentaren. Dies führte z. B. bei den Verantwortlichen der Süddeutschen Zeitung zu dem Entschluss, die Onlinekommentarfunktion stark einzuschränken.

Jugendlicher Hass

Bei Jugendlichen ist Hate-Speech vor allem im Zusammenhang mit **Stars** zu beobachten, die polarisieren. Ein Paradebeispiel ist der YouTube-Kanal **BibisBeautyPalace**, der sicherlich kritisiert werden kann, der jedoch von vielen Jugendlichen mit blankem Hass statt konstruktiver Kritik kommentiert wird. Sätze wie »geh sterben, Bibi« oder »du siehst scheiße aus« gehören noch zu den harmloseren Aussagen, die hier zu lesen sind.

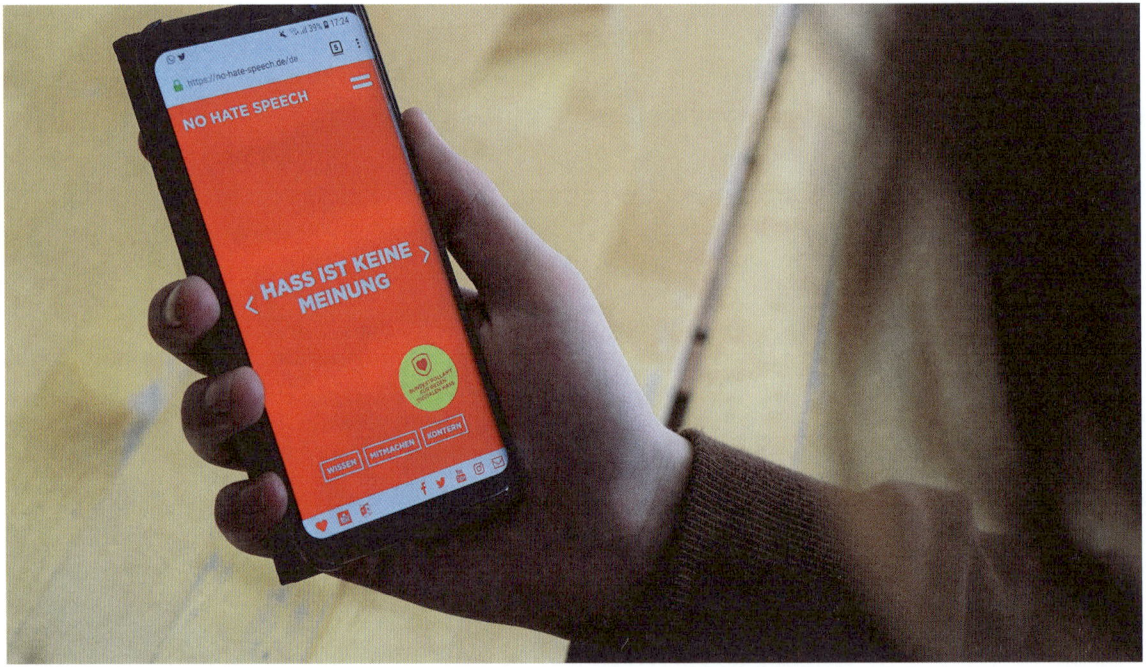

Eine Kampagne für mehr Respekt im Netz: *no-hate-speech.de*

Kommunikationskultur im Social Web

Wie lassen sich Hass und Hetze auf Social-Media-Plattformen eindämmen? Hier sind zum einen die Anbieter großer Portale gefragt, die seit 2017 mit dem deutschen Netzwerkdurchsetzungsgesetz (NetzDG) dazu verpflichtet sind, Hass und Falschmeldungen zu überprüfen und gegebenenfalls zu löschen. Doch auch wir User sind gefragt und können im Kleinen etwas gegen Hate-Speech tun:

- **Melden**
  Die großen Diensteanbieter halten immer einen Meldebutton bereit, den wir anklicken können, wenn wir einen Inhalt für nicht angemessen halten. Dies ist vor allem dann anzuraten, wenn eindeutig rechtswidrige, beleidigende oder hetzerische Aussagen vorgefunden werden.
- **Grenzen setzen**
  Nicht alles, was böse klingt, ist tatsächlich böse gemeint. Oftmals wird Ironie oder Sarkasmus im Netz nicht richtig gedeutet, manchmal führt auch eine unvorsichtige Formulierung zu Missverständnissen. Zudem stellt sich die Frage, wie weit z. B. schwarzer Humor gehen darf und wo hier Grenzen überschritten werden. Umso wichtiger ist es, auf entsprechende Äußerungen zu reagieren und die anderen darauf hinzuweisen, dass gewisse Grenzen einer gepflegten Kommunikationskultur nicht überschritten werden dürfen.
- **Einmischen**
  Die Grenzen zwischen Meinungsfreiheit und Hetze sind nicht immer einfach zu definieren, und schnell wird der Vorwurf der Zensur laut, wenn Inhalte gelöscht werden. Was wir als User jedoch immer tun können, ist, in eine Diskussion einzusteigen, uns einzumischen und mit sachlichen Argumenten auf ungerechtfertigte Aussagen einzugehen. Nicht immer ist eine konstruktive Diskussion möglich, aber wir sollten zumindest versuchen, der Hassrede auf diesem Weg die Stirn zu bieten.
- **Sich selbst schützen**
  Ein wichtiger Punkt ist bei diesem Thema auch, dass man darauf achten muss, nicht selbst zur Zielscheibe von Hass zu werden, nur weil man sich gegen Hass engagiert. Wer selbst angegriffen wird und Beleidigungen ertragen muss, sollte sich aus der Kommunikation zurückziehen bzw. die anderen melden.

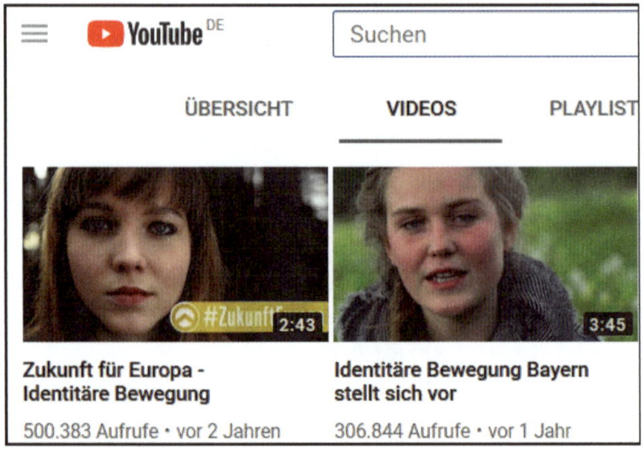

Im Social Web präsentiert sich die »Identitäre Bewegung« modern und chic, doch aufgrund ihrer rechten Gesinnung beobachtet sie der Verfassungsschutz seit Jahren.

Extremismus im Netz

Die Zeiten, in denen radikale Gruppierungen ausschließlich mit eindeutigen, erkennbaren Symbolen auftraten, sind vorbei. Personen und Organisationen mit **rechts- oder linksextremer Orientierung** sowie aus dem **religiösen Extremismus** haben das Potenzial der sozialen Medien erkannt und nutzen diese Kanäle für ihre Propaganda.

Ein Beispiel ist die **»Identitäre Bewegung«**, die sich im Netz modern und chic präsentiert. Auf Fotos zeigt man sich »heimatverliebt«, die Videos handeln oft von der **Zukunft**. Daneben finden sich Plädoyers für »Re-Migration statt Asylwahn«, und es wird »Den Opfern islamistischen Terrors« gedacht. Man muss also genau hinsehen, um zu erkennen, worum es hier geht: Diese Bewegung vertritt das Konzept einer »europäischen Identität«, die homogen sei, und wehrt sich gegen die »Islamisierung Europas«. Der Verfassungsschutz beobachtet diese Gruppierung seit Langem, sie gilt als **rechtsextrem**, aber das ist den coolen Bildern und Videos im Netz nicht sofort anzusehen.

Nach dem gleichen Muster funktioniert oftmals auch die **Propaganda** von religiös- und linksextremistischen Gruppierungen. Sie alle haben die Onlinekanäle der Social-Media-Angebote als ideale Plattformen erkannt, um hier ihre Weltsicht zu verbreiten und aktiv um neue **Mitglieder** zu werben. Und sie werden auch in Zukunft auf digitale Medien setzen, die in der Lebenswelt unserer Kinder verankert sind, um dort unbedarfte User zu **ködern** und zu überzeugen. Da die Grenzen der Meinungsfreiheit meist geschickt tangiert, aber selten übertreten werden, lassen sich derartige Angebote **nicht einfach löschen** oder gar verbieten.

Tipp

Wir können Ihnen an dieser Stelle nur raten, dieses Thema mit Ihren Kindern zu besprechen, ein politisches Bewusstsein zu schaffen und sie für Propaganda zu sensibilisieren.

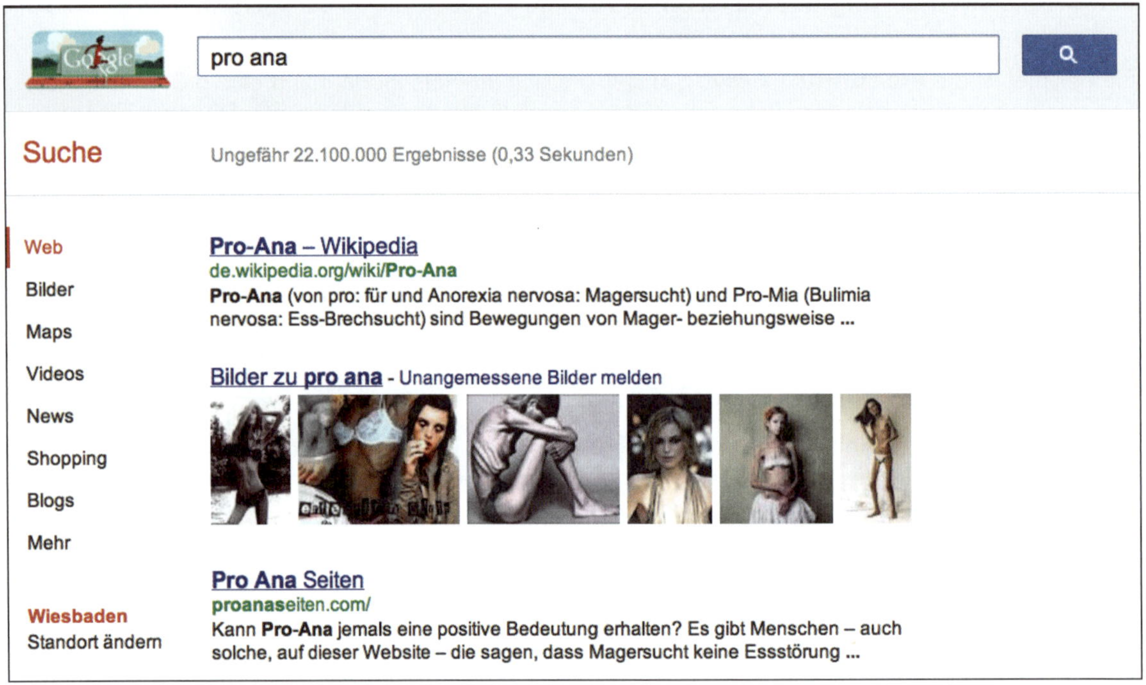

Öffentliche Google-Suche nach Pro-Ana-Seiten

Nicht alles, was uns nicht gefällt, ist auch verboten

Neben den vielen unterhaltsamen, kreativen und kommunikativen Angeboten im Netz gibt es leider auch zahllose Inhalte, die wir eigentlich **nicht sehen wollen** und bei denen wir uns fragen, warum so etwas überhaupt online sein darf.

Viele abstoßende Angebote, die wir in sozialen Medien oder an anderen Stellen im Internet finden, sind **rechtlich gesehen legal**. Mobbing, Hasskommentare und extremistische Hetzbotschaften – das alles ist zwar unerfreulich, aber nicht per se verboten. Weitere derartige Beispiele sind Foren, in denen Jugendliche **Suizidgedanken** austauschen (Suizidforen) oder sich in ihrem **Abmagerungswahn** bestätigen (Ana/Mia-Foren). Diese können sicherlich **negative Auswirkungen** auf Kinder und Jugendliche haben, aber auch sie sind nicht illegal. Es sind vielmehr Angebote, die insbesondere junge Menschen ansprechen, denen etwas **im sozialen Umfeld fehlt**, etwas, das eine kritische Betrachtung der bestehenden Angebote verhindert.

Genau das ist der Punkt, an dem wir als Eltern, so analog wir auch sein mögen, unseren Kindern den **notwendigen Halt und die erforderliche Unterstützung** geben müssen. Rassismus, Hass, Diskriminierung, sexualisiertes Verhalten – das alles gibt es nicht erst seit Beginn des Internets. Das gibt es schon seit Urzeiten und wird es wohl auch leider immer wieder geben.

Wir alle haben **Strategien** gefunden, früher wie auch heute, mit derartigen Phänomenen **umzugehen**. Diese sind heute nicht wertlos, sondern auf die digitalen Erscheinungsformen übertragbar.

Wir müssen mit unseren Kindern reden, sie aufklären und sensibilisieren – nur so können sie lernen, mit widerlichen Onlineinhalten umzugehen.

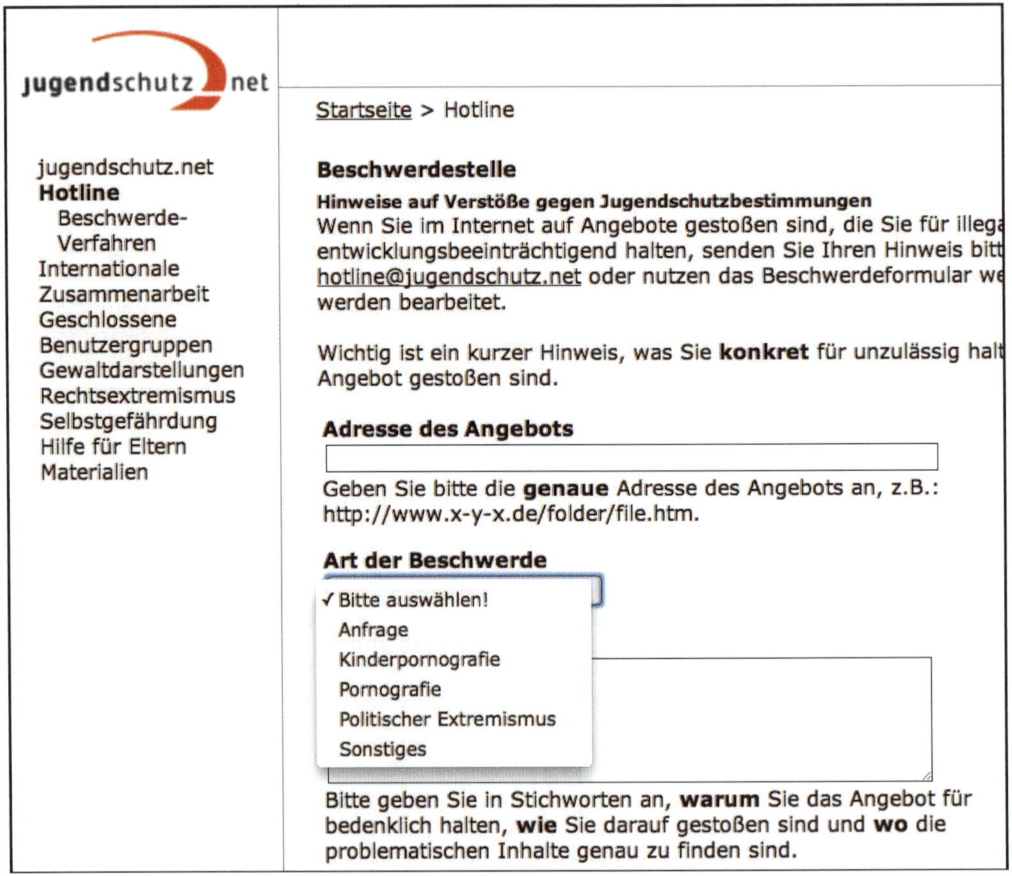
jugendschutz.net

jugendschutz.net
Hotline
Beschwerde-Verfahren
Internationale Zusammenarbeit
Geschlossene Benutzergruppen
Gewaltdarstellungen
Rechtsextremismus
Selbstgefährdung
Hilfe für Eltern
Materialien

Startseite > Hotline

Beschwerdestelle

Hinweise auf Verstöße gegen Jugendschutzbestimmungen
Wenn Sie im Internet auf Angebote gestoßen sind, die Sie für illeg
entwicklungsbeeinträchtigend halten, senden Sie Ihren Hinweis bit
hotline@jugendschutz.net oder nutzen das Beschwerdeformular w
werden bearbeitet.

Wichtig ist ein kurzer Hinweis, was Sie **konkret** für unzulässig hal
Angebot gestoßen sind.

Adresse des Angebots

Geben Sie bitte die **genaue** Adresse des Angebots an, z.B.: http://www.x-y-x.de/folder/file.htm.

Art der Beschwerde

✓ Bitte auswählen!
Anfrage
Kinderpornografie
Pornografie
Politischer Extremismus
Sonstiges

Bitte geben Sie in Stichworten an, **warum** Sie das Angebot für bedenklich halten, **wie** Sie darauf gestoßen sind und **wo** die problematischen Inhalte genau zu finden sind.

Unter jugendschutz.net können Sie jugendgefährdende Internetseiten melden.

Jugendgefährdende Inhalte melden

Das Internet ist offen für alle Menschen. Jeder kann Inhalte einstellen, seien es Bilder, Videos, Texte usw. Dennoch ist es kein rechtsfreier Raum. Gerade in Bezug auf pornografische oder auch gewaltverherrlichende Inhalte gibt es Gesetze, die einzuhalten sind. So ist unter anderem eindeutig geregelt, dass z. B. pornografisches Material nicht offen für Minderjährige zugänglich sein darf bzw. der Betreiber durch ein sogenanntes **Altersverifikationssystem (AVS)** die Volljährigkeit des Besuchers überprüfen muss.

Der Grund dafür, dass es für den Gesetzgeber so kompliziert ist, diese Regelungen umzusetzen, ist, dass die deutschen Gesetze nur auf deutsche Serverstandorte anwendbar sind. Ist z. B. eine Homepage auf einem Server im Ausland gespeichert, greifen diese schon gar nicht mehr. Dennoch besteht für uns die Möglichkeit, dem Gesetzgeber Inhalte zu melden, die uns nicht ganz geheuer sind bzw. bei denen wir bezweifeln, dass so etwas überhaupt im Internet sein darf. Im Internet finden Sie zu diesem Thema viele Meldestellen, allerdings gibt es nur eine, die direkt mit dem Gesetzgeber zusammenarbeitet:

Unter *www.jugendschutz.net*, der Zentralstelle der Länder für Jugendschutz im Internet, haben Sie die Möglichkeit, per Telefon oder auch anonym per E-Mail-Formular eine Internetseite zu melden. Diese wird von den Mitarbeiterinnen und Mitarbeitern zuerst geprüft, bevor eventuell Schritte zur Beseitigung des Angebots eingeleitet werden. Liegt ein Verstoß gegen den **Jugendmedienschutzstaatsvertrag** vor, wird zuerst der Seitenbetreiber informiert. Reagiert dieser nicht, wird er der **Kommission für Jugendmedienschutz (KJM)** gemeldet, die dann strafrechtliche Schritte einleiten kann.

Foto: »danger sign (with Rapid ID)« von Samuel Mann (*https://flic.kr/p/5Rpeqq*), CC BY 2.0-Lizenz

Warnhinweise gibt es im Internet kaum, doch hilfreich wären sie durchaus.

KAPITEL 12 | Die nervigen Nachbarn: Werbung, Kostenfallen, Viren und Trojaner

Wir haben Sie in diesem Buch über verschiedene Aspekte informiert, die für die Nutzung von Online- und Smartphone-Diensten relevant sind und die Sie für sich und Ihre Kinder beachten sollten. Es gibt jedoch noch einige technische bzw. systemimmanente Aspekte, die extrem nervig oder auch richtig unangenehm sein können. Diesen leidigen Themen möchten wir uns nun widmen.

Zunächst beschäftigen wir uns noch mal mit den **Geschäftsmodellen** von vermeintlich kostenlosen Digitalangeboten: mit Werbung, versteckten Kosten, In-App-Käufen und weiteren nervigen Begleiterscheinungen.

Des Weiteren werfen wir einen Blick auf **potenzielle Gefährdungen** innerhalb diverser Dienste, die von Jugendlichen genutzt werden: Die uralten »Klassiker« der unerfreulichen Onlineinhalte (Spam, Viren, Trojaner, Abzockfallen und sonstige Hinterhältigkeiten) wurden längst auch auf WhatsApp & Co. angepasst und machen nun dort die Runde.

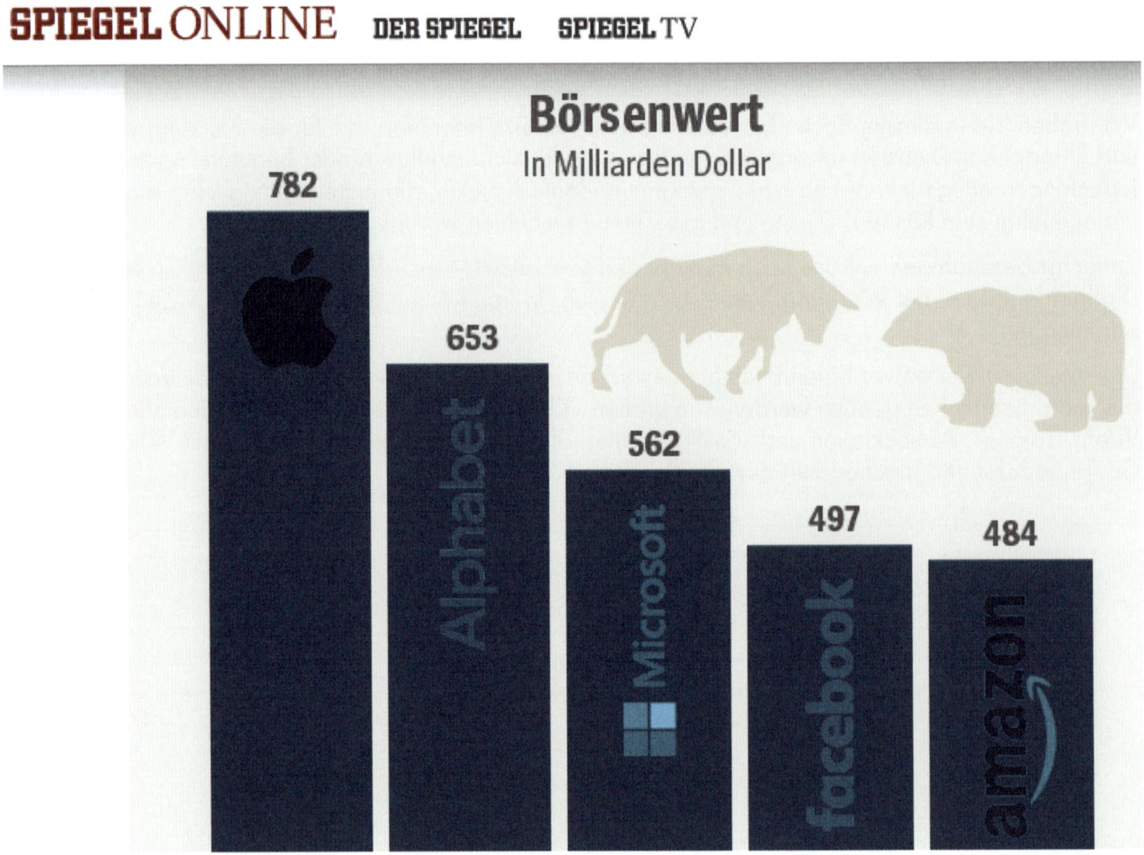

Quelle: Bloomberg, Grafik von Spiegel Online

Der Börsenwert der fünf großen Onlinegiganten im Vergleich (Stand: 31.07.2017)

WhatsApp & Co.: kostenlos, aber milliardenschwer

Wer sich mit der kommerziellen Entwicklung und den Börsenwerten von digitalen Konzernen wie Google und Facebook beschäftigt, nimmt rasch horrenden Summen wahr. Wir möchten uns diese Zahlen genauer ansehen:

Google + YouTube + Android = Alphabet

Der Konzern, zu dem Dienste wie **Google, YouTube und Android** gehören, heißt seit 2015 **Alphabet**. Dieser Konzern war 2017 mit einem **Börsenwert von 650 Milliarden Dollar** notiert. (Zum Vergleich: Die acht wertvollsten Unternehmen Deutschlands waren zu diesem Zeitpunkt gemeinsam rund 780 Milliarden Dollar wert, also nur wenig mehr als Alphabet alleine.) Der Jahresgewinn 2017 lag jedoch bei nur 12,66 Milliarden Dollar.

Facebook, WhatsApp, Instagram

Als Facebook 2012 an die Börse ging, sorgte der damalige Wert von rund 100 Milliarden Dollar für Aufregung und wurde für einen übertriebenen Hype gehalten. Fünf Jahre später war der Facebook-Konzern rund **500 Milliarden Dollar wert**, mittlerweile gehörten auch Unternehmen wie **WhatsApp und Instagram** zum Konzern. Der Gesamtgewinn lag 2017 bei fast 16 Milliarden Dollar. Doch wie schnell man an Wert verliert, stellte Facebook im März 2018 im Zuge des **Datenskandals um Cambridge Analytica** fest: In sechs Handelstagen sank der Börsenwert des Konzerns um **97 Milliarden Dollar**.

Es besteht also eine deutliche **Diskrepanz** zwischen dem tatsächlichen Umsatz und dem (durchaus spekulativen) Börsenwert. Dennoch bleibt festzuhalten, dass diese Summen schwindelerregend sind – und wie man mit eigentlich kostenlosen Angeboten solche Werte erreicht, sehen wir uns auf der folgenden Seite an.

Cartoon von Thierry Gregorius, Wikimedia Commons, CC BY 2.0-Lizenz

»Big Data« ist das Zauberwort für die Sammlung und Analyse riesiger Datenmenge. Ob diese Entwicklung zur (hier überspitzt dargestellten) Verwertung auch in anderen Zusammenhängen führt, wird sich zeigen.

Das Geschäftsmodell der Gratisdienste

Es ist heute weithin bekannt, dass das Erfolgsgeheimnis von Konzernen wie Google und Facebook darin besteht, die **Daten** von uns Usern **zu sammeln und zu analysieren**. Da weltweit mehrere Milliarden User die Dienste dieser Konzerne nutzen, fallen gigantisch große Datenmengen an, die an den Börsen zu horrend hohen Werten führen (genannt **Big Data**, siehe auch Kapitel 10). Allein die Größe dieser Konzerne und ihr Markenwert sind für Investoren interessant, auch oder gerade weil die Angebote **vermeintlich »kostenlos«** sind. Wir User bezahlen zwar kein Geld für die Dienste, aber wir bezahlen eben mit den Daten, die sich aus unserem Onlineverhalten und unseren freiwilligen Angaben zusammensetzen.

Gibt es nicht auch kostenpflichtige Angebote bei Google?

In der Tat ist es so, dass der Alphabet-Konzern auch mit einigen kostenpflichtigen Diensten Geld verdient: Beispielsweise wird **Hardware** wie der Chromecast oder das Google-Phone Pixel verkauft, und auch mit **Provisionen** aus dem Betriebssystem Android und dem Play Store verdient der Konzern bares Geld. Doch die mit Abstand größten Einnahmen werden mit dem **kostenlosen Dienst Google** erzielt.
Auch bei **Facebook** gibt es einige kostenpflichtige Spiele und Anwendungen, doch auch hier sind die Umsätze mit dem an sich kostenlosen Dienst und der Werbung wichtiger.

Wer sieht sich eigentlich Werbung an?

Eigentlich sind alle Menschen von Werbung **genervt**, egal ob im Fernsehen oder im Internet. Viele User nehmen die Onlinewerbung gar nicht mehr wahr oder blenden sie mithilfe eines **Werbeblockers** aus. Warum kann das Geschäft mit Werbung also für Onlinekonzerne derart lukrativ sein? Hier ist natürlich die Zauberformel der **personalisierten Werbung** ausschlaggebend, die wir uns auf der folgenden Seite näher ansehen.

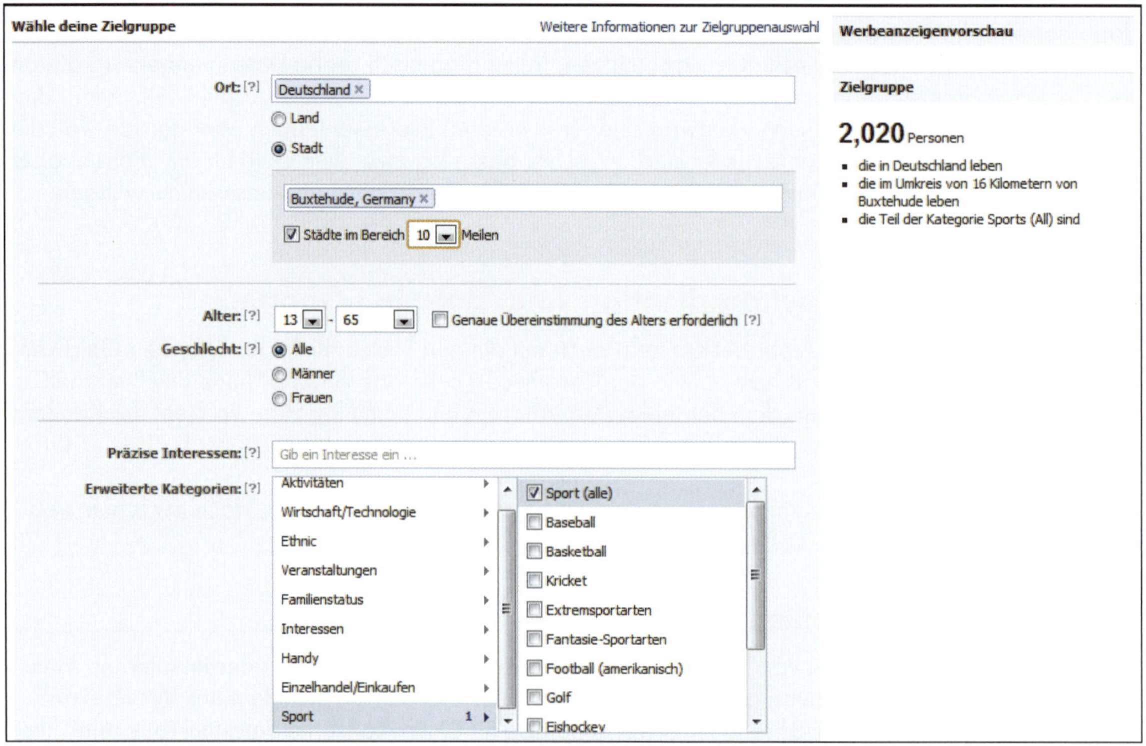

Bei Facebook kann man diejenigen Nutzer, die eine Werbung sehen sollen, sehr genau definieren.

Im Visier von personalisierter Werbung

Das Geschäft mit Werbung erreicht bei Google, YouTube, Instagram und Facebook durch die Personalisierung eine neue Dimension: Die User können hier zielgerichtet angesprochen werden. Durch die Informationen, die über User vorliegen, lässt sich die Werbung an die Zielgruppe anpassen.

Ein Beispiel: Sportler aus Buxtehude

Nehmen wir an, Sie eröffnen ein Sportgeschäft in Buxtehude. Als Werbung können Sie eine Anzeige in der Regionalzeitung schalten, können Plakate kleben, Postwurfsendungen verteilen oder Ähnliches. Damit sprechen Sie jedoch immer auch alle unsportlichen Menschen an, die garantiert nie bei Ihnen einkaufen werden, Sie haben also hohe **Streuverluste**. Onlinedienste bieten Ihnen hingegen die Möglichkeit, gezielt festzulegen, dass Sie nur Personen aus der Gegend um Buxtehude kontaktieren, die an Sport interessiert sind. Es können dann beispielsweise für Instagram oder Facebook die Personen herausgesucht werden, auf die diese Eigenschaften zutreffen – und nur diese Menschen bekommen Ihre Werbeanzeige zu sehen, sodass der Streuverlust minimal bleibt.

Android is watching you

Auch Google und YouTube nutzen geschickt sämtliche Datenspuren, die wir User online hinterlassen – und je mehr Alphabet-Dienste wir nutzen (z. B. neben der Google-Suche und YouTube-Videos auch das Handybetriebssystem Android sowie Google Mail und Google Kalender), desto mehr Details kennt der Konzern Alphabet von uns. Dieses **Wissen** lässt sich versilbern.

Die EU wird aktiv

Da wir heute eher schwer auf Dienste wie WhatsApp, Google, Android usw. verzichten können, bleibt derzeit nur, auf **politische Lösungen** zu hoffen: Die EU ergreift 2018 und 2019 mit der **DSGVO** (Datenschutzgrundverordnung) und der neuen **ePrivacy-Verordnung** weitreichende Maßnahmen, die uns hoffentlich besser als zuvor schützen, indem sie den Datenschutz innerhalb der EU stärken.

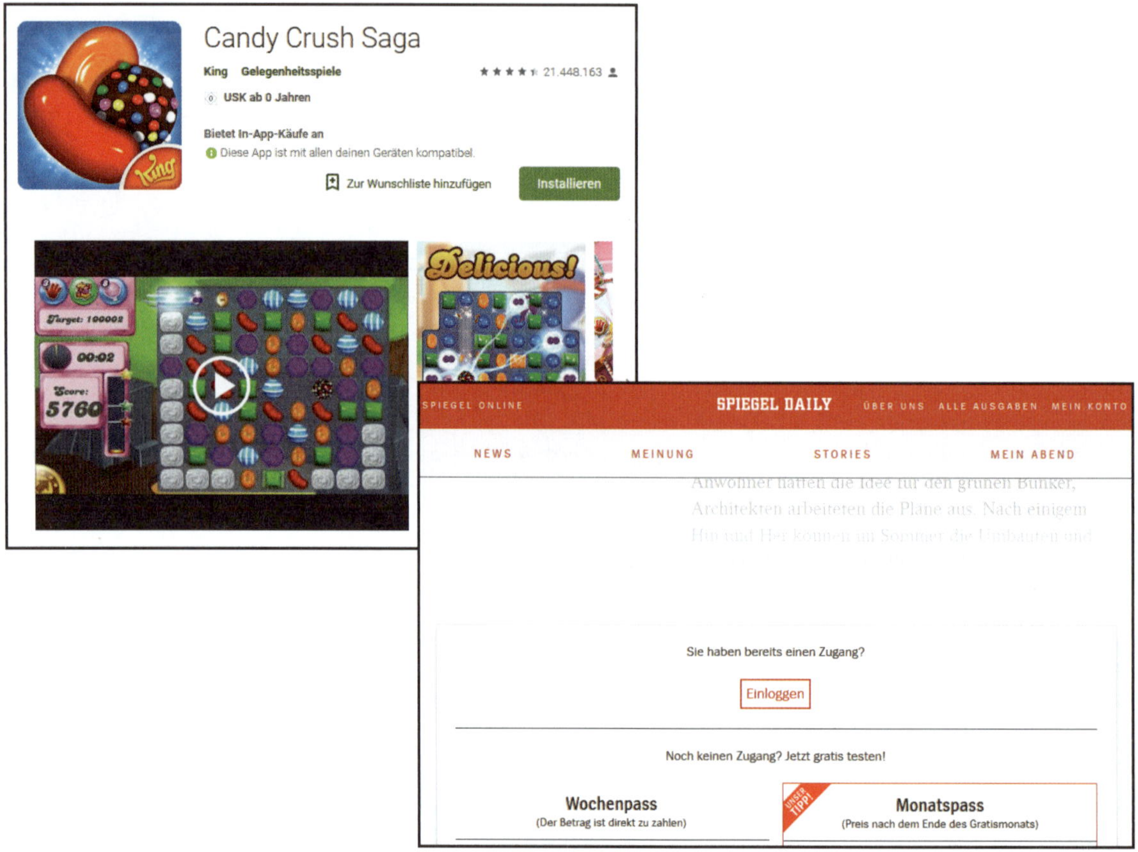

Spiele wie die »Candy Crush Saga« sind kostenlos installierbar, später werden jedoch In-App-Käufe angeboten. Beim (an sich kostenlosen) Portal »Spiegel Online« gibt es das Magazin »Spiegel Daily« nur gegen Bezahlung.

In-App-Käufe, free2play-Spiele und Lootboxen

Bei kostenlosen Angeboten für Smartphones sind die Einnahmequellen anders konzipiert: Eine Gratis-App ist meist auch mit anderen **Geschäftsmodellen** gekoppelt. Besonders beliebt sind hier die sogenannten In-App-Käufe, also Kaufgeschäfte, die innerhalb einer App abgeschlossen werden. Viele App-Hersteller verfolgen ganz bewusst das Ziel, mit einem **kostenlosen** Angebot Kundschaft zu gewinnen, die später dann abkassiert wird. Oft ist es sogar lohnenswerter, **regelmäßig** Geld zu verlangen, anstatt nur einmal beim Verkauf der App zu verdienen.

Einige Varianten:

- **Freemium-Dienste**: Die Basisversion ist kostenlos nutzbar, während die Premiumversion mit erweiterten Funktionen zusätzlich zur Kasse bittet. (Beispiel: der Musikstreamingdienst **Spotify**, der als kostenloses, werbefinanziertes Angebot verfügbar ist oder als werbefreies Abomodell mit monatlicher Nutzungsgebühr.)
- **Paywalls** (zu Deutsch: **Bezahlschranken**): Der Onlinezugriff auf Texte wird nur gegen Gebühr erlaubt. (Beispiel: Nachrichten-Apps wie **Spiegel Online** bieten zwar ein umfangreiches Onlineangebot, aber zahlreiche Texte, Videos usw. sind in der Gratisvariante gesperrt und nur gegen Bezahlung zu sehen.)
- **free2play-Spiele**: Die Games sind kostenlos spielbar, doch mit Geldeinsatz kommt man schneller zum Ziel. (Beispiel: **Candy Crush Saga**, das erfolgreiche Bonbon-Spiel, das auch ohne Zusatzkäufe spielbar ist, dann jedoch nur mit Einschränkungen und langen Wartezeiten. Wer zahlt, hat mehr Spaß!)
- **Lootboxen**: Damit werden **virtuelle Kisten** bezeichnet, die in Games entweder erspielt oder gekauft werden können. Diese Boxen enthalten zufällig zusammengestellte Objekte, die für das Spiel mehr oder weniger bedeutend sein können. Dieses Konzept wird aufgrund seiner **Nähe zum Glücksspiel** stark kritisiert.

Prinzipiell ist es **nicht verwerflich**, dass auch App-Entwickler Geld verdienen wollen. Problematisch ist es nur, wenn jemand aufgrund undurchsichtiger Kostenmodelle den **Überblick** über seine Finanzen verliert und so möglicherweise in eine Kostenfalle schlittert. Zum Glück lassen sich derartige Käufe in den Geräteeinstellungen oder beim Mobilfunkbetreiber auch **deaktivieren**.

Screenshot von *watchlist-internet.at*

Ein neues iPhone für 1 Euro? Das kann kein seriöses Angebot sein – wer darauf eingeht, bekommt eine saftige Rechnung.

Kostenfallen und Abzocke

Online (wie auch offline) gibt es leider zahlreiche Möglichkeiten, um Sie oder Ihre Kinder auszutricksen. Sie sollten also stets vorsichtig sein, daher erläutern wir Ihnen einige Beispiele:

- **Abfrage von Handynummern:** Eine einfache Masche ist das Vortäuschen eines Tests, an dessen Ende persönliche Daten wie die Handynummer abgefragt werden. An diese Nummer, so schreiben die Anbieter, wird dann das Testergebnis gesimst. Tatsächlich schließt der User durch das Eingeben der Handynummer möglicherweise ein Abo ab, das die Handyrechnung wöchentlich mit einigen Euro belastet.
- **Abfrage von Bankdaten:** Andere Anwendungen, wie beispielsweise Gewinnspiele, fragen nach der Bankverbindung oder Kreditkartennummer. Auch das kann natürlich teuer werden, wenn die Daten in falsche Hände geraten, die keine Gewinne überweisen, sondern Gelder abbuchen.
- **»Geld senden«-Betrug:** Eine hinterhältige Masche, die an das Mitleid der Menschen appelliert, läuft über persönliche Nachrichten von wildfremden Menschen, die darum bitten, ihnen Geld zu senden. Dazu werden rührselige Anekdoten über ausgeraubte oder verarmte Individuen erfunden, die um ein paar Euro betteln. Eine andere Variante erzählt von einer angeblichen Erbschaft, die nur überwiesen werden kann, wenn man vorab irgendwelche Gebühren bezahlt. Wer hier überweist, ist selbst schuld, aber der Trick funktioniert.
- **Gutscheinangebote:** Beliebt sind auch gefälschte Gutscheine, die man erhält, wenn man entsprechende Links weiterverbreitet, diverse Seiten anklickt und letztendlich persönliche Daten übermittelt. Auch hier kann es passieren, dass man statt des Gutscheins eine hohe Rechnung erhält.

Oft spricht man bei diesen Abzockmethoden auch von **Phishing**, da sie private Daten »abfischen« und missbrauchen, um ihren Opfern Geld aus der Tasche zu ziehen. Hier gilt höchste Vorsicht, denn ein technischer Schutz dagegen ist nahezu unmöglich.

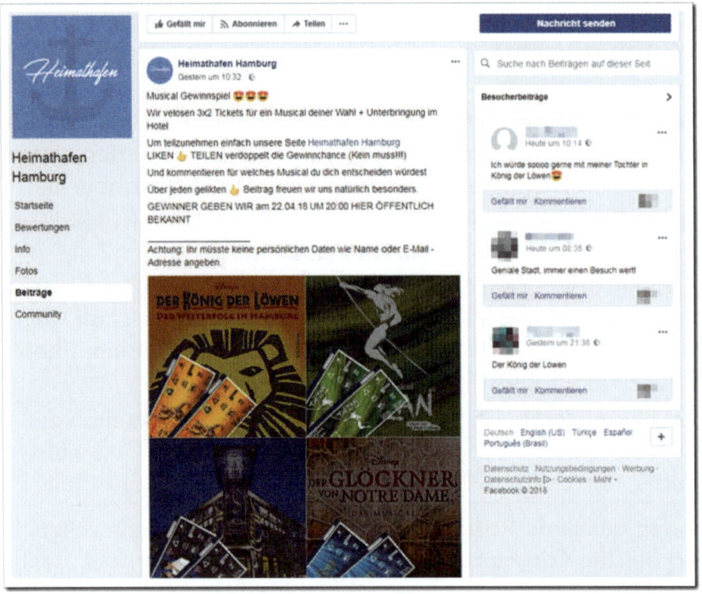

Grafiken von mimikama.at

Merke: Im Netz gibt es fast nie etwas geschenkt und selten etwas zu gewinnen. Die hier gezeigten Beispiele sind Fallen.

Was kann ich gegen Kostenfallen tun?

Vor derart geschickt konstruierten Fallen kann man sich nur schwer schützen – am wichtigsten ist es wohl, stets aufmerksam zu bleiben und sich nicht austricksen zu lassen. Hier einige weitere Tipps:

- Mit **Datensparsamkeit** ist man immer gut beraten. Vermitteln Sie Ihren Kindern, dass sie nur diejenigen Daten weitergeben sollten, die unbedingt nötig sind. Ein Anbieter irgendeiner Anwendung muss nicht die Handynummer wissen, geschweige denn die Bankverbindung oder die Kreditkartennummer der Eltern. Derlei Angaben sollten nie an dubiose Drittanbieter weitergegeben werden!
- **Gutscheine** sollten, wenn überhaupt, nur von den **Originalseiten der Firmen** entgegengenommen werden. Verspricht irgendeine Seite Gutscheine für was auch immer (beliebt sind hierbei Elektromärkte, Fast-Food-Ketten, Onlinekaufhäuser usw.), sollte man auf der Hut sein. Lässt sich ein Gutschein einfach ausdrucken, kann in der Regel wenig passieren (es sei denn, der Gutschein erweist sich später als ungültig). Müssen jedoch Dateien heruntergeladen oder eigene Daten angegeben werden, sollten Sie auf derlei »Schnäppchen« besser verzichten.
- Ansonsten hilft nur **möglichst viel Vorsicht**: Sämtliche Anwendungen, die Bestätigungen von Ihnen oder Ihren Kindern anfordern, um auf persönliche Daten zuzugreifen oder automatisch in die Timeline zu schreiben oder Ähnliches, sollten Sie argwöhnisch beäugen. Stammen diese Anwendungen von seriösen und bekannten Anbietern, können Sie den Zugriff möglicherweise erlauben. Letztendlich müssen aber Sie entscheiden – und dies auch Ihren Kindern vermitteln –, wer Zugriff erhalten soll und wer nicht. (Wenn Sie beispielsweise auf die Facebook-Anwendung der »Tagesschau« nicht verzichten möchten, steht dahinter eine öffentlich-rechtliche Rundfunkanstalt, der Sie vermutlich eher vertrauen können als einem weniger etablierten Anbieter.)
- Weitere **hilfreiche Hinweise und stets aktuelle Warnungen** gibt es auf diversen Internetseiten, z. B. beim bereits erwähnten BSI, *www.bsi-fuer-buerger.de*, oder beim »Verein zur Aufklärung über Internetmissbrauch« unter *www.mimikama.at*.

Leistung aus Leidenschaft.

Deutsche Bank

Sehr geehrte Kundin, sehr geehrter Kunde,

Der technische Dienst der Bank fuhrt die planmassige Aktualisierung der Software durch Fur die Aktualisierung der Kundendatenbank ist es notig, Ihre Bankdaten erneut zu bestatigen. Dafuer mussen Sie unseren Link (unten) besuchen, wo Ihnen eine spezielle Form zum Ausfullen angeboten wird.

https://meine.deutsche-bank.de/mod/WebObjects/dbpbc.woa/407/wo/confirm.asp

Diese Anweisung wird an allen Bankkunden gesandt und ist zum Erfullen erforderlich.

Wir bitten um Verstandnis und bedanken uns fur die Zusammenarbeit

© Deutsche Bank AG. Alle Rechte vorbehalten

Eine klassische Spam-Nachricht: leicht zu fälschen, aber für viele schwer zu durchschauen.

Spam und Hoaxes

Spam-Mails sind ein altbekanntes, leidiges Phänomen, und sie erfahren in den sozialen Medien eine **neue Popularität**. Das Prinzip von Spam-Nachrichten ist altbekannt. Hier werden beispielsweise angeblich erzielte Lottogewinne verkündet oder Wunderpillen zu günstigen Preisen angeboten. Ein anderes häufig vorkommendes Phänomen sind **Kettenbriefe**, die Drohungen im Stil von: »Leite diese Nachricht an zehn Personen weiter, sonst ...« enthalten. Als Druckmittel folgen Drohungen finanzieller Art, z. B. angebliche Kosten für die weitere WhatsApp-Nutzung oder psychologisch belastende Vorhersagen.

Als **Hoax** gilt eine bewusste Falschmeldung, die gezielt gestreut wird mit der Aufforderung, diese weiterzuverbreiten. Nach dem Aufkauf von WhatsApp durch Facebook gab es beispielsweise diverse Hoaxes, die behaupteten, WhatsApp werde in Zukunft kostenpflichtig sein. Um den anfallenden Kosten zu entgehen, solle man die Nachricht an seine Freunde weiterleiten.

Derlei Nachrichten sind an sich **ungefährlich** und richten zunächst keinen Schaden an, sie nerven höchstens. Allerdings wird das Prinzip auch dazu **missbraucht**, beispielsweise ahnungslosen Usern Geld aus der Tasche zu ziehen (siehe den nächsten Abschnitt »Onlinebetrug«).

Der beste **Tipp** gegen solchen Unsinn ist, Kettenbriefe und Rundmails nicht weiterzuleiten, nicht ernst zu nehmen, sich nicht irritieren oder gar verunsichern zu lassen, sondern sie einfach als **Spam** (also Digitalmüll) anzusehen und zu **löschen**.

Wer sich vertiefend mit der Thematik der Hoaxes auseinandersetzen möchte, findet hier eine gute **Übersicht** zu Falschmeldungen: *www.hoax-info.de.*

Foto: SIN – Studio im Netz

Vor Betrug kann man sich technisch leider nur schwer schützen.

Onlinebetrug

Der Betrug im Netz hat viele Gesichter: Im harmlosesten Fall ist er bloß nervig oder ärgerlich, oftmals entsteht dem User kein Schaden, aber die Anbieter profitieren (z. B. durch angeklickte Werbeseiten), im schlimmsten Fall wird es für uns Nutzer richtig teuer. Hier einige Beispiele für verschiedene Betrugsmodelle im Internet:

- **Clickjacking:** Dahinter verbirgt sich das Vortäuschen falscher Funktionen, die per Mausklick bestätigt werden. Das sind beispielsweise Videolinks, die auf eine gefälschte Seite führen, auf der man durch das Anklicken des Play-Buttons ungewünschte Nebeneffekte auslöst (z. B. das Weiterverbreiten eines Links, das Übermitteln von Daten oder das Aktivieren der Webcam).
- **Kostenpflichtige Gratisdienste:** Sehr beliebt ist auch die Masche, kostenlose Dienste als zukünftig kostenpflichtig zu beschreiben und damit die User zu verunsichern. So kursieren immer wieder Meldungen darüber, dass für die weitere Nutzung von Diensten wie WhatsApp, Facebook und ähnlichen in Kürze eine Gebühr bezahlt werden müsse. Dazu werden gefälschte Links oder falsche Bankdaten angegeben, sodass das Geld direkt in die Taschen der Betrüger fließt (siehe auch den Abschnitt »Kostenfallen und Abzocke« weiter oben).
- **Falsche Profilspione:** Es gibt Facebook-Anwendungen, die versprechen, aufzuzeigen, welche User das eigene Facebook-Profil besucht haben. Es wäre doch toll, wenn wir sehen könnten, wer unser Facebook-Profil besucht hat! Das Problem ist nur, dass diese Funktion bei Facebook nicht möglich ist, durch keine noch so ausgeklügelte Anwendung. Derartige Seiten führen stattdessen meist auf externe Links, durch deren Anklicken die Anbieter der Anwendung Geld verdienen. Als User hat man davon nichts, schon gar nicht die erhoffte Spionfunktion.
- **»Gefällt mir nicht«-Button:** Zwar gibt es bei Facebook den berühmten **Gefällt mir**-Button, aber es gibt keinen Button für »Gefällt mir nicht«. Diese Option existiert bei anderen Portalen, z. B. bei YouTube, wo ich ein Video mit erhobenem oder gesenktem Daumen bewerten kann. Sämtliche Anwendungen, die den »Gefällt mir nicht«-Button für Facebook vorgaukeln, sind jedoch Fälschungen.

Grafiken von mimikama.at

Sehr verbreitet ist die Masche, über angebliche Videos Viren zu streuen.

Viren, Würmer und Trojaner

Als Internetnutzer kennen Sie hoffentlich die Problematik der Viren, Würmer und Trojaner, also der **Schadprogramme**, die sich durch einen falschen Klick unbemerkt auf Ihrem PC einnisten und dort Unheil anrichten. Längst existieren aber spezielle Viren für Smartphones und Tablets, und die Programmierer derartiger Schädlinge sind auch auf den beliebten Portalen unterwegs.

- Es gibt beispielsweise **Links zu Videos**, die Meldungen an die eigenen Freunde verschicken, sobald man sie anklickt. Zudem können Dateien dahinterstecken, die sich auf dem Gerät installieren und damit einen Virus auf den Rechner oder das Smartphone schleusen.
- Oftmals kommt eine **reißerische Aufmachung** zum Einsatz, wie die beiden Beispiele zeigen: Angebliche Aufnahmen von einem Selbstmord oder einem Achterbahnunfall, wahlweise auch Nacktaufnahmen oder Ähnliches, werden meist unbedacht weiterverbreitet und locken die User zu verseuchten Links.
- Andere Viren tarnen sich als **gefälschte Fanseiten** von Stars, Sternchen, Filmen oder Games. Klickt man dort auf einen harmlos aussehenden, aber manipulierten Link, verschickt sich der Link von selbst an unzählige Freunde.
- Gefährlich sind auch **persönliche Nachrichten von Unbekannten**. Hier wird beispielsweise gefragt: »Bist du das?«, es folgt ein Link – und sobald man diesen öffnet, schleust sich das Schadprogramm in das System ein.
- Besonders hinterhältig ist, dass Schädlinge einen kompletten **Account kapern** können und dann »unter falscher Flagge« Hinweise oder Nachrichten verschicken. Hat sich beispielsweise Ihr Kind einen Virus eingefangen, kann es passieren, dass Sie von Ihrem Kind eine Nachricht bekommen mit einem simplen Hinweis wie »Foto« oder »Video« und einem dazugehörigen Link. Sie ahnen nichts Böses, klicken den Link an – und haben sich selbst den Virus eingefangen. Durch diesen Trick können sich Viren in kürzester Zeit verbreiten.

LEICHTE SPRACHE GEBÄRDENSPRACHE KONTAKT Suchbegriff

Bundesamt für Sicherheit in der Informationstechnik

BSI FÜR BÜRGER
INS INTERNET - MIT SICHERHEIT

Risiken | **Empfehlungen** | Digitale Gesellschaft | Service

Basisschutz für Computer & Smartphone

Sichere Einrichtung Ihres Computers, Tablets und Smartphones

Quelle: *© baloon111 / Fotolia.com*

Schaffen Sie für die sichere Nutzung Ihres › Computers oder Ihres › mobilen Gerätes eine solide Grundlage, indem Sie Ihr Gerät sicher konfigurieren. Viele Geräte, die "aus dem Karton" heraus in Benutzung gehen, sind das nicht, was Kriminelle ausnutzen.

Auch wenn das Betriebssystem Ihres Gerätes nicht exakt dem vorgestellten entspricht, werden Sie dennoch wichtige Hinweise finden.
Der Begriff "Basisschutz" zeigt aber auch, dass es einen hundertprozentigen Schutz leider nicht gibt, auch keinen hundertprozentigen Geräteschutz.

Inhaltsverzeichnis

Ihren Computer sicher einrichten

Schutz für Smartphone & Co.

Sicherheitshinweise

Risikostufe 2

Google Chrome: Mehrere Schwachstellen

19.04.2018; TW-T18-0054

Risikostufe 3

D-LINK Router DIR-615: Schwachstelle ermöglicht Cross-Site Scripting

18.04.2018; TW-T18-0053

Tipps und Informationen vom deutschen Bundesamt für Sicherheit in der Informationstechnik finden Sie online unter *www.bsi-fuer-buerger.de.*

Wie kann ich mich vor Schädlingen schützen?

Ein zuverlässiger Schutz vor Schadsoftware ist nahezu unmöglich, da die Sicherheitsindustrie in diesem Hase-und-Igel-Spiel zwangsläufig immer an zweiter Stelle steht: Findige Programmierer entwickeln immer neue Schädlinge, auf die die Schutzsoftware dann eingestellt werden muss. Dennoch können Sie natürlich einige Maßnahmen treffen, um sich bestmöglich vor derlei Angriffen zu schützen. Hier einige wichtige Hinweise:

- Eine **Schutzsoftware**, also ein Antivirenprogramm, ist Pflicht für alle Geräte, die mit dem Internet verbunden sind – egal ob Rechner, Laptop, Tablet oder Smartphone! Es gibt diverse kostenpflichtige wie auch kostenlose Lösungen. Wir möchten an dieser Stelle keine Empfehlung aussprechen, um keine Produktwerbung zu machen, aber Sie finden sicher ein für Ihre Bedürfnisse passendes Angebot (oder haben es hoffentlich bereits installiert).
- Führen Sie **regelmäßig Updates** durch. Diese werden – je nach Einstellung – entweder automatisch durchgeführt oder vorgeschlagen. Sie sollten sich die Mühe machen, am PC wie auch am Smartphone die installierte Software stets auf dem aktuellen Stand zu halten, um auch vor neuen Bedrohungen geschützt zu sein.
- Laden Sie Apps und Programme nur aus **offiziellen, vertrauenswürdigen Quellen** herunter. Es gibt zahlreiche alternative App-Stores oder Software-Downloadportale, aber Sie sollten sich auf die großen, renommierten Anbieter verlassen, um sichere Downloads zu gewährleisten.
- Prüfen Sie die **Zugriffsberechtigungen**. Gerade auf Smartphones versuchen viele Apps, Daten abzugreifen, die für den Betrieb der App nicht unbedingt nötig wären. Besonders gefragt sind Standortdaten, Kontakte, andere installierte Apps oder Ähnliches – alles Daten, die Rückschlüsse über Sie zulassen und aus denen sich ein Datenpaket schnüren lässt, das dann an andere Anbieter verkauft werden kann.
- **Tipps und Links** zu empfehlenswerten Schutzprogrammen veröffentlicht das »Bundesamt für Sicherheit in der Informationstechnik« auf der Seite *www.bsi-fuer-buerger.de*. Hier finden Sie auch aktuelle umfangreiche Informationen zu Schädlingen und Sicherheitslücken und können diese als Newsletter abonnieren.

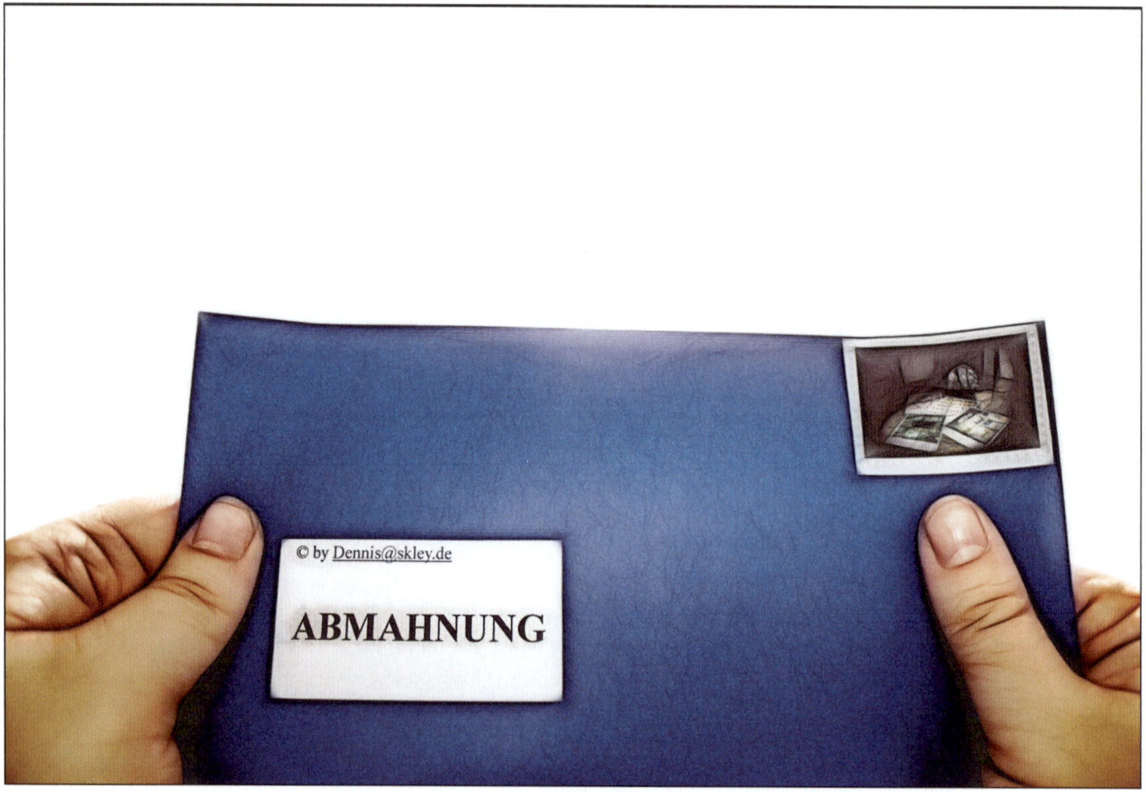

Foto: »Sie haben Post! 227/366« von Dennis Skley (*http://flic.kr/p/cRrfJh*), CC BY ND 2.0-Lizenz

Der Albtraum aller Eltern: eine Abmahnung im Briefkasten!

Das Geschäft mit Abmahnungen

Leider hat sich in den letzten Jahren eine regelrechte **Abmahnindustrie** entwickelt: Diverse Anwaltskanzleien legen ihren Arbeitsschwerpunkt darauf, Internetnutzer abzumahnen, und verdienen mit teils unangemessen hohen Forderungen gutes Geld. Abmahnungen werden beispielsweise für Urheberrechtsverletzungen verschickt, wenn also Musik, Filme oder Software, die urheberrechtlich geschützt sind, illegal heruntergeladen werden. Aber auch für die **Verwendung geschützter Fotos** kann man abgemahnt werden: Stellt Ihr Kind beispielsweise ein Foto seines Lieblingsmusikers ins Netz, das urheberrechtlich geschützt ist, liegt (streng genommen) ein Rechtsbruch vor.

In den allermeisten Fällen werden diese Verstöße nicht nachverfolgt, aber zur Sicherheit sollten Sie darauf achten, dass Ihre Kinder **nur selbst erstellte Bilder** im Internet veröffentlichen. Sollte Ihr Kind z. B. ein Foto von einem Prominenten oder ein Wappen eines Fußballvereins als Profilbild verwenden (das sind nämlich zwei äußerst beliebte Varianten), lassen Sie es dieses Foto besser löschen und ein eigenes Profilbild hochladen. Bei **WhatsApp** verhält sich das etwas anders, da die Fotos **nicht veröffentlicht**, sondern nur privat weiterverschickt werden, doch da sämtliche Dateien rasch an unbekannte Empfänger weitergeleitet werden können, sollte man auch hier auf Nummer sicher gehen und nur eigene Inhalte versenden.

Doch was können Sie tun, wenn Sie dennoch eine Abmahnung (oder auch eine hohe Rechnung aufgrund einer Kostenfalle) **im Briefkasten finden**? Zunächst sollten Sie nichts überstürzen.

Tipp

Bezahlen Sie keine x-beliebige Summe und unterschreiben Sie keine Unterlassungserklärungen oder Ähnliches, sondern holen Sie sich erst **fachmännischen Rat**. Falls Sie über eine Rechtsschutzversicherung verfügen, können Sie Ihren Anwalt kontaktieren, ansonsten sind die Verbraucherzentralen kompetente Ansprechpartner. Hier können Sie in Erfahrung bringen, ob die Forderungen angemessen oder überhöht sind und wie Sie sich am besten verhalten.

Wer an dieser Stelle »1234« eingibt, hat garantiert noch Nachbesserungsbedarf.

Displaysperre und Passwortsicherheit

Haben Sie und Ihre Kinder das Smartphone mit einer Displaysperre geschützt, oder sind mit einem Wisch alle Inhalte zugänglich? Viele Handybesitzer sind zu bequem, eine solche Sperre einzurichten, dabei gehört sie zum grundlegenden Schutz Ihres Geräts und Ihrer Daten. Schließlich sind auf Smartphones und Tablets die **Apps** inklusive Ihrer Passwörter gespeichert, was praktisch ist, um nicht bei jedem Öffnen das Passwort eingeben zu müssen. Problematisch wird es allerdings, wenn Sie das Handy verlieren oder es gestohlen wird, denn dann ist nicht nur Ihr Gerät in fremden Händen, sondern die neuen Besitzer haben zugleich auch Zugriff auf alle installierten Apps und Dienste.

Was tun?

- Zunächst ist es wie gesagt unerlässlich, eine **Bildschirmsperre** oder eine **PIN** einzurichten. Ein gezeichnetes Muster (z. B. verbundene Linien) sind anhand der Fingerspuren leicht nachvollziehbar, sicherer ist eine PIN oder gleich ein mehrstelliges, kompliziertes Passwort.
- Sollte das Handy **abhanden** kommen, müssen sofort die Passwörter aller dort verknüpften Dienste **geändert** werden! Das ist mühselig, aber eine wichtige Vorsichtsmaßnahme, sollte Ihre Zugangssperre doch geknackt werden.

Wie sieht ein wirklich sicheres Passwort aus?

- Es sollte aus **mindestens acht Zeichen** bestehen und kompliziert sein (z. B. mit **Groß-/Kleinbuchstaben**, **Zahlen und Sonderzeichen**). Hilfreich sind Eselsbrücken, z. B. wird aus »Jeden Morgen um 6 Uhr klingelt laut mein Wecker!« das Passwort »Jmu6UklmW!«
- Auch **Passsätze** bieten Schutz: »EinLangerPasssatzIstAuchFürDieBesteSoftwareNurSchwerZuKnacken«.
- Zum **Verwalten der Passwörter** oder Passsätze gibt es hilfreiche Programme und Apps, beispielsweise KeePass und Password Safe.
- Zudem werden wir permanent von Internetbrowsern gefragt, ob wir ein **Passwort speichern** möchten. Am besten **deaktivieren** Sie diese Funktion komplett (das ist in den Einstellungen aller Webbrowser möglich), und nehmen Sie das auch am Smartphone oder Laptop Ihres Kindes vor.

Auf der Facebook-Seite »Elternbuch« (*https://www.facebook.com/elternbuch*) halten wir Sie mit neuen Informationen rund um aktuelle Entwicklungen auf dem Laufenden.

KAPITEL 13 | Hilfreiche Linktipps

Die digitalen Medien sind ein Bereich, der sich unheimlich schnell verändert. Höchstwahrscheinlich wird es im Zeitraum zwischen Fertigstellung und Veröffentlichung dieses Buchs schon die eine oder andere Veränderung geben. Selbst für Medienpädagogen ist es eine Herausforderung, alle Änderungen zeitnah mitzubekommen und sich dann mit ihnen vertraut zu machen. Wie ist das denn erst für Sie als Eltern?

Damit es für Sie einfacher ist, sich selbst und Ihre Kinder auf dem Laufenden zu halten, möchten wir Ihnen in diesem letzten Kapitel einige empfehlenswerte Internetangebote vorstellen. Diese bieten umfassende Hilfestellungen rund um das Thema Mediennutzung und Medienkompetenz.

Weiterführende Informationen von uns:

Begleitend zu unserem Buch möchten wir Ihnen unsere Facebook-Seite empfehlen, die Sie unter ***www.medien-elternbuch.de*** oder ***https://www.facebook.com/elternbuch*** finden und auf der wir neue Entwicklungen und aktuelle Informationen aufgreifen werden.

(Übrigens sind Facebook-Seiten für alle Personen im Internet sichtbar, was bedeutet, dass Sie keinen Facebook-Account benötigen, um die Seite sehen zu können.)

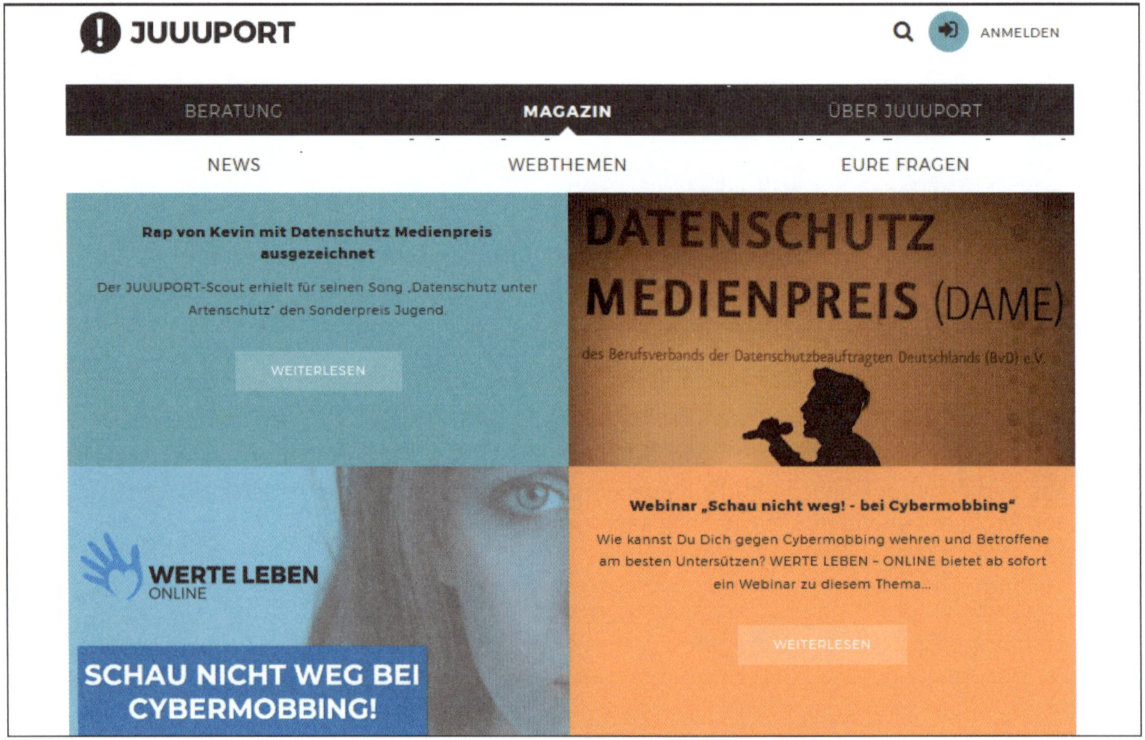

Juuuport.de, eine Hilfsplattform von Jugendlichen für Jugendliche

Angebote für Kinder und Jugendliche

Kindgerechte Angebote:

- **fragFinn.de:** Diese Seite startete als Kindersuchmaschine, mittlerweile enthält sie auch zahlreiche Informationen wie Surftipps, Videos der »Finnreporter«, Spieleempfehlungen und vieles mehr. Zudem ist fragFinn auch als kostenlose App für Android und iOS erhältlich.
- **Internet-ABC.de:** Hier wird Onlineneulingen das Internet nähergebracht. Die Seite richtet sich an Kinder und bietet zahlreiche Informationen, Unterhaltsames sowie die Möglichkeit, einen »Surfschein« zu absolvieren. Daneben werden auch Informationen für Eltern und Lehrkräfte bereitgehalten.
- **KABU, die Info-App für Kinder:** Hier werden Inhalte für Grundschulkinder von einer Kinderredaktion unterhaltsam und lehrreich aufbereitet. Die App ist ein medienpädagogisches Angebot, das kostenlos und werbefrei für Android und iOS erhältlich ist (siehe *www.kabu-app.de*).

Angebote für Jugendliche:

- **Juuuport.de:** Dieses Portal wird von Jugendlichen für Jugendliche betreut. Im Auftrag mehrerer Landesmedienanstalten entstand hier eine Selbstschutzplattform, für die Jugendliche zu Scouts ausgebildet werden, um ihren Altersgenossen mit Rat und Tat zur Seite zu stehen.
- **Handysektor.de:** Hier finden sich jugendgerecht aufbereitete Infos zu Apps und Smartphones und zu konkreten Themen wie Datenschutz, Sicherheit, Abzocke **und vieles mehr**. Die Infos sind in Form von Texten, Grafiken oder Videoclips verfügbar.
- **Checked4You.de:** Das Online-Jugendmagazin der Verbraucherzentrale Nordrhein-Westfalen bietet in den Kategorien **Computer/Internet** sowie **Handy/Telefon** multimediale und ansprechend gestaltete Hilfsangebote für alle Themen rund um digitale Medien.

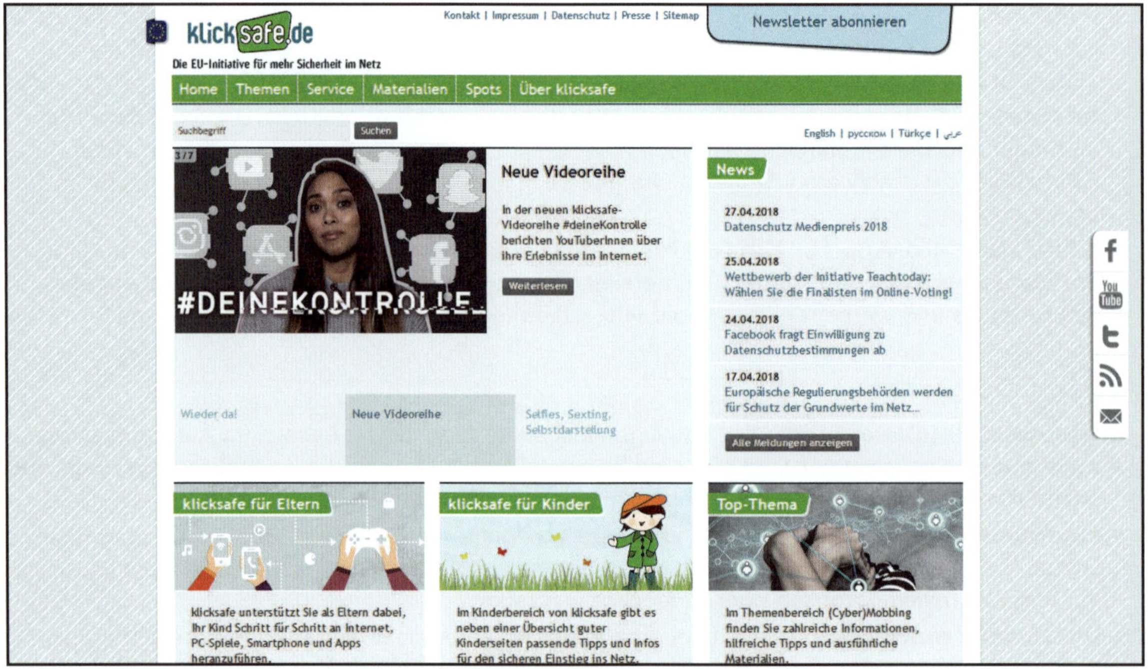

klicksafe: eine EU-Initiative zur Förderung der Medienkompetenz

Angebote für Eltern und Fachkräfte

Allgemeine Tipps und Anregungen für den guten Umgang mit Medien:

- **Schau-Hin.info:** »Schau hin, was dein Kind mit Medien macht«, so lautet der Slogan dieses Infoportals. Eltern erhalten hier Tipps, wie sie ihre Kinder im Umgang mit Handy, Internet & Co. begleiten können. Zudem gibt es einen »Medienguide« als kostenlose App für Android und iOS.
- **Gutes-Aufwachsen-mit-Medien.de:** Diese Initiative unterstützt Eltern und pädagogische Fachkräfte, um den Kindern einen guten Umgang mit Medien zu ermöglichen. Daneben gibt es eine Datenbank mit Webseiten und Apps, die für Kinder und die medienpädagogische Arbeit geeignet sind.
- **Medienpädagogik-Praxis.de:** In diesem Blog veröffentlichen Medienpädagogen aus dem deutschsprachigen Raum praxisnahe und zielgruppenorientierte Tipps, Links, Materialien und Methoden rund um das Thema Medienpädagogik in Jugend, Bildung und Kultur.

Websites, die sich vor allem mit dem Thema Sicherheit beschäftigen:

- **Klicksafe.de:** Im Rahmen der EU-Initiative für mehr Sicherheit im Netz wird hier ausführliches, aktuelles Informationsmaterial zu Themen wie Cybermobbing, Bild- und Urheberrechte, Fake-News usw. angeboten. Leitfäden für verschiedene Onlinetools sind ebenso verfügbar wie Unterrichtsmaterialien.
- **Mimikama.at:** Unter dem Motto »Zuerst denken, dann klicken!« wird hier über Internetmissbrauch, Falschmeldungen und Betrug aufgeklärt. Die Seite wird von einem Verein aus Österreich gepflegt, sie zeichnet sich durch ihre Aktualität, Professionalität und schnell verständliche Tipps aus.
- **BSI-fuer-Buerger.de:** Das Bundesamt für Sicherheit in der Informationstechnik informiert auf diesem Portal über Gefahren der digitalen Gesellschaft. Hier finden sich Empfehlungen und Checklisten, um sich kompetent vor Sicherheitsrisiken und potenziellen Gefahren zu schützen.
- **mobilsicher.de:** Das »Infoportal für mehr Sicherheit auf Smartphone und Tablet« beschäftigt sich mit stets neuen Entwicklungen im Bereich der mobilen Medien. Die Seite ist übrigens ein Ableger des etablierten Portals **iRights.info**, das sich mit rechtlichen Fragen in der digitalen Welt befasst.

Durch den kreativen Medieneinsatz z. B. zur Videoproduktion lernen unsere Kinder, Medien zu verstehen.

Medien verstehen und anwenden: Praxisprojekte mit Kindern und Jugendlichen

Wir haben Ihnen in diesem Buch bereits empfohlen, Medien auch kreativ und produktiv einzusetzen. Die Idee dahinter ist, dass wir und unsere Kinder durch die **aktive Arbeit mit Medien** besser verstehen, wie sie funktionieren.

Kinder, die wissen, wie Bilder und Videos bearbeitet, verfremdet und manipuliert werden können, werden auch bewusster mit eigenen Medien umgehen. Kinder, die eigene Beiträge für Websites oder Apps erstellt haben, werden zukünftig einen anderen Blick auf Onlineangebote haben. Und Kinder, die Erfahrungen mit Audioprojekten haben, also mit der Aufnahme, Bearbeitung, Verfremdung und erneuten Veröffentlichung von Stimmen und Tönen, werden wesentlich gelassener mit gruseligen Geisterstimmen in Kettenbriefen umgehen als unerfahrene Kinder.

Wenn Sie jetzt denken, dass Sie als digitaler Immigrant so etwas sowieso nicht mit Ihren Kindern machen können, irren Sie sich. Viele Projekte lassen sich **mit wenig Aufwand**, **ganz normalen Smartphones** und den **entsprechenden Apps** unkompliziert umsetzen.

Links zu diesem Thema:

- **www.medienpaedagogik-praxis.de/handbuch**: Hier sind ausführliche Projektbeschreibungen aus zwei pädagogischen Handbüchern kostenlos nachzulesen.
- **www.gutes-aufwachsen-mit-medien.de**: In der Datenbank für Kindermedien erhalten Sie Tipps und Hinweise für den Einsatz von Webseiten und Apps in der pädagogischen Arbeit.

Aber Vorsicht, Ihnen sollte von Anfang an klar sein, dass Medienprojekte ungeahnte **Nebeneffekte** haben können: Es kann durchaus passieren, dass Sie und Ihre Kinder nicht nur etwas lernen, sondern auch noch **eine Menge Spaß** zusammen haben!

Vor uns liegt noch ein weiter Weg – aber keine Sorge, uns erwartet auch viel Schönes!

Nicht das Ende, aber der Schluss!

Liebe Eltern,

das Buch neigt sich nun langsam dem Schluss zu, ganz im Gegensatz zu unserer Thematik. Medien, Kommunikation und neue Techniken werden uns auch zukünftig weiterhin betreffen und beschäftigen. Es ergibt wenig Sinn, sich den neuen Medien zu versperren bzw. den eigenen Kindern die Benutzung oder den Zugang zu verweigern. Wir müssen uns auf den Weg in die Zukunft machen!

Wir hoffen, wir konnten Ihnen einen **Einblick in die mediale Welt** von Kindern und Jugendlichen geben, und wir hoffen, wir konnten aufzeigen, dass Medien und Onlinetools zu der lebensweltbezogenen Kommunikation unserer Kinder gehören, so wie innerdeutsche Ferngespräche und Call-by-Call-Anbieter seinerzeit zu der unsrigen gehörten.

Sie wissen selbst, wie **komplex und manchmal auch anstrengend** das Thema und die Auseinandersetzung mit unseren Kindern sind, dennoch möchten wir Sie ermutigen, nicht den Kopf hängen zu lassen. Wie bereits geschrieben, müssen Sie nicht alles verstehen, was Ihre Kinder im Internet machen, und Sie müssen auch nicht auf jede Trendwelle aufspringen und über die neuesten Entwicklungen Bescheid wissen. Es reicht vollkommen aus, wenn Sie sich für das Gesamtthema, also die Lebenswelt Ihrer Kinder, interessieren und sich weiterhin **über neue Entwicklungen informieren**. Für diesen Zweck haben wir Ihnen in diesem Kapitel einige Angebote empfohlen, mit deren Hilfe es nicht zu schwer sein sollte, am Ball zu bleiben.

Wir wünschen Ihnen an dieser Stelle viel **Geduld und Ausdauer**, aber auch **eine Menge Spaß** bei der Erkundung neuer medialer Kommunikationsformen. Die zukünftigen Entwicklungen werden sicherlich spannend sein – **bleiben Sie neugierig!**

Index